educamos·sm

Caro aluno, seja bem-vindo à sua plataforma do conhecimento!

A partir de agora, você tem à sua disposição uma plataforma que reúne, em um só lugar, recursos educacionais digitais que complementam os livros impressos e são desenvolvidos especialmente para auxiliar você em seus estudos. Veja como é fácil e rápido acessar os recursos deste projeto.

1 Faça a ativação dos códigos dos seus livros.

Se você NÃO tiver cadastro na plataforma:
- Para acessar os recursos digitais, você precisa estar cadastrado na plataforma educamos.sm. Em seu computador, acesse o endereço <br.educamos.sm>.
- No canto superior direito, clique em "**Primeiro acesso? Clique aqui**". Para iniciar o cadastro, insira o código indicado abaixo.
- Depois de incluir todos os códigos, clique em "**Registrar-se**" e, em seguida, preencha o formulário para concluir esta etapa.

Se você JÁ fez cadastro na plataforma:
- Em seu computador, acesse a plataforma e faça o *login* no canto superior direito.
- Em seguida, você visualizará os livros que já estão ativados em seu perfil. Clique no botão "**Adicionar livro**" e insira o código abaixo.

Este é o seu código de ativação! →

2 Acesse os recursos.

Usando um computador

Acesse o endereço <br.educamos.sm> e faça o *login* no canto superior direito. Nessa página, você visualizará todos os seus livros cadastrados. Para acessar o livro desejado, basta clicar na sua capa.

Usando um dispositivo móvel

Instale o aplicativo **educamos.sm**, que está disponível gratuitamente na loja de aplicativos do dispositivo. Utilize o mesmo *login* e a mesma senha da plataforma para acessar o aplicativo.

Importante! Não se esqueça de sempre cadastrar seus livros da SM em seu perfil. Assim, você garante a visualização dos seus conteúdos, seja no computador, seja no dispositivo móvel. Em caso de dúvida, entre em contato com nosso canal de atendimento pelo **telefone 0800 72 54876** ou pelo **e-mail** atendimento@grupo-sm.com.

190995_110

Convergências Geografia 7

Valquíria Pires Garcia
- Licenciada em Geografia pela Universidade Estadual de Londrina (UEL-PR).
- Especialista em História e Filosofia da Ciência pela UEL-PR.
- Mestra em Geografia pela UEL-PR.
- Professora da rede pública de Ensino Fundamental.
- Atuou como professora da rede particular de Ensino Superior.
- Autora de livros didáticos para o Ensino Fundamental.

Convergências – Geografia – 7
© Edições SM Ltda.
Todos os direitos reservados

Direção editorial	M. Esther Nejm
Gerência editorial	Cláudia Carvalho Neves
Gerência de *design* e produção	André Monteiro
Edição executiva	Flávio Manzatto de Souza
Coordenação de *design*	Gilciane Munhoz
Coordenação de arte	Melissa Steiner Rocha Antunes
Assistência de arte	Juliana Cristina Silva Cavalli
Coordenação de iconografia	Josiane Laurentino
Coordenação de preparação e revisão	Cláudia Rodrigues do Espírito Santo
Suporte editorial	Alzira Ap. Bertholim Meana
Projeto e produção editorial	Scriba Soluções Editoriais
Edição	Erika Fernanda Rodrigues, Kleyton Kamogawa
Assistência editorial	Patrícia Cristina da Silva
Revisão e preparação	Felipe Santos de Torre, Joyce Graciele Freitas
Projeto gráfico	Dayane Barbieri, Marcela Pialarissi
Capa	João Brito e Tiago Stéfano sobre ilustração de Estevan Silveira
Edição de arte	Barbara Sarzi
Pesquisa iconográfica	Tulio Sanches Esteves Pinto
Tratamento de imagem	Equipe Scriba
Editoração eletrônica	Adenilda Alves de França Pucca (coord.)
Pré-impressão	Américo Jesus
Fabricação	Alexander Maeda
Impressão	Forma Certa Gráfica Digital

Dados Internacionais de Catalogação na Publicação (CIP)
(Câmara Brasileira do Livro, SP, Brasil)

Garcia, Valquíria Pires
 Convergências geografia : ensino fundamental :
anos finais : 7º ano / Valquíria Pires Garcia. –
2. ed. – São Paulo : Edições SM, 2018.

 Bibliografia.
 ISBN 978-85-418-2146-9 (aluno)
 ISBN 978-85-418-2150-6 (professor)

 1. Geografia (Ensino fundamental) I. Título.

18-20881   CDD-372.891

Índices para catálogo sistemático:

1. Geografia : Ensino fundamental 372.891
Maria Alice Ferreira - Bibliotecária - CRB-8/7964

2ª edição, 2018
4 Impressão, Setembro 2024

SM Educação
Rua Tenente Lycurgo Lopes da Cruz, 55
Água Branca 05036-120 São Paulo SP Brasil
Tel. 11 2111-7400
atendimento@grupo-sm.com
www.grupo-sm.com/br

Apresentação

Cara aluna, caro aluno,

Você já percebeu como em muitos momentos em nosso dia a dia procuramos respostas para dúvidas que surgem em relação a acontecimentos que ocorrem ao nosso redor e, até mesmo, em outros lugares do mundo?

No local onde vivemos, por exemplo, observamos transformações já realizadas pelas pessoas ao longo do tempo e outras que estão ainda acontecendo. A construção de vários prédios na área central e de condomínios de luxo na periferia das cidades, a instalação de indústrias no município, bem como a degradação de um lugar que poderia ser uma área de lazer, são algumas maneiras de se transformar um espaço, e, muitas vezes, não compreendemos como e por que elas ocorrem.

Em relação ao espaço mundial, também temos muito o que descobrir. Apesar de o início do século XXI estar caracterizado pelos mais diversos avanços tecnológicos que "encurtam as distâncias" entre os lugares mais longínquos do mundo, as diferenças existentes entre os aspectos naturais e culturais do nosso planeta nos levam constantemente à busca de explicações.

O estudo da Geografia nos auxilia a compreender melhor a dinâmica do mundo em que vivemos. Esta coleção pretende auxiliá-lo em seus estudos e mostrar a você que o conhecimento geográfico tem um significado bastante concreto e que está presente em seu dia a dia mais do que você imagina.

Bons estudos!

Conheça seu livro

Esta coleção apresenta assuntos interessantes e atuais que o auxiliarão a desenvolver autonomia, criticidade, entre outras habilidades e competências importantes para a sua aprendizagem.

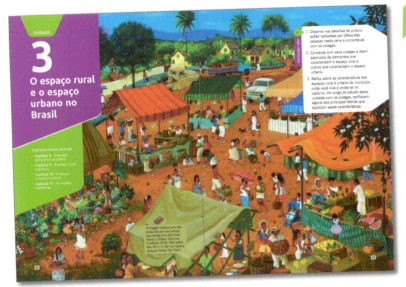

Abertura de unidade

Essas páginas marcam o início de uma nova unidade. Elas apresentam uma imagem instigante, que se relaciona aos assuntos da unidade. Conheça os capítulos que você irá estudar e participe da conversa proposta pelo professor.

Iniciando rota

Ao responder a essas questões, você vai saber mais sobre a imagem de abertura, relembrar os conhecimentos que já tem sobre o tema apresentado e se sentirá estimulado a aprofundar-se nos assuntos da unidade.

Boxe complementar

Esse boxe apresenta assuntos que complementam o tema estudado.

Vocabulário

Algumas palavras menos conhecidas terão seus significados apresentados na página, para que você se familiarize com elas. Essas palavras estarão destacadas no texto.

Ampliando fronteiras

Nessa seção, você encontrará informações que o levarão a refletir criticamente sobre assuntos relevantes e a estabelecer relações entre diversos temas ou conteúdos.

Os assuntos são propostos com base em temas contemporâneos, que contribuem para a sua formação cidadã e podem ser relacionados a outros componentes curriculares.

▶ Aprenda mais

Aproveite as sugestões de livros, filmes e *sites* para aprender um pouco mais sobre o conteúdo estudado.

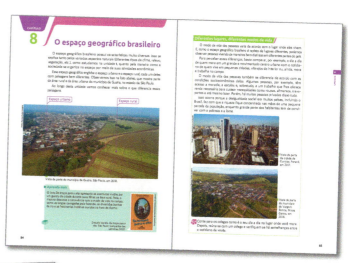

Atividades

Nessa seção, são propostas atividades que irão auxiliá-lo a refletir, a organizar os conhecimentos e a conectar ideias.

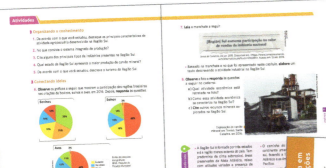

◉ Verificando rota

Aqui você terá a oportunidade de verificar se está no caminho certo, avaliando sua aprendizagem por meio do resumo dos principais conteúdos estudados.

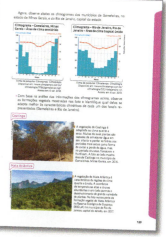

Geografia e

Nessa seção, você estudará conteúdos que possibilitam estabelecer relações entre o componente curricular de Geografia e outras áreas do conhecimento.

Geografia em representações

Essa seção é dedicada ao estudo das representações gráficas, principalmente as relacionadas à Cartografia.

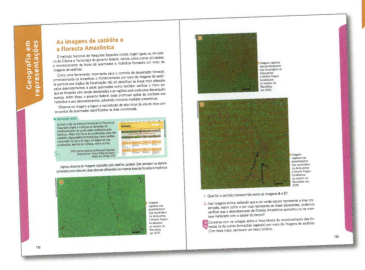

Ícone em grupo

Esse ícone marca as atividades que serão realizadas em duplas ou em grupos.

Ícone pesquisa

Esse ícone marca as atividades em que você deverá fazer uma pesquisa.

Ícone digital

Esse ícone remete a um objeto educacional digital.

Sumário

UNIDADE 1 — O Brasil e o seu território ... 10

CAPÍTULO 1 O território brasileiro ... 12
  Dimensões do território ... 13
  Limites e fronteiras do território brasileiro ... 14
  Território nacional e soberania ... 16
  ▌ Atividades ... 17

CAPÍTULO 2 A integração do território brasileiro ... 18
  O predomínio das rodovias ... 19
  Diferentes vias de transporte ... 22
  ▌ Atividades ... 28

CAPÍTULO 3 A formação territorial do Brasil ... 29
  O povoamento do território nacional ... 31
  ▌ Ampliando fronteiras
  População indígena ... 34
  ▌ Atividades ... 36

CAPÍTULO 4 Brasil: aspectos físicos ... 38
  O relevo brasileiro ... 38
  As regiões hidrográficas do Brasil ... 40
  Climas do Brasil ... 41
  As formações vegetais brasileiras ... 43
  ▌ Atividades ... 48

UNIDADE 2 — População brasileira ... 50

CAPÍTULO 5 Brasil: país populoso ... 52
  Geografia e Matemática
  A contagem da população por meio do Censo demográfico ... 54
  O crescimento da população brasileira ... 56
  A mulher na sociedade brasileira ... 60
  ▌ Atividades ... 62

CAPÍTULO 6 A população no território brasileiro ... 64
  A distribuição desigual da população pelo território ... 65
  ▌ Geografia em representações
  Mapa da densidade demográfica ... 66
  A diversidade cultural do povo brasileiro ... 68
  ▌ Ampliando fronteiras
  Quilombolas: uma luta atual ... 70
  ▌ Atividades ... 72

CAPÍTULO 7 Brasil, país com desigualdades sociais ... 74
  Pirâmide etária da população brasileira ... 76
  Mudanças na pirâmide etária e o envelhecimento da população ... 78
  ▌ Atividades ... 80

UNIDADE 3 — O espaço rural e o espaço urbano no Brasil 82

CAPÍTULO 8 — O espaço geográfico brasileiro 84
O rural, o urbano e suas relações 86
A indústria e o espaço rural 87
▌ Atividades 89

CAPÍTULO 9 — O espaço rural brasileiro 91
Modernização do espaço rural brasileiro 92
Os contrastes da produção no campo brasileiro 93
O agronegócio 95
A concentração de terras no Brasil 96
▌ Atividades 98

CAPÍTULO 10 — O espaço urbano brasileiro 100
O passado agrário do Brasil 101
Industrialização e urbanização no Brasil 102
▌ Atividades 105
A urbanização e a formação das metrópoles 106
As regiões metropolitanas 107
O processo de urbanização e os problemas urbanos 108
▌ Atividades 111

CAPÍTULO 11 — As regiões brasileiras 112
Divisão regional do Brasil 114
▌ **Geografia em representações**
Mapa-síntese 116
▌ **Ampliando fronteiras**
Grafite: a arte urbana 118
▌ Atividades 120

UNIDADE 4 — Região Norte 122

CAPÍTULO 12 — Aspectos naturais da Região Norte 124
Clima e vegetação 125
Relevo e hidrografia 126
▌ Atividades 129

CAPÍTULO 13 — A floresta Amazônica 130
▌ **Geografia em representações**
As imagens de satélite e a floresta Amazônica 132
Biodiversidade da Amazônia 134
▌ **Geografia e Ciências**
A ciência em busca de novas espécies e substâncias 136
▌ **Ampliando fronteiras**
Biopirataria no Brasil 138
▌ Atividades 140

CAPÍTULO 14 — População da Região Norte 142
Crescimento da população 144
▌ Atividades 145

CAPÍTULO 15 — Economia da Região Norte 146
Agropecuária 146
A questão fundiária na Região Norte 147
Extrativismo 149
Indústria 150
A devastação da floresta Amazônica 151
▌ Atividades 156

UNIDADE 5 — Região Nordeste 158

CAPÍTULO 16 Aspectos naturais da Região Nordeste 160
- Clima e vegetação 161
- Relevo e hidrografia 162
- Sub-regiões do Nordeste 164
- ▌Atividades 165

CAPÍTULO 17 A seca no Sertão do Nordeste 166
- ▌Geografia e Língua Portuguesa
- A geografia do Sertão nos clássicos literários 168
- ▌Atividades 169

CAPÍTULO 18 População da Região Nordeste 170
- Migração nordestina 171
- ▌Ampliando fronteiras
- Manifestações culturais no Nordeste 172
- Cisterna 175
- A transposição do rio São Francisco 176
- ▌Atividades 177

CAPÍTULO 19 Economia do Nordeste 178
- Agropecuária 178
- Indústria 180
- Turismo 181
- ▌Atividades 182

UNIDADE 6 — Região Sudeste 184

CAPÍTULO 20 Aspectos naturais da Região Sudeste 186
- Clima e vegetação 187
- ▌Geografia em representações
- Os climogramas e a vegetação 188
- Relevo e hidrografia 191
- ▌Atividades 193

CAPÍTULO 21 A população da Região Sudeste 194
- A mineração e o povoamento do interior 194
- A cafeicultura e a população 195
- A população atual da Região Sudeste 196
- ▌Atividades 201

CAPÍTULO 22 Economia da Região Sudeste 202
- A atividade industrial 203
- Setor terciário 206
- Agropecuária 207
- Extrativismo 208
- ▌Ampliando fronteiras
- Extrativismo e meio ambiente: o desastre em Mariana 210
- ▌Atividades 212

UNIDADE 7 — Região Sul 214

CAPÍTULO 23 Aspectos naturais da Região Sul 216
Clima e vegetação 217
▌ Geografia em representações
Das imagens de satélite aos mapas meteorológicos 218
Relevo e hidrografia 220
▌ Atividades 221

CAPÍTULO 24 A população da Região Sul 222
Migrando da Região Sul 224
▌ Geografia e História
Peabiru: um caminho repleto de história 226
População atual 228
▌ Atividades 230

CAPÍTULO 25 Economia da Região Sul 232
Agropecuária 232
Indústria 234
Extrativismo 235
Turismo 235
▌ Ampliando fronteiras
A usina de Itaipu 236
▌ Atividades 238

UNIDADE 8 — Região Centro-Oeste 240

CAPÍTULO 26 Aspectos naturais da Região Centro-Oeste 242
Clima e vegetação 243
Relevo e hidrografia 245
Pantanal: importante riqueza natural 246
▌ Atividades 247
▌ Ampliando Fronteiras
O ecoturismo no Centro-Oeste 248

CAPÍTULO 27 A população da Região Centro-Oeste 250
A intensificação do povoamento e a população atual 251
A construção de Brasília 252
A integração do Centro-Oeste 254
▌ Atividades 257

CAPÍTULO 28 Economia da Região Centro-Oeste 259
Agropecuária 259
Indústria 261
Extrativismo 262
▌ Atividades 263

▌ Mapas 265
▌ Referências bibliográficas 272

UNIDADE

1
O Brasil e o seu território

Capítulos desta unidade
- **Capítulo 1** - O território brasileiro
- **Capítulo 2** - A integração do território brasileiro
- **Capítulo 3** - A formação territorial do Brasil
- **Capítulo 4** - Brasil: aspectos físicos

Argentina

Rio Iguaçu

A foto de 2018 mostra a divisa entre os territórios do Brasil, da Argentina e do Paraguai no encontro entre o rio Iguaçu e o rio Paraná. Esse local é chamado de Tríplice Fronteira.

Iniciando rota

1. Descreva a paisagem retratada na foto.
2. Converse com seus colegas sobre o que vocês sabem em relação ao território do Brasil.
3. A paisagem mostrada nesta foto está localizada na Região Sul do Brasil. Conte para os colegas o que você sabe sobre essa e as outras regiões do Brasil.

CAPÍTULO 1

O território brasileiro

O território brasileiro possui paisagens muito diversas, tanto paisagens em que predominam os aspectos naturais quanto aquelas em que predominam os aspectos econômicos e culturais.

O que vemos numa paisagem é resultado de uma combinação dinâmica entre sociedade e natureza. Em algumas paisagens, como a retratada na foto **A**, pode-se observar a presença marcante de elementos naturais, moldados pela natureza, por exemplo, a vegetação nativa ainda preservada, as formas de relevo e até mesmo algum tipo de influência do clima predominante.

Em outras paisagens, como na foto **B**, podem predominar os elementos culturais criados pelo ser humano, como as construções, as indústrias, as lavouras, as pastagens, as estradas, as pontes, entre outros. Quase sempre, elementos naturais e culturais podem estar presentes na mesma paisagem.

Ao longo deste volume vamos estudar as características de muitas paisagens do território brasileiro e também a organização da sociedade que nele vive.

Na foto **A**, observamos uma paisagem com o predomínio da vegetação verdejante e as formas de relevo, na chapada Diamantina, Bahia, em 2016.

Na foto **B**, observamos uma paisagem com o predomínio de elementos culturais, como o conjunto de edifícios e outras construções próprias de uma área intensamente urbanizada, na cidade de Porto Alegre, Rio Grande do Sul, em 2018.

Dimensões do território

Você sabia que são poucos os países que possuem um território tão extenso quanto o do Brasil? Em razão de sua grande extensão territorial, o Brasil é considerado um país de dimensões continentais.

No planisfério a seguir estão destacados os países mais extensos do mundo. Observe-o atentamente.

> Escreva no caderno quais são os países mais extensos do mundo em ordem decrescente.

Fonte de pesquisa: IBGE. *Países*. Disponível em: <https://paises.ibge.gov.br/#/pt>. Acesso em: 21 ago. 2018.

Observando o planisfério, podemos verificar que cada país possui uma configuração territorial marcada pela sua localização na superfície terrestre e pelo formato de seu território.

As características do território de um país, também chamado de **território nacional**, não se limitam apenas à área da superfície terrestre que ele abrange. Elas também são influenciadas pelo modo como seu espaço é ocupado e transformado pelos seus habitantes.

Pontos extremos

O mapa ao lado mostra a localização dos pontos extremos do nosso país, ou seja, os locais situados nas extremidades norte, sul, leste e oeste do território brasileiro.

- Em quais estados localizam-se os pontos extremos do país?

Arroio: pequeno curso de água, semelhante a um rio, mas com menor quantidade de água.

Fonte de pesquisa: *Atlas geográfico escolar.* 7. ed. Rio de Janeiro: IBGE, 2016. p. 91.

13

Limites e fronteiras do território brasileiro

A configuração territorial, ou seja, o formato do território de um país, é definida pelos **limites**, que indicam até onde esse território se estende.

Em geral, esses limites são reconhecidos pelos países por meio de acordos e tratados. Com base nesses acordos, os limites são definidos levando-se em consideração pontos de referência como rios, serras e montanhas, ou demarcações construídas no terreno.

Os mapas, com base na definição dos pontos de referência, representam as linhas que marcam os limites dos territórios. Essas linhas não podem ser observadas diretamente no lugar e, por isso, são chamadas de linhas imaginárias. Assim, quando observamos um rio que separa dois países, por exemplo, não vemos uma linha sobre ele, mas sabemos que suas águas separam o território desses dois países.

Limite, porém, não tem o mesmo significado de fronteira. Quando falamos em **fronteira**, estamos nos referindo a uma faixa de terra que se estende ao longo dos limites de um país, a exemplo da extensa faixa de fronteira que o Brasil possui com seus vizinhos. As fronteiras podem ser terrestres, que são aquelas localizadas ao longo dos limites que separam dois países, ou marítimas, que ficam ao longo dos limites que separam o território de um país das águas oceânicas.

Observe o mapa ao lado e, depois, responda às questões no caderno.

1. Compare a extensão dos limites terrestre e marítimo do Brasil. Qual é maior?

2. Quais países da América do Sul não possuem limite marítimo?

Fonte de pesquisa: *Atlas geográfico escolar*. 7. ed. Rio de Janeiro: IBGE, 2016. p. 90.

14

As fronteiras terrestres e o intercâmbio cultural

No mundo, diversas fronteiras terrestres são habitadas e se caracterizam, na maioria das vezes, por apresentar um intenso intercâmbio de mercadorias e pessoas. Isso ocorre, por exemplo, na faixa de fronteira entre o território do Brasil e o do Paraguai, entre os municípios de Ponta Porã, no estado do Mato Grosso do Sul, e Pedro Juan Caballero, no Paraguai. Outro exemplo são os municípios de Santana do Livramento, no Brasil, estado do Rio Grande do Sul, e de Rivera, no Uruguai. Como podemos verificar na foto ao lado, apenas uma rua e uma praça estabelecem o limite entre os dois países.

O frequente contato entre habitantes desses dois países nas áreas fronteiriças provoca a troca de hábitos e costumes, como o idioma, os alimentos e as vestimentas, o que, de certa forma, acaba enriquecendo a cultura dos moradores da região. Na foto ao lado, parte do município de Rivera, no Uruguai (à direita), e de Santana do Livramento, no Rio Grande do Sul (à esquerda), em 2016.

Território contínuo e descontínuo

O território de um país pode ser contínuo ou descontínuo. O território brasileiro, por exemplo, é quase totalmente contínuo, pois, com exceção de algumas ilhas oceânicas, nosso país não possui terras separadas do território nacional.

Os Estados Unidos, por exemplo, apresentam territórios descontínuos, como o território do Alasca e o arquipélago do Havaí, localizados a centenas de quilômetros do restante do país.

Outro caso é a Dinamarca, localizada na Europa, que possui o território da Groenlândia, uma extensa ilha localizada no extremo norte do continente americano. Veja o mapa ao lado.

Fonte de pesquisa: Gisele Girardi e Jussara Vaz Rosa. *Atlas geográfico do estudante*. São Paulo: FTD, 2016. p. 150.

15

Território nacional e soberania

Em nosso país, um conjunto de instituições e poderes detém o controle e a fiscalização do território nacional. Esse poder é exercido de várias maneiras, por exemplo, ao coibir a entrada ilegal de imigrantes no país, ao combater o tráfico de armas e de drogas nas áreas de fronteira, ao proibir que aeronaves e embarcações estrangeiras entrem clandestinamente em nosso espaço aéreo e em nosso mar territorial.

Todas essas formas de poder garantem a **soberania** do país, que visam assegurar a integridade territorial, e que também fazem do Brasil uma nação independente e reconhecida internacionalmente.

Quando uma nação possui um território e um governo soberano, ou seja, detentor do poder político e de decisão dentro de seu território nacional, ela constitui um **Estado**, também chamado **Estado-nação**. O Brasil, por exemplo, é um Estado, pois detém o controle do seu território. Também é uma federação, pois reúne unidades menores do território que são administrativamente autônomas, mas que respondem a um poder político central. Essas unidades são as 27 unidades federativas do país: 26 estados e 1 distrito federal, onde está sediado o governo federal.

Contudo, muitas nações não possuem soberania sobre o território em que vivem. Esse é o caso das nações indígenas do Brasil, como os Xavante e os Yanomami, por exemplo, que vivem em territórios controlados pelo governo federal. Em outros lugares do mundo também existem nações que não possuem territórios autônomos, como o caso dos curdos e dos palestinos no Oriente Médio e dos tibetanos na China.

Desse modo, podemos dizer que a noção de **território** não deve ser entendida apenas como a superfície ou a área de um país, mas também como o espaço que é ocupado, construído e transformado pelas pessoas que nele vivem e é reconhecido politicamente perante os demais países do mundo.

> **Espaço aéreo:** área de um país projetada acima de seu território e que está dentro de seus limites e de seu domínio territorial.
>
> **Mar territorial:** faixa de mar que está sob domínio da nação que ele banha.
>
> **Nação:** povo que possui aspectos culturais herdados de um passado histórico comum, como a língua, os costumes e o modo de vida.

A foto ao lado mostra um posto de fiscalização da Receita Federal, localizado em Corumbá, Mato Grosso do Sul, na divisa entre Brasil e Bolívia, em 2017. O controle e a fiscalização das fronteiras são responsabilidade da Polícia Federal e do Exército Brasileiro.

Atividades

Organizando o conhecimento

1. Explique com suas palavras a afirmação a seguir.

   > O Brasil é considerado um país de dimensões continentais.

2. Algumas vezes, os termos fronteira e limite são utilizados como se tivessem o mesmo significado. Explique com suas palavras a diferença entre esses dois termos.

3. De acordo com o mapa da página **14**, escreva no caderno:

   a) o nome de dois países localizados a oeste do Brasil;

   b) o nome dos países da América do Sul que não fazem divisa com o Brasil;

   c) o nome de três estados brasileiros que fazem fronteira com outros países.

4. O Brasil é um Estado-nação? Explique por quê.

Conectando ideias

5. **Observe** a foto a seguir. Depois, **responda** às questões no caderno.

Indígenas Kalapalo, da aldeia Aiha, no município de Querência, Mato Grosso, em 2018.

   a) **Descreva** as características expressas na foto acima que identificam esses indígenas como pertencentes a uma nação.

   b) Com base nos estudos deste capítulo, **explique** por que a nação Kalapalo não possui soberania sobre o território em que vive.

   c) **Cite** dois exemplos de nações que não possuem soberania sobre o território em que vivem.

CAPÍTULO 2

A integração do território brasileiro

Como vimos, o Brasil é um país de grande extensão territorial. Por isso, os meios de transporte são muito importantes para promover a ligação entre as áreas mais distantes do país, sobretudo aquelas que estão separadas por várias centenas e até milhares de quilômetros de distância.

A ligação entre lugares tão distantes depende de uma rede de transportes formada por rodovias, ferrovias, portos e aeroportos espalhados pelas regiões do nosso país. Por essa rede de transportes circula, diariamente, um grande volume de mercadorias e também de pessoas.

Observe atentamente o gráfico abaixo. Ele mostra a distribuição dos diferentes tipos de transporte de cargas no Brasil.

Brasil: distribuição dos tipos de transporte de cargas (2018)

Representação sem proporção de tamanho. Cores-fantasia.

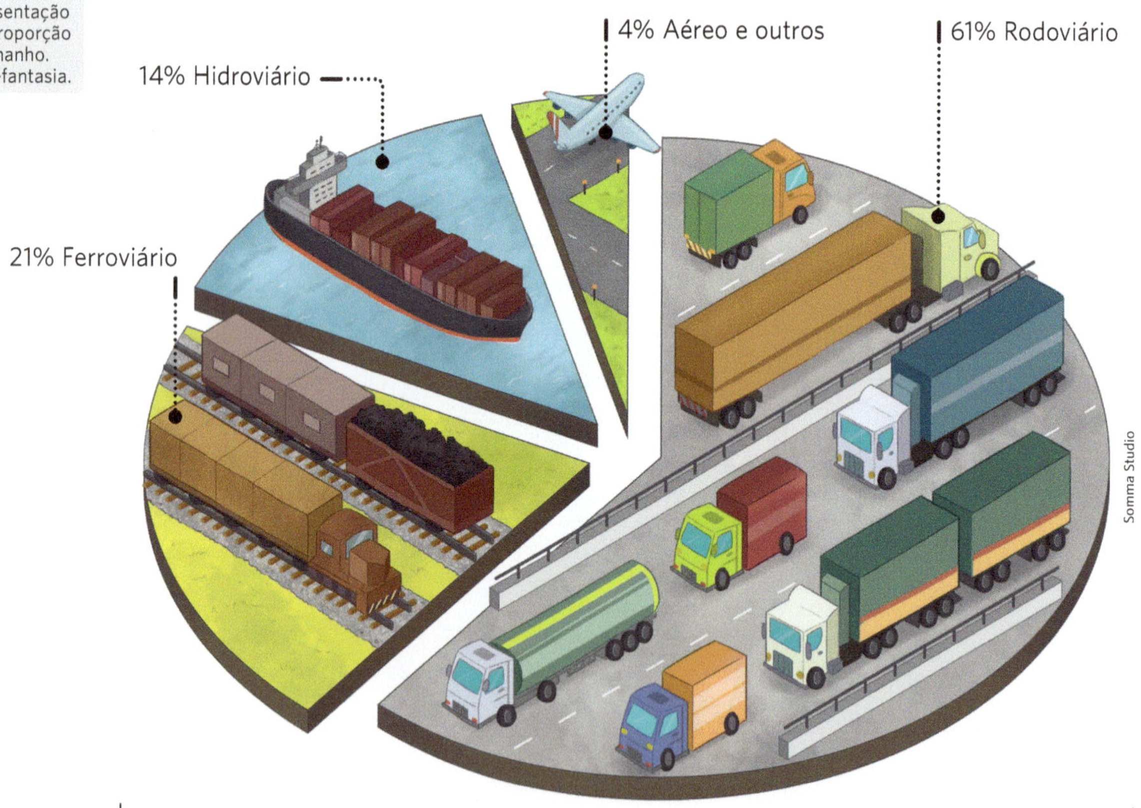

14% Hidroviário

4% Aéreo e outros

61% Rodoviário

21% Ferroviário

Somma Studio

Fonte de pesquisa: CNT. *Boletim estatístico*. Disponível em: <www.cnt.org.br>. Acesso em: 20 ago. 2018.

De acordo com o gráfico, responda às questões no caderno.

1. Qual é o tipo de transporte mais utilizado para transportar cargas pelo Brasil?

2. Qual é a participação das ferrovias e das hidrovias na movimentação das cargas em nosso país?

O predomínio das rodovias

O gráfico da página anterior revela que a maior parte do transporte de cargas no Brasil é feita por meio de rodovias, enquanto as ferrovias e as hidrovias respondem por uma participação bem menor.

A expansão do transporte rodoviário em nosso país teve início na década de 1950, quando o governo brasileiro passou a priorizar a abertura de novas estradas como forma de promover a integração entre as diversas áreas do território. Essa expansão também foi estimulada por contribuir para o desenvolvimento da indústria automobilística no Brasil, aumentando nossa frota de veículos e acelerando ainda mais a construção de novas estradas.

Inauguração da rodovia Presidente Dutra, São Paulo, capital do estado, em 1950.

Ao priorizar o desenvolvimento do transporte rodoviário em detrimento das ferrovias e hidrovias, muitos incentivos e investimentos foram direcionados para a construção de novas estradas, o que resultou na rápida expansão da malha rodoviária. Muitas estradas foram construídas com o objetivo de integrar as áreas menos povoadas das principais cidades e também de promover o processo de interiorização do território. Entre essas estradas estão as rodovias Belém-Brasília, Cuiabá-Porto Velho, Cuiabá-Santarém, São Paulo e Rio de Janeiro.

Com a abertura dessas estradas, ocorreram várias transformações no território brasileiro, como intensificação dos fluxos migratórios de pessoas em direção ao interior do país, formação e crescimento de cidades e expansão das atividades agropecuárias em áreas até então menos povoadas.

Atualmente, o Brasil possui cerca de 1,6 milhão de quilômetros de estradas de rodagem. Desse total, porém, apenas aproximadamente 13%, o que corresponde a 212 mil quilômetros, são estradas pavimentadas.

Observe o mapa abaixo e veja o atual traçado das principais rodovias brasileiras.

Fonte de pesquisa: Brasil. Ministério dos Transportes. *Transporte Ferroviário do Brasil*. Disponível em: <www2.transportes.gov.br/bit//02-rodo/rodo.html>. Acesso em: 21 ago. 2018.

Trânsito em trecho de rodovia no município de Goiânia, Goiás, em 2017.

> Com base no mapa, responda às questões a seguir no caderno.

a) Pesquise o nome de uma importante rodovia que liga a unidade federativa onde você mora ao restante do país.

b) Quais são as áreas do território brasileiro onde há maior concentração de rodovias?

c) Escreva também em quais áreas do país há poucas rodovias.

As redes de comunicação e a integração do território brasileiro

Além da rede de transportes, o Brasil também conta com uma ampla rede de comunicação, formada por emissoras de rádio e televisão, jornais, telefones, internet, etc., que contribuem para a integração de diferentes lugares do território brasileiro e desse com o restante do mundo.

Nos dias atuais, em que a telecomunicação encontra-se integrada à internet, é possível que muitos brasileiros residentes em diferentes lugares do país tenham acesso a informações (dados, imagens e textos) ou então se comuniquem entre si, de modo rápido e eficiente.

A foto acima mostra indígena utilizando celular conectado à internet em Palmas, Tocantins, em 2015.

Em várias cidades brasileiras as paisagens estão repletas de antenas receptoras de sinal de rádio e televisão, como podemos observar em Joinville, Santa Catarina, em 2018.

Diferentes vias de transporte

Qual seria a melhor opção para o transporte de cargas em um país de dimensões territoriais tão grandes como o Brasil?

Observe o gráfico abaixo. Ele mostra a distribuição do transporte de cargas realizado por diferentes vias no Brasil e também em alguns países do mundo.

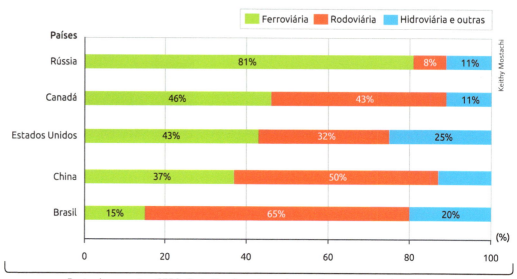

Fonte de pesquisa: SEEG. *Emissões dos setores de energia, processos industriais e uso de produtos.* Disponível em: <http://seeg.eco.br/wp-content/uploads/2018/05/Relato%CC%81rios-SEEG-2018-Energia-Final-v1.pdf>. Acesso em: 23 ago. 2018.

Compare a participação do transporte rodoviário no Brasil com a de outros países do mundo e converse com os colegas sobre o que é possível concluir a respeito da rede de transportes nesses países.

O gráfico acima revela que, ao contrário do Brasil e da China, que privilegiam o transporte rodoviário, outros países, como a Rússia, o Canadá e os Estados Unidos, deram prioridade ao desenvolvimento de ferrovias.

A utilização do transporte ferroviário representou uma grande vantagem para a economia desses países. Também poderia ser vantajoso para o Brasil, pois o custo do transporte rodoviário, sobretudo entre longas distâncias, é bem mais elevado que o do transporte por trens ou embarcações.

Diante disso, de uma forma geral, vemos que o transporte rodoviário deveria ser utilizado em nosso país apenas para percorrer pequenas distâncias, o que ocasionaria uma redução nos custos do transporte de cargas.

Além disso, um sistema que integrasse rodovias, ferrovias e hidrovias poderia tornar-se mais eficiente para o Brasil. No caso do escoamento da produção agrícola, por exemplo, as rodovias serviriam para transportar a safra das lavouras até os portos ou ferrovias mais próximos, de onde seguiriam em embarcações ou trens. Isso representaria uma economia nos gastos com o frete e resultaria na redução dos preços dos produtos, tornando-os mais competitivos no mercado.

Para transportar mil toneladas de carga pelas rodovias, por exemplo, gastam-se aproximadamente 15 litros de combustível por quilômetro rodado. Nas ferrovias, o deslocamento dessa mesma carga por igual distância consome 6 litros, e nas hidrovias, apenas 4 litros.

Observe o esquema abaixo. Ele mostra um comparativo da capacidade de cargas entre os meios de transporte hidroviário, ferroviário e rodoviário e também a ocupação do espaço físico de cada um deles.

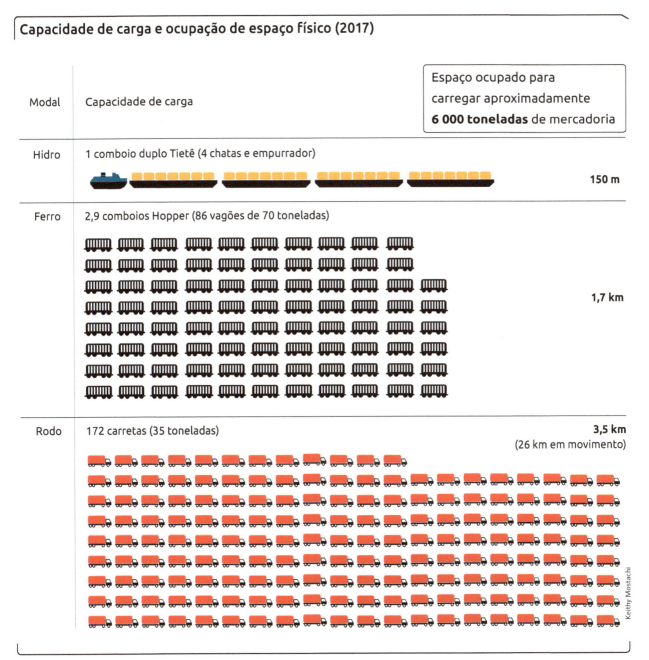

Fonte de pesquisa: Casemiro Tércio Carvalho (Dir.). A atividade hidroviária no estado de São Paulo: investimentos e projetos. s.l.: Governo do Estado de São Paulo – Secretaria de Estado de Logística e Transportes, 2012. Disponível em: <http://www.integracao.gov.br/c/document_library/get_file?uuid=86f12f7a-b9c6-4d81-a4fa-be0ce2828086&groupId=63635>. Acesso em: 27 ago. 2018.

As ferrovias no Brasil

Antes da expansão das rodovias, o principal meio de transporte utilizado no Brasil eram as ferrovias, construídas no século XIX, principalmente nos estados de São Paulo e Rio de Janeiro, para escoar a produção cafeeira até os portos exportadores.

Nas primeiras décadas do século passado, ainda no auge da cultura cafeeira, a malha ferroviária brasileira estendia-se por cerca de 30 mil quilômetros. Atualmente, essa malha é bastante precária e sua extensão permanece praticamente a mesma do início do século XX. Além de sua extensão reduzida, se comparada com o tamanho do país, as ferrovias encontram-se muito mal distribuídas pelo território, concentrando-se principalmente na porção centro-sul do território brasileiro.

Pelo fato de as ferrovias terem sido construídas para escoar a produção cafeeira entre o final do século XIX e o início do século XX, o traçado das linhas não foi planejado para promover integração entre as regiões do país e, portanto, não chegam até as atuais áreas de fronteira agrícola. Na tentativa de sanar esse problema, grandes investimentos públicos e privados estão sendo aplicados na construção de duas importantes ferrovias: a Ferronorte, ligando Cuiabá, no Mato Grosso, a Santarém, no Pará; e a Ferrovia Norte-Sul, ligando Barcarena, no Pará, a Rio Grande, no Rio Grande do Sul.

Veja no mapa abaixo o traçado das principais ferrovias do país.

Fonte de pesquisa: Brasil. Ministério dos Transportes. *Transporte Ferroviário do Brasil*. Disponível em: <http://www2.transportes.gov.br/bit/03-ferro/ferro.html>. Acesso em: 21 ago. 2018.

Trem carregado com minério de bauxita em Oriximiná, Pará, em 2016.

24

As hidrovias no Brasil

Assim como ocorre com as ferrovias brasileiras, as hidrovias também possuem uma participação reduzida no transporte de cargas do país, embora no Brasil existam rios extensos e com grande potencial para a navegação.

Hoje em dia, o transporte hidroviário é mais utilizado na Amazônia, onde os rios que atravessam a densa floresta constituem, muitas vezes, a única via de ligação entre cidades e povoados espalhados pela região.

Mais recentemente, porém, algumas hidrovias começaram a ser mais exploradas, sobretudo para o transporte de produtos agrícolas, como a hidrovia Tietê-Paraná, no estado de São Paulo.

Apesar de o transporte hidroviário apresentar vantagens econômicas em relação aos demais, o funcionamento de hidrovias também depende de investimentos em infraestrutura, como construção de portos para embarque e desembarque de mercadorias, eclusas e dragagem.

Observe no mapa abaixo as principais hidrovias do país.

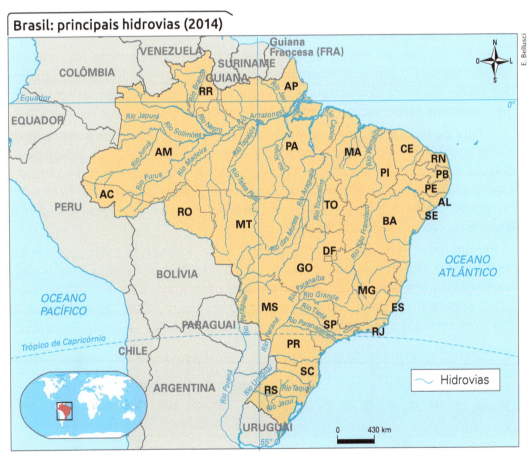

Brasil: principais hidrovias (2014)

Fonte de pesquisa: *Atlas geográfico escolar*. 7. ed. Rio de Janeiro: IBGE, 2016. p. 143.

Eclusa: construção em forma de canal que funciona como uma espécie de elevador para embarcações que precisam transpor um desnível num curso de água.

Dragagem: serviço de remoção de material do fundo de um curso de água com o objetivo de aprofundar o leito dos rios.

> Verifique no mapa acima se na unidade federativa onde você mora há alguma hidrovia. Ela faz ligação com outras cidades? Com quais?

25

O transporte aéreo no Brasil

O transporte aéreo é o meio de transporte mais rápido e também o mais caro. Em razão do elevado custo de manutenção das aeronaves e do espaço limitado para o transporte de cargas, o frete do transporte aéreo acaba por ter um custo bastante elevado. Por isso, ele é utilizado, geralmente, para o transporte de pessoas, de cargas perecíveis, como flores e frutas, e de cargas com alto valor agregado, como aparelhos eletrônicos.

A situação das rodovias brasileiras

A malha rodoviária brasileira encontra-se em situação bastante precária. Isso acontece principalmente em razão dos baixos investimentos do governo ao longo dos últimos anos.

Estradas esburacadas e sem sinalização são apenas alguns dos problemas enfrentados pelos motoristas que viajam pelas rodovias brasileiras. Essas condições precárias representam um sério risco à segurança dos usuários e, além disso, ocasionam outros prejuízos, como maior demora nas viagens, desgaste excessivo dos veículos e encarecimento do custo do transporte.

De acordo com um estudo de 2017, realizado pela Confederação Nacional dos Transportes (CNT), em uma amostragem de aproximadamente 106 mil quilômetros de rodovias pavimentadas existentes no Brasil, cerca de 16% delas encontram-se em mau estado de conservação, necessitando de investimentos para sua recuperação.

A falta de recursos e, muitas vezes, de interesse em promover a melhoria da malha rodoviária levou alguns estados a implantar programas de privatização de suas principais estradas. A privatização consiste em transferir o controle e o gerenciamento das estradas para empresas privadas, que lucram com a cobrança de pedágios e passam a ser responsáveis por investir recursos na melhoria e na conservação das vias.

Por um lado o sistema de privatização vem melhorando as condições das estradas; por outro, ele vem aumentando o custo do transporte, pois o valor pago nos pedágios acaba encarecendo o frete e as passagens. Vale lembrar também que a população já paga impostos específicos para manutenção e construção de novas estradas e, ainda assim, a malha viária encontra-se em mau estado.

Praça de pedágio em São Paulo, capital do estado, em 2016.

Os transportes e a integração do Brasil com o mundo

Além de promover a integração entre as diferentes regiões do território nacional, a rede de transportes proporciona a ligação do Brasil com os demais países do mundo.

Essa ligação ocorre, principalmente, por meio dos principais portos e aeroportos, por onde circulam um grande número de pessoas e um enorme volume de mercadorias que chegam dos mais diferentes lugares do mundo e também partem para diversos destinos.

O Brasil exporta gêneros agrícolas (café, soja, suco de laranja), recursos minerais (alumínio, minério de ferro, óleos combustíveis) e produtos de alta tecnologia (automóveis e aviões).

Os portos brasileiros desempenham um importante papel no desenvolvimento das relações comerciais que o Brasil mantém com diversos países. O mapa abaixo mostra a importância das relações comerciais que o Brasil mantém. Observe-o atentamente.

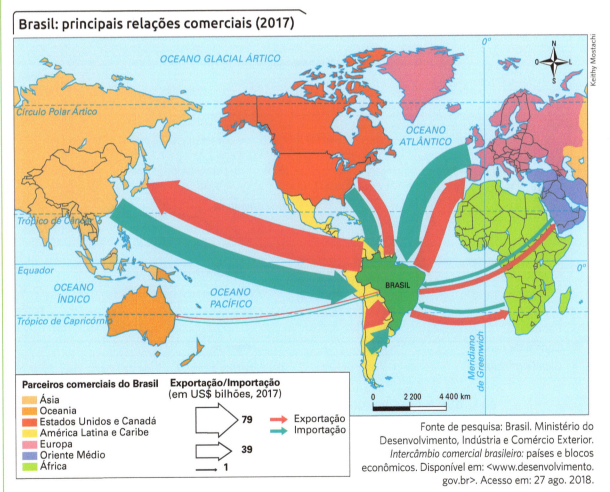

Brasil: principais relações comerciais (2017)

Fonte de pesquisa: Brasil. Ministério do Desenvolvimento, Indústria e Comércio Exterior. *Intercâmbio comercial brasileiro*: países e blocos econômicos. Disponível em: <www.desenvolvimento.gov.br>. Acesso em: 27 ago. 2018.

De acordo com o mapa, responda à questão no caderno.
- Com quais países e regiões do mundo o Brasil mantém relações comerciais mais intensas?

27

Atividades

▌ **Organizando o conhecimento**

1. O Brasil é um Estado-nação? Explique por quê.

2. De que maneira as redes de comunicação auxiliam na integração do território brasileiro?

▌ **Conectando ideias**

3. O mapa abaixo mostra as principais ferrovias existentes nos Estados Unidos, país que possui um território um pouco mais extenso que o do Brasil. **Observe-o** atentamente e depois **responda**, no caderno, às questões propostas.

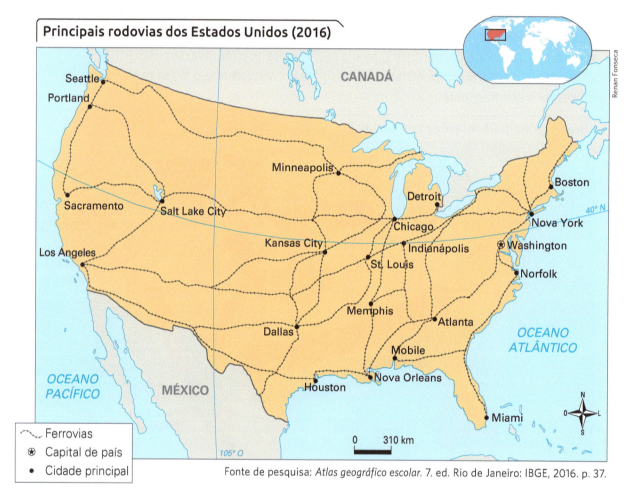

Fonte de pesquisa: *Atlas geográfico escolar*. 7. ed. Rio de Janeiro: IBGE, 2016. p. 37.

a) O que é possível concluir ao comparar a extensão da rede ferroviária dos Estados Unidos com a do Brasil, apresentada no mapa da página **24**?

b) Por que é mais vantajoso para um país de grande extensão priorizar a expansão das ferrovias do que investir na construção de rodovias?

4. Em grupos, **pesquisem** em jornais, revistas e na internet informações sobre os pedágios nas rodovias brasileiras. **Procurem** encontrar opiniões favoráveis e contrárias à cobrança de pedágio. **Organizem** o material da pesquisa e, em seguida, **promovam** um debate sobre o assunto na sala de aula.

A formação territorial do Brasil

CAPÍTULO 3

UNIDADE 1

O Brasil nem sempre teve a configuração territorial que atualmente observamos. No passado, os limites que separavam o território brasileiro dos territórios vizinhos eram bem diferentes.

Para entender como o território brasileiro chegou à configuração atual, precisamos estudar seu processo de ocupação e povoamento ao longo dos séculos.

Até 1500, com a chegada dos primeiros portugueses, as terras que hoje fazem parte do território brasileiro eram habitadas por povos indígenas de culturas muito diversas, que falavam línguas diferentes e mantinham costumes e tradições variados. Esses povos estavam espalhados por todo o território e, em geral, viviam basicamente da pesca e da caça, além de cultivarem pequenas lavouras.

ACESSE O RECURSO DIGITAL

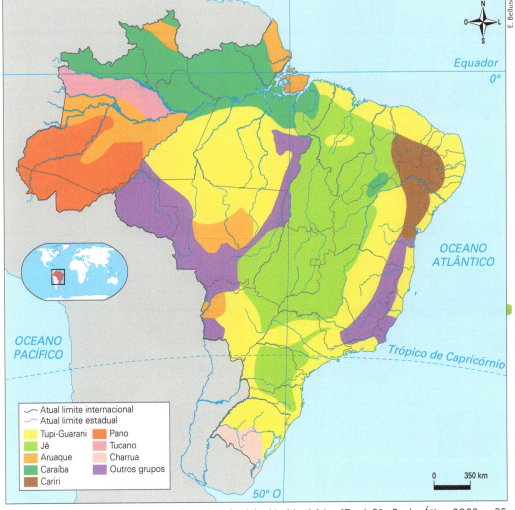

Provável distribuição dos povos indígenas no Brasil em 1500

Este mapa mostra a provável distribuição dos povos indígenas que viviam no território, que hoje corresponde ao Brasil, na época da chegada dos colonizadores portugueses.

Fonte de pesquisa: José Jobson de A. Arruda. *Atlas histórico básico*. 17. ed. São Paulo: Ática, 2002. p. 35.

29

Indígenas no Brasil

Os indígenas são todos iguais? Para obter essa resposta, leia o texto a seguir que trata desse assunto.

Algumas vezes nos referimos aos povos indígenas genericamente como índios, porque, quando falamos índios, estamos nos referindo a grupos que se reconhecem como semelhantes em alguns contextos.

Apesar das semelhanças que podemos notar entre vários povos indígenas, quando eles se comparam entre si reconhecem suas diferenças, pois prestam atenção nas particularidades de cada grupo.

Cada povo indígena possui tradições culturais próprias, isto é, tem uma história particular, além de possuir práticas e conhecimentos únicos. [...]

É por isso que não podemos dizer que existe uma única "cultura indígena": cada comunidade tem seu modo de ser.

Existem, portanto, muitas culturas indígenas!

O que é ser índio? *Mirim*. Disponível em: <http://mirim.org/o-que-e-ser-indio>. Acesso em: 22 ago. 2018.

Criança da etnia Guarani, da aldeia Kalipety, em São Paulo, capital do estado, em 2017.

Objeto do povo indígena Guarani.

Objeto do povo indígena Marajoara.

Objeto do povo indígena Karajá.

▶ Aprenda mais

No *site* da *Fundação Nacional do Índio* (Funai), você encontra diversas informações sobre os povos indígenas do Brasil.

Fundação Nacional do Índio. Disponível em: <http://linkte.me/b717u>. Acesso em: 22 ago. 2018.

O povoamento do território nacional

O processo de povoamento do território brasileiro por povos não indígenas teve início no litoral, sobretudo com a exploração do pau-brasil. Árvore abundante ao longo do litoral, sua madeira tornou-se muito valorizada no mercado europeu daquela época. Dessa madeira se podia extrair um pigmento vermelho escuro utilizado para o tingimento de tecidos. Com o intenso ritmo da exploração, o pau-brasil se esgotou rapidamente, e essa atividade entrou em decadência.

Mas o povoamento mais efetivo ocorreu ainda no século XVI, com o plantio da cana-de-açúcar em grandes fazendas de engenho. O desenvolvimento da economia açucareira levou ao surgimento das primeiras vilas, como Olinda, Salvador e São Vicente. Observe o mapa a seguir.

Tratado de Tordesilhas: Tratado assinado em 1494, entre os reis de Portugal e da Espanha, que estabelecia um meridiano para dividir as posses territoriais portuguesas e espanholas no continente americano.

Fonte de pesquisa: Hervé Théry e Neli Aparecida de Mello. *Atlas do Brasil*: disparidades e dinâmicas do território. São Paulo: Edusp, 2005. p. 35.

O mercantilismo: o território brasileiro na economia mundial

A colonização portuguesa, ocorrida nas terras que passariam a compor o território do Brasil, teve início no século XV, quando o sistema econômico-político capitalista, adotado em parte da Europa, vivia sua fase denominada **mercantilismo**.

Embora cada reino europeu tivesse suas particularidades, o mercantilismo apresentou características comuns. Entre elas, se destacavam as intensas relações comerciais entre metrópoles, que buscavam a acumulação de riquezas.

Foi durante o período do mercantilismo que muitas nações europeias passaram a colonizar terras localizadas em outros continentes, como ocorreu na América. O Brasil foi uma dessas colônias, que até 1822 fez parte dos domínios de Portugal.

No século XVII, o povoamento avançou em direção ao interior do território, sobretudo no semiárido nordestino, com a expansão da pecuária bovina. O gado criado na região era levado até os engenhos de açúcar, onde servia ao trabalho e ao consumo da população.

Nessa mesma época também teve início o povoamento da Amazônia com a exploração das chamadas drogas do sertão. Observe o mapa abaixo.

Drogas do sertão: produtos da floresta Amazônica, como guaraná, urucum, cacau, castanha-do-pará, ervas e plantas medicinais, muito apreciados e valorizados no mercado europeu da época.

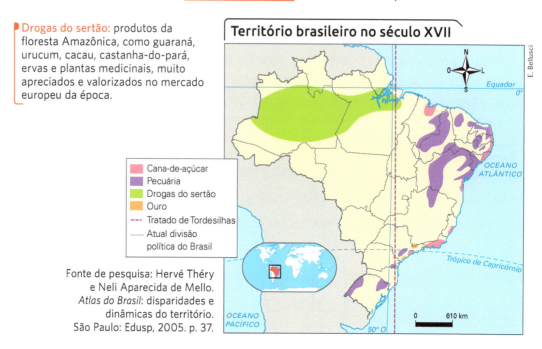

Fonte de pesquisa: Hervé Théry e Neli Aparecida de Mello. *Atlas do Brasil*: disparidades e dinâmicas do território. São Paulo: Edusp, 2005. p. 37.

Durante o século XVIII, o povoamento do território prossegue. A atividade pecuária se expande ainda mais pelo interior e também pelo sul do território. Nessa mesma época, a descoberta de minas de ouro e diamante impulsiona o povoamento em direção à região das minas gerais e áreas dos atuais estados de Goiás e Mato Grosso.

Com isso, a ocupação portuguesa do território ultrapassa o limite estabelecido pelo Tratado de Tordesilhas. Observe o mapa ao lado.

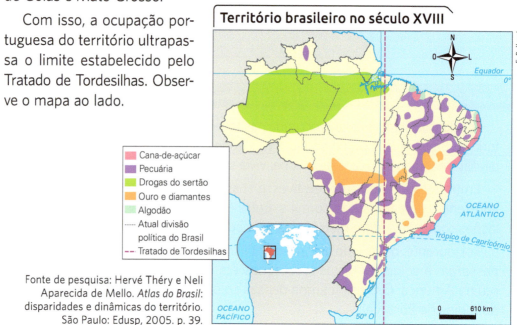

Fonte de pesquisa: Hervé Théry e Neli Aparecida de Mello. *Atlas do Brasil*: disparidades e dinâmicas do território. São Paulo: Edusp, 2005. p. 39.

No século XIX, o povoamento do território avança para outras regiões. Com a decadência da atividade mineradora, a cafeicultura se expande nos atuais estados do Espírito Santo, Rio de Janeiro e São Paulo. A exploração da borracha na Amazônia atrai novos fluxos populacionais à região.

Os limites atuais do território brasileiro foram definidos somente no início do século XX, com a assinatura de vários acordos e tratados fronteiriços estabelecidos com os países vizinhos.

A organização do território brasileiro, por sua vez, vem passando por várias modificações. Em primeiro lugar, em razão da intensa industrialização e urbanização iniciadas no país ao longo do século passado e, em segundo lugar, por causa do processo de ocupação do território, que continua ocorrendo. Nas últimas décadas, por exemplo, extensas áreas de vegetação natural do país vêm sendo substituídas pelo cultivo de monoculturas, como a soja, lavouras e pastagens.

O mapa abaixo mostra como o território brasileiro encontra-se organizado atualmente. Observe.

Fonte de pesquisa: Maria Elena Simielli. *Geoatlas*. 34. ed. São Paulo: Ática, 2013. p. 144.

1 Compare o mapa desta página com o mapa do território brasileiro no século XVIII, da página anterior. Identifique três aglomerações urbanas que se tornaram capitais estaduais.

2 De acordo com o mapa acima, descreva no caderno como a unidade federativa onde você mora está caracterizada na atual organização do território brasileiro.

Ampliando fronteiras

População indígena

Neste capítulo você estudou o processo de formação do território brasileiro. Esse processo, iniciado em 1500, resultou em um genocídio praticado contra os povos indígenas que aqui viviam.

De acordo com a Fundação Nacional do Índio (Funai), estima-se que havia de 2 a 5 milhões de indígenas na época em que os portugueses chegaram a esse território, que hoje forma o Brasil.

Grande parte desses povos foi dizimada pelas doenças trazidas pelos europeus, pela escravização e também por guerras e conflitos travados com os colonizadores, ocasionando uma significativa redução da população indígena.

Vamos conhecer um pouco mais sobre a população indígena hoje no Brasil, de acordo com o censo demográfico de 2010 produzido pelo IBGE.

O Brasil possui atualmente 505 terras indígenas, distribuídas entre uma população de aproximadamente 897 mil indígenas.

Genocídio: destruição parcial ou total de populações, povos, grupos étnicos ou religiosos.

Distribuição da população indígena (2010)
- 58% residiam nas terras indígenas
- 42% residiam fora das terras indígenas

População indígena rural e urbana (2010)
- 36% residiam na área rural
- 64% residiam na área urbana

População indígena por regiões (2010)
- 38% Norte
- 26% Nordeste
- 16% Centro-Oeste
- 11% Sudeste
- 9% Sul

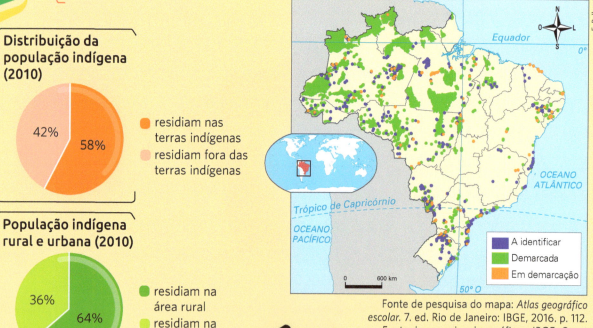

Situação de parques e terras indígenas no Brasil (2015)
- A identificar
- Demarcada
- Em demarcação

Fonte de pesquisa do mapa: *Atlas geográfico escolar*. 7. ed. Rio de Janeiro: IBGE, 2016. p. 112.
Fonte de pesquisa dos gráficos: IBGE. *Censo demográfico 2010* – características gerais dos indígenas. Disponível em: <http://biblioteca.ibge.gov.br/visualizacao/periodicos/95/cd_2010_indigenas_universo.pdf>. Acesso em: 10 ago. 2018.

Vários povos indígenas, em geral, caçam, pescam, coletam frutas e praticam a agricultura em pequenas lavouras para atender às suas necessidades, porém sem causar grandes danos à natureza.

O contato com a sociedade não indígena influenciou a cultura de alguns grupos indígenas. No entanto, grande parte desses povos preserva suas raízes culturais, mantendo relações tradicionais com a natureza e os costumes de seus antepassados.

De acordo com o 1º parágrafo do artigo 231 da Constituição Federal, terras indígenas são áreas ocupadas tradicionalmente pelos povos indígenas. São terras:

> [...] por eles habitadas em caráter permanente, as utilizadas para suas atividades produtivas, as imprescindíveis à preservação dos recursos ambientais necessários a seu bem-estar e as necessárias a sua reprodução física e cultural, segundo seus usos, costumes e tradições. [...]
>
> Brasil. Congresso Nacional. Constituição da República Federativa do Brasil de 1988. *DOU*, Brasília, DF, 5 out. 1988, p. 1. Disponível em: <http://www.planalto.gov.br/ccivil_03/constituicao/constituicao.htm>. Acesso em: 31 jul. 2018.

1. Descreva como estão distribuídas a população e as terras indígenas no território brasileiro de acordo com as informações dos gráficos e do mapa.

2. De acordo com as informações dessas páginas, os povos indígenas que vivem hoje no Brasil têm seus direitos assegurados? Converse com os colegas sobre esse assunto e dê a sua opinião.

3. Dividam-se em grupos para pesquisar sobre a cultura indígena no Brasil. Cada grupo deve ficar responsável por estudar um povo indígena diferente. Depois, organizem as informações coletadas e apresentem-nas aos colegas.

Utilizando os recursos da natureza, muitos povos indígenas produzem cestos, esteiras, redes e canoas que auxiliam nas atividades do dia a dia.

O modo de vida e a cultura indígena são transmitidos por meio das atividades diárias e sobretudo pelos ensinamentos dos indígenas mais velhos da aldeia.

Bárbara Sarzi

Atividades

▶ Organizando o conhecimento

1. Com base nos estudos deste capítulo, escreva no caderno como se caracterizavam os povos que viviam no território brasileiro em 1500.

2. Em qual parte do território brasileiro teve início o processo de povoamento? Qual recurso natural foi explorado nesse primeiro momento?

3. Descreva no caderno quais aspectos mais se destacam na organização do território brasileiro nas seguintes épocas:

a) século XVIII;   b) atualmente.

4. Quais fatores contribuíram para a organização do território brasileiro ao longo do século passado?

▶ Conectando ideias

5. Leia e **interprete** o texto a seguir. Depois **responda** às questões.

> [...]
>
> As comunidades indígenas sempre tiveram um território definido, cujos limites eram estipulados a partir de suas necessidades de caça, pesca e coleta de alimentos. Um rio ou uma serra eram suas divisas naturais. Mesmo reconhecendo os confins geográficos de um território, esse conceito não impunha regras nem tão rígidas a ponto de impossibilitar o acesso a outros grupos indígenas nem tão permanentes que inibissem uma mudança na ocupação desses espaços.
>
> Como dizia Ãwãetekãto'i, do povo Tapirapé: "Deus fez essa terra não só para um morar. Ela é para todos".
>
> Para os indígenas, território é um conceito amplo, que supõe solo, subsolo, água, floresta, montanha, enfim, tudo que existe nele.

Vista das aldeias Yanomami de Maturacá e Ariabu, no Parque Nacional do Pico da Neblina, no município de Santa Isabel do Rio Negro, Amazonas, em 2017.

Para os Yanomami o território é mais do que uma simples linha demarcatória. Nele estão os espíritos da natureza e dos ancestrais. Dão nome a cada pico e a cada montanha. "Na nossa terra temos muitas serras: Koimak é o Pico da Neblina; Watorik é o Pico Rondon; Arahaikyk é a serra do Catrimani e têm muitas outras serras", dizia Davi Kopenawa.

Por esse motivo, em vários mitos indígenas, sobretudo os que contam a origem de um povo, encontramos nomes de lugares atuais, formando uma espécie de cartografia cultural, mostrando os limites territoriais desses grupos. Cada lugar conhecido da selva, cada montanha e cada rio tem um significado especial. No mito da origem do seu povo, os Tikuna contam: "Antes do mundo existir, Ngutapa já existia. Ele não teve pai nem mãe. Mapana, sua mulher, se criou junto com ele. No lugar onde se criaram é onde fica a montanha Taiwegüene. É no igarapé Tonetü (São Jerônimo)".

Como o governo não costuma levar em conta os critérios culturais, ao serem demarcadas suas terras, essa montanha foi excluída, por ficar em região de fronteira. Os Tikuna não descansaram enquanto não a viram dentro de seu território.

As áreas indígenas são, pois, os últimos pedaços de terra que sobraram para esses povos. [...]

Egon Heck e Benedito Prezia. *Povos indígenas*: terra é vida. 5. ed. São Paulo: Atual, 2006. p. 52-53.

a) De acordo com o texto, como os indígenas definem os limites do território onde vivem? **Descreva** o significado de território para eles.

b) **Explique** como os limites do território brasileiro foram definidos.

Fonte de pesquisa: Instituto socioambiental. *Território e comunidades Yanomami* – Brasil-Venezuela 2014. Disponível em: <www.socioambiental.org/pt-br/mapas/territorio-e-comunidades-yanomami-brasil-venezuela-2014>. Acesso em: 21 ago. 2018.

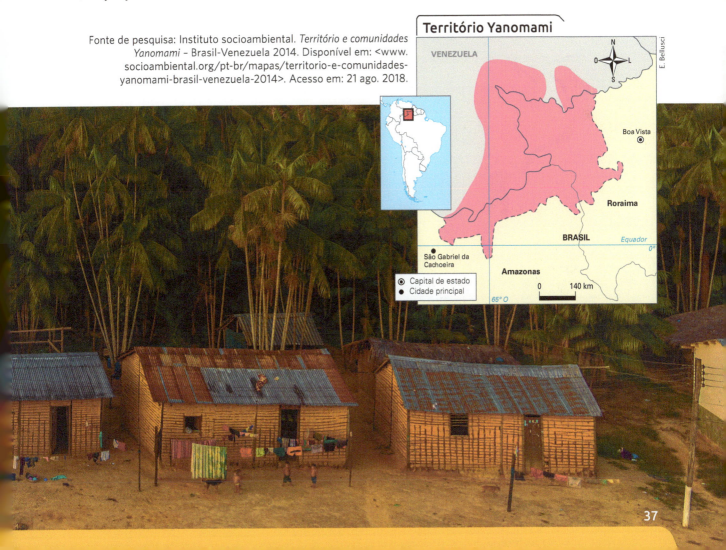

CAPÍTULO 4

Brasil: aspectos físicos

Em razão de sua grande extensão territorial, o Brasil apresenta uma enorme variedade de aspectos naturais, também chamados aspectos físicos, como diferentes tipos de clima, formas de relevo e formações vegetais. Em cada área do país, a combinação, ou interdependência, entre esses elementos naturais, sobretudo do clima e do relevo, deu origem às mais diferentes paisagens.

O relevo brasileiro

No Brasil, de maneira geral, as formas de relevo não apresentam altitudes significativas, se comparadas a alguns dos maiores picos do mundo, como o Everest, na fronteira entre o Nepal e a China (Ásia), com 8848 metros, e o Quilimanjaro, na fronteira entre o Quênia e a Tanzânia (África), com 5895 metros. Entre as maiores altitudes existentes no território brasileiro estão o Pico da Neblina, com 2995 metros, o Pico 31 de Março, com 2974 metros, ambos localizados no estado do Amazonas, e o Pico da Bandeira, com 2891 metros, localizado no estado de Minas Gerais.

O geógrafo Jurandyr Luciano Sanches Ross estudou diversos aspectos do relevo brasileiro, como suas formas, tipos de rocha e processos de formação. Com base nesse estudo, ele propôs em 1996 uma classificação para o território brasileiro em três grandes unidades de relevo: **planaltos**, **planícies** e **depressões**.

De acordo com a classificação proposta por Ross, aproximadamente 95% do relevo brasileiro é formado por planaltos e depressões. Observe o mapa ao lado.

Unidades do relevo brasileiro (Classificação de Jurandyr L. S. Ross)

E. Bellusci

Planaltos
1 - Planalto da Amazônia oriental
2 - Planaltos e chapadas da bacia do Parnaíba
3 - Planaltos e chapadas da bacia do Paraná
4 - Planaltos e chapada dos Parecis
5 - Planaltos residuais norte-amazônicos
6 - Planaltos residuais sul-amazônicos
7 - Planaltos e serras do Atlântico leste-sudeste
8 - Planaltos e serras de Goiás-Minas
9 - Serras residuais do Alto Paraguai
10 - Planalto da Borborema
11 - Planalto sul-rio-grandense

Depressões
12 - Depressão da Amazônia ocidental
13 - Depressão marginal norte-amazônica
14 - Depressão marginal sul-amazônica
15 - Depressão do Araguaia
16 - Depressão cuiabana
17 - Depressão do Alto Paraguai-Guaporé
18 - Depressão do Miranda
19 - Depressão sertaneja e do São Francisco
20 - Depressão do Tocantins
21 - Depressão periférica da borda leste da bacia do Paraná
22 - Depressão periférica sul-rio-grandense

Planícies
23 - Planície do rio Amazonas
24 - Planície do rio Araguaia
25 - Planície e pantanal do rio Guaporé
26 - Planície e Pantanal mato-grossense
27 - Planície da lagoa dos Patos e Mirim
28 - Planícies e tabuleiros litorâneos

Fonte de pesquisa: Jurandyr L. S. Ross (Org.). *Geografia do Brasil*. São Paulo: Edusp, 2008. p. 53.

Planalto

No Brasil, as áreas de planalto ocupam a maior parte das regiões Sul e Sudeste do território nacional. São áreas que passaram por intenso processo de desgaste provocado por agentes erosivos, como vento, água e calor do Sol. Entre os planaltos brasileiros estão a chapada Diamantina e o planalto Sul-Rio-Grandense.

Paisagem de planalto no município de Cambará do Sul, Rio Grande do Sul, em 2018.

Planície

As planícies são relevos basicamente planos e com altitude relativamente baixa, não ultrapassando 200 metros. Elas são formadas pela deposição de sedimentos provenientes de áreas com maiores altitudes. A planície do rio Amazonas e a planície do rio Araguaia são algumas das planícies localizadas no território brasileiro.

Paisagem de planície no município de Poconé de Mato Grosso, em 2016.

Depressão

As depressões são áreas mais baixas que as de seu entorno. No Brasil, as depressões são do tipo relativa, ou seja, estão localizadas acima do nível do mar. As depressões Sertaneja, Amazônica e do São Francisco são alguns exemplos de depressões do território brasileiro.

Paisagem de relevo de depressão no município de Mucugê, Bahia, em 2018.

As regiões hidrográficas do Brasil

Os rios e lagos presentes em determinada área da superfície terrestre formam o que denominamos **rede hidrográfica**.

O Brasil é o país que possui uma das mais abundantes redes hidrográficas do mundo. Parte de seus rios é aproveitada das mais variadas maneiras, como navegação, geração de energia elétrica, além da irrigação de plantações e do abastecimento de cidades.

Observe o mapa abaixo, que mostra a rede hidrográfica brasileira dividida em 12 regiões hidrográficas.

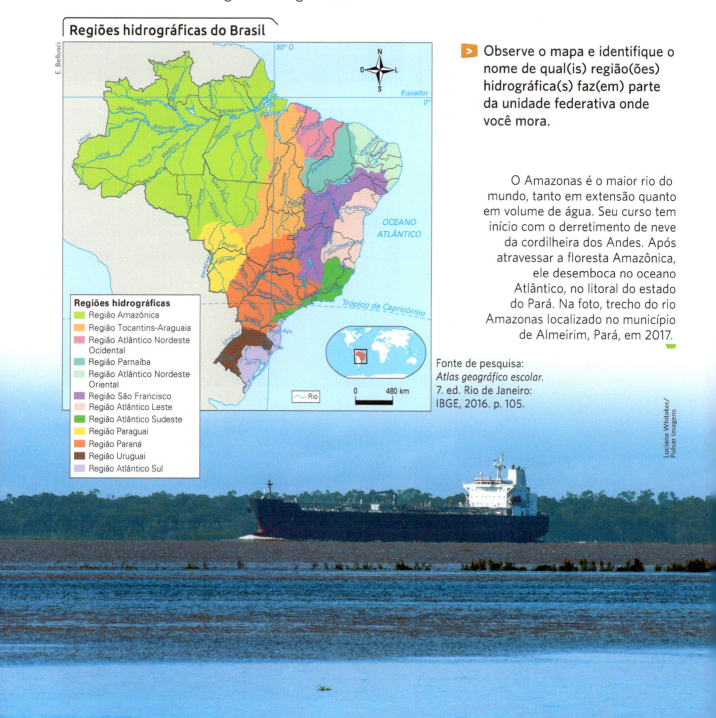

> Observe o mapa e identifique o nome de qual(is) região(ões) hidrográfica(s) faz(em) parte da unidade federativa onde você mora.

O Amazonas é o maior rio do mundo, tanto em extensão quanto em volume de água. Seu curso tem início com o derretimento de neve da cordilheira dos Andes. Após atravessar a floresta Amazônica, ele desemboca no oceano Atlântico, no litoral do estado do Pará. Na foto, trecho do rio Amazonas localizado no município de Almeirim, Pará, em 2017.

Fonte de pesquisa: *Atlas geográfico escolar*. 7. ed. Rio de Janeiro: IBGE, 2016. p. 105.

Climas do Brasil

A maior parte do território brasileiro está localizada entre a linha do Equador e o trópico de Capricórnio, nas baixas e médias latitudes, onde predominam os climas tropical e equatorial. Esses climas se caracterizam por elevadas temperaturas durante grande parte do ano. Conforme podemos observar no mapa abaixo, no sul do território brasileiro predomina outro tipo de clima, o subtropical, que apresenta temperaturas mais amenas.

Observe o mapa a seguir, que mostra os tipos de clima que predominam no território brasileiro.

Climas brasileiros

Fonte de pesquisa: Ercília Torres Steinke. *Climatologia fácil*. São Paulo: Oficina de Textos, 2012. p. 18.

1. De acordo com o mapa, qual é o clima predominante na unidade federativa em que você vive?

2. Qual tipo de clima predomina no litoral leste do território brasileiro?

3. Qual(is) tipo(s) de clima predomina(m) na maior parte do território brasileiro?

Clima equatorial

Ocorre em grande parte da Região Norte do país. Em razão da grande incidência de raios solares na região equatorial, esse clima apresenta elevadas temperaturas durante praticamente o ano todo, com médias de 27 °C a 28 °C. A elevada umidade liberada pela floresta Amazônica provoca chuvas abundantes. Em média, chove 2300 mm ao ano, podendo chegar até 3500 mm.

Clima semiárido

Esse tipo de clima ocorre no interior da Região Nordeste do país. Caracteriza-se por altas temperaturas, com média de 26 °C durante o ano todo, e chuvas concentradas em poucos meses do ano, com longos períodos de estiagem. A média de precipitação é de 500 mm ao ano.

Clima tropical úmido

Clima predominante nas áreas litorâneas do Brasil. Apresenta temperatura média de 24 °C e chuvas abundantes ao longo do ano, aproximadamente 1800 mm.

O clima tropical úmido recebe forte influência das massas de ar equatorial e tropical (ambas quentes e úmidas), porém as temperaturas tendem a ser mais amenas durante o inverno, por conta da atuação da massa de ar polar.

Clima tropical típico

Clima predominante em grande parte da região central do país. Caracteriza-se por temperaturas elevadas ao longo do ano, com médias de 24 °C, chuvas abundantes no verão e estiagem no inverno, com média de precipitação de 1500 mm ao ano.

Clima subtropical

Clima atuante em grande parte da região Sul do país. Apresenta verões quentes e chuvas bem distribuídas durante o ano, com uma média de precipitação de 1500 mm. Durante o inverno, devido à influência de massas de ar frias provenientes de médias e elevadas latitudes, as temperaturas registradas são mais amenas, com média em torno de 18 °C. Em algumas áreas de clima subtropical, registra-se a ocorrência de geadas e neve nos períodos de inverno.

As formações vegetais brasileiras

A vegetação é o elemento natural que mais bem expressa as características físicas de um lugar, pois recebe influência do clima e do relevo, entre outros elementos naturais, como o tipo de solo e a disponibilidade de água.

Observe o mapa abaixo, que mostra as áreas nativas de cada uma dessas formações vegetais.

> Com base no mapa, identifique as coberturas vegetais que ocupavam originalmente a unidade federativa em que você mora.

Fonte de pesquisa: Maria Elena Simielli. *Geoatlas*. 34. ed. São Paulo: Ática, 2013. p. 120.

Floresta Amazônica

Possui vegetação geralmente densa, formada por árvores de pequeno, médio e grande portes, que se desenvolvem principalmente em razão do clima quente e úmido.

Paisagem da floresta Amazônica no município de Parauapebas, Pará, em 2017.

Cerrado

Formação vegetal composta basicamente de pequenas árvores e arbustos com tronco e galhos retorcidos e casca grossa, além de muitas gramíneas e outras plantas rasteiras que recobrem o solo. Esse tipo de vegetação se desenvolveu, originalmente, nas regiões de clima quente, que apresentam uma estação mais seca (de maio a setembro) e outra mais chuvosa (de outubro a abril).

Paisagem de Cerrado no município de Pirenópolis, Goiás, em 2018.

Mata Atlântica

Floresta tropical com grande diversidade de espécies de plantas, como palmeiras, ipês e epífitas. Originalmente, essa floresta ocupava principalmente áreas úmidas próximas ao rio Paraná e ao litoral, em serras e escarpas.

Paisagem da Mata Atlântica no Rio de Janeiro, capital do estado, em 2017.

Epífita: planta que se desenvolve sobre outro vegetal, sem retirar dele o seu alimento.
Escarpa: terreno íngreme, geralmente localizado nas extremidades de formas de relevo como serras e planaltos.

Caatinga

Formação vegetal típica do Nordeste brasileiro. É composta de vegetação adaptada ao clima semiárido, quente e seco, com temperaturas elevadas e chuvas escassas e mal distribuídas durante o ano.

Paisagem de Caatinga no município de Marizópolis, Paraíba, em 2017.

Formações litorâneas

Ocupam a planície costeira e são compostas de vários tipos de vegetação, como manguezal, restinga e gramíneas. Os manguezais são formações arbustivas com muitas raízes que se desenvolvem nas áreas atingidas pelas marés. As restingas, também arbustivas, podem ser encontradas em terrenos arenosos. As gramíneas e outras espécies rasteiras ocupam as áreas mais secas, como praias e dunas litorâneas.

Paisagem de vegetação litorânea de mangue no município de Recife, Pernambuco, em 2016.

Mata de Araucárias

Caracteriza-se pela presença de araucárias ou pinheiros-do-paraná, árvores de grande porte, de copa elevada, com folhas longas e pontiagudas. Essa formação vegetal também apresenta outras espécies, como imbuia e pinho.

Paisagem de Mata de Araucária no município de São José dos Ausentes, Rio Grande do Sul, em 2017.

Pantanal

Apresenta vegetação diversificada, com formações típicas de florestas, cerrados e campos. Essa vegetação desenvolve-se sobre uma grande planície, por onde correm muitos rios extensos e volumosos.

Paisagem de Pantanal no município de Poconé, Mato Grosso, em 2017.

Mata dos Cocais

Tipo de vegetação em que predominam palmeiras de grande porte, principalmente o babaçu, a carnaúba e o buriti. Desenvolve-se em áreas de transição entre a vegetação de Caatinga e de floresta Amazônica.

Paisagem de Mata dos Cocais no município de Nazária, Piauí, em 2015.

Campos

Caracteriza-se pela presença de vegetação rasteira, composta basicamente de gramíneas, que se desenvolve em diferentes tipos de clima. No extremo sul do Brasil, em áreas de clima um pouco mais frio, os campos crescem em colinas suavemente onduladas, denominadas regionalmente de coxilhas, e, nas partes mais baixas, onde correm os rios, podem surgir as chamadas matas ciliares.

Paisagem de Campos no município de São Borja, Rio Grande do Sul, em 2017.

Atualmente, essas paisagens encontram-se muito alteradas. Algumas delas foram drasticamente devastadas, restando apenas pequenas porções que precisam ser preservadas. Veja mais sobre a preservação das florestas na próxima página.

▌Preservação das florestas

Ao longo dos últimos séculos, algumas formações vegetais naturais brasileiras vêm passando por uma intensa transformação em razão do processo de ocupação causado pelo crescimento das cidades e pelo aumento das áreas de lavouras e pastagens.

As formações vegetais mais alteradas encontram-se nas regiões densamente povoadas, ou seja, no Sudeste, Nordeste e Sul do Brasil. Um exemplo é a Mata Atlântica, que se estendia ao longo do litoral até áreas do interior do país e foi reduzida drasticamente, restando apenas alguns trechos preservados.

A ocupação mais efetiva do interior do país também vem devastando extensas áreas de vegetações naturais, como a vegetação do Cerrado e a Amazônia.

Observe no mapa as áreas onde ainda há vegetação original e aquelas alteradas pela ação humana.

Vegetação e cobertura atual do Brasil (2013)

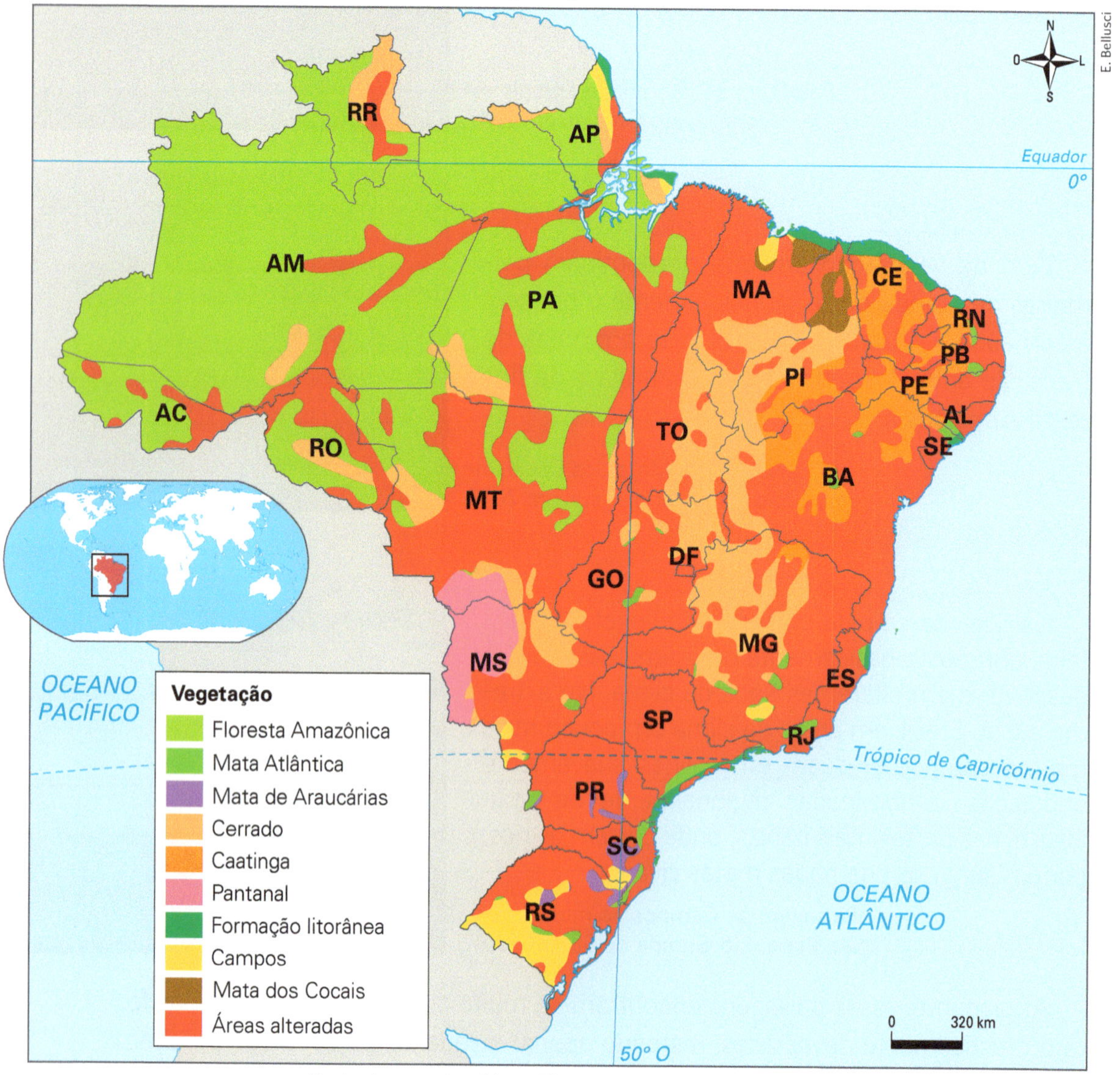

Vegetação
- Floresta Amazônica
- Mata Atlântica
- Mata de Araucárias
- Cerrado
- Caatinga
- Pantanal
- Formação litorânea
- Campos
- Mata dos Cocais
- Áreas alteradas

Fonte de pesquisa: Maria Elena Simielli. *Geoatlas*. 34. ed. São Paulo: Ática, 2013. p. 120.

Combatendo a destruição das formações vegetais no Brasil

Buscando combater a destruição das formações vegetais naturais do país, o governo federal criou uma legislação ambiental que define normas para o uso e a exploração econômica dos recursos naturais presentes no território brasileiro.

Para isso, criou Unidades de Conservação, ou seja, áreas delimitadas no território brasileiro e reconhecidas pelo poder público (municipal, estadual ou federal) por apresentar características naturais relevantes que necessitam ser protegidas legalmente.

A Lei n. 9985, de 18 de julho de 2000, constitui o Sistema Nacional de Conservação da Natureza (SNUC). De acordo com o SNUC, as Unidades de Conservação dividem-se em dois grupos:

Unidades de Conservação de Proteção Integral

Nesse grupo é permitido apenas o uso indireto dos recursos naturais; ou seja, aquele que não envolve consumo, coleta ou dano aos recursos naturais. Exemplos de atividades de uso indireto dos recursos naturais são: recreação em contato com a natureza, turismo ecológico, pesquisa científica, educação e interpretação ambiental, entre outros.

As categorias de proteção integral são: estação ecológica, reserva biológica, parque, monumento natural e refúgio de vida silvestre.

Paisagem da vegetação de Mata Atlântica na Estação Ecológica de Jureia-Itatins no município de Peruíbe, São Paulo, em 2018.

Unidades de Conservação de Uso Sustentável

São áreas que visam conciliar a conservação da natureza com o uso sustentável dos recursos naturais. Nesse grupo, atividades que envolvem coleta e uso dos recursos naturais são permitidas, mas desde que praticadas de forma que a perenidade dos recursos ambientais renováveis e dos processos ecológicos esteja assegurada. As categorias de uso sustentável são: área de relevante interesse ecológico, floresta nacional, reserva de fauna, reserva de desenvolvimento sustentável, reserva extrativista, área de proteção ambiental (APA) e reserva particular do patrimônio natural (RPPN).

Coleta de castanha-do-pará em Reserva de Desenvolvimento Sustentável do Rio Iratapuru no município de Laranjal do Jari, Amapá, em 2017.

Atividades

Organizando o conhecimento

1. Escreva qual foi a proposta de classificação para o território brasileiro apresentada por Jurandyr Luciano Sanches Ross.

2. Com base nessa classificação de Ross, quais formas de relevo predominam no território brasileiro?

3. Observe o mapa da página **41** e identifique qual o clima predominante nas regiões Nordeste, Sudeste e Centro-Oeste.

4. Cite o nome de cinco formações vegetais existentes no território brasileiro.

5. Qual a principal causa da intensa transformação que vem ocorrendo nas vegetações naturais brasileiras ao longo dos últimos séculos?

6. Onde está concentrada a maior parte das vegetações naturais mais alteradas do território brasileiro?

Conectando ideias

7. Observe no mapa a seguir as principais Unidades de Conservação no Brasil.

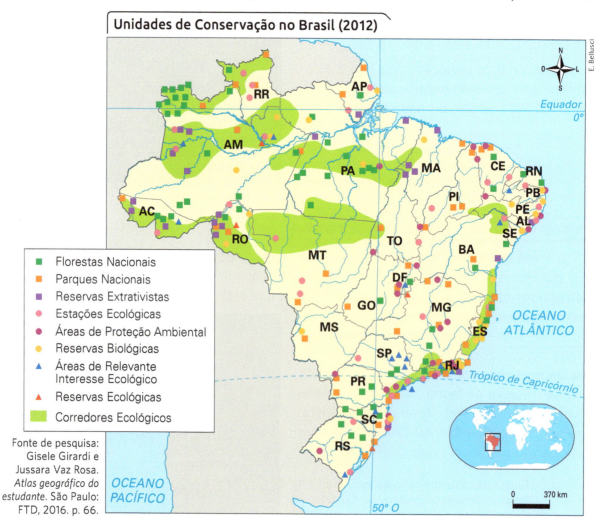

Unidades de Conservação no Brasil (2012)

Fonte de pesquisa: Gisele Girardi e Jussara Vaz Rosa. *Atlas geográfico do estudante*. São Paulo: FTD, 2016. p. 66.

a) De acordo com o mapa, na unidade federativa onde você mora existem quais Unidades de Conservação?

b) Junto com mais dois colegas **realize** uma pesquisa sobre uma Unidade de Conservação existente no município onde vivem ou em algum município vizinho. **Façam** um cartaz com as informações pesquisadas e **apresentem** aos demais colegas da sala. Durante a apresentação, **comparem** as informações apresentadas pelos alunos.

8. **Leia** e **interprete** os textos abaixo, que descrevem características de algumas vegetações naturais brasileiras.

A [...] O mato é baixo e relativamente descontínuo, com pinhais altos, esguios e imponentes – um tanto exóticos e homogêneos – [...] uma das mais lindas paisagens do território brasileiro. [...]

Aziz Nacib Ab'Sáber. *Os domínios de natureza no Brasil*: potencialidades paisagísticas. São Paulo: Ateliê Editorial, 2003. p. 101.

B [...] constituída por árvores e arbustos, normalmente espinhentos, que perdem suas folhas no decorrer da longa estação seca. O clima semiárido e o solo pouco profundo ensejaram o desenvolvimento de vegetais com folhas pequenas e raízes longas. [...]

José Arbex Júnior e Nelson Bacic Olic. *O Brasil em regiões*: Nordeste. São Paulo: Moderna, 1999. p. 12.

ACESSE O RECURSO DIGITAL

- **Identifique** a quais formações vegetais naturais do país os textos se referem.

Verificando rota

- O Brasil possui uma grande extensão territorial.
- Fronteiras podem ser faixas de terras ou de águas que se estendem ao longo dos limites de um país.
- A organização atual do território brasileiro é resultado de um processo de ocupação e povoamento ocorrido ao longo dos últimos séculos.
- Em 1500, quando teve início o processo de formação do território brasileiro, as terras que hoje fazem parte do território brasileiro eram habitadas por povos indígenas de diferentes culturas.
- Verificamos como o território brasileiro está integrado pela rede de transportes, formada principalmente por rodovias que fazem a ligação entre as mais diversas regiões do país.
- O país também conta com uma ampla rede de comunicação que liga diferentes porções do território nacional.

UNIDADE 2
População brasileira

Capítulos desta unidade
- **Capítulo 5** - Brasil: país populoso
- **Capítulo 6** - A população no território brasileiro
- **Capítulo 7** - Brasil, país com desigualdades sociais

Apresentação de quadrilha em festa junina na cidade de Campina Grande, Paraíba, em 2015.

Iniciando rota

1. Quais características da população brasileira podemos identificar com base na foto?

2. Conte aos colegas uma característica da cultura brasileira que você conhece ou vivencia.

3. Converse com os colegas sobre as diferentes características da população brasileira, sejam culturais, econômicas ou sociais, tomando como exemplo o bairro ou o município em que vivem. Anote no caderno os exemplos citados.

51

CAPÍTULO 5

Brasil: país populoso

Você saberia dizer quantas pessoas vivem atualmente no Brasil e se esse número é considerado elevado? Saberia também explicar como esses habitantes estão distribuídos pelo território nacional e quais são as suas condições de vida?

É muito importante conhecer esses aspectos para compreender as características da população do nosso país. De acordo com o IBGE, a população absoluta do Brasil, ou seja, seu número total de habitantes, foi calculada em aproximadamente 208,5 milhões de pessoas no ano de 2018.

Com uma população tão grande, o Brasil se coloca como o quinto país mais populoso do mundo. Um país populoso é aquele que possui uma população bastante numerosa quando comparado aos demais países do mundo.

Observe no gráfico abaixo quais são os dez países mais populosos do mundo.

IBGE: Instituto Brasileiro de Geografia e Estatística, criado em 1936, responsável pela coleta e pelo fornecimento de dados e informações referentes a vários aspectos do nosso país, como econômicos, sociais, demográficos, ambientais, entre outros.

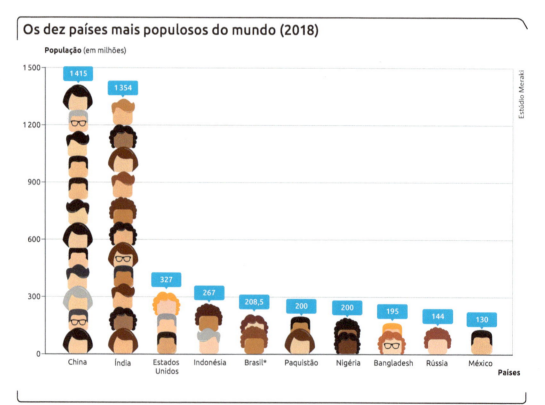

Os dez países mais populosos do mundo (2018)

Fontes de pesquisa: ONU. Population Division. *World Population Prospects*. Disponível em: <https://esa.un.org/unpd/wpp/DVD/Files/1_Indicators%20(Standard)/EXCEL_FILES/1_Population/WPP2017_POP_F01_1_TOTAL_POPULATION_BOTH_SEXES.xlsx>.
*IBGE. Disponível em: <ftp://ftp.ibge.gov.br/Estimativas_de_Populacao/Estimativas_2018/estimativa_dou_2018.pdf>. Acessos em: 4 set. 2018.

1. Quais são os dois países mais populosos do mundo?

2. Observe a população da China e da Índia e, depois, compare com a população do Brasil. A que conclusão você chegou sobre a diferença entre essas populações?

China: o país mais populoso do mundo

Conforme vimos no gráfico da página anterior, a China é o país mais populoso do mundo, apresentando em 2018 uma população de aproximadamente 1 415 milhões de pessoas.

Com a finalidade de conter o crescimento populacional, na década de 1970 foi implantada pelo governo chinês uma política de controle de natalidade, conhecida como a política do filho único. Essa lei proibia casais que vivessem na área urbana de ter mais de um filho e casais que vivessem na zona rural de ter mais de dois filhos. Caso essa lei fosse desrespeitada, o casal seria punido com multas severas.

Com a política do filho único, a população chinesa passou a crescer em um ritmo mais lento. Pesquisas apontam que, em 2050, a população da China diminuirá, somando aproximadamente 1 364 milhões de pessoas.

Na foto, cartaz de divulgação da campanha de controle de natalidade conhecida como Política do filho único, na China, em 2013.

Em 2013, o governo chinês realizou mudanças no controle do crescimento demográfico do país. Tendo em vista o processo de envelhecimento da população e uma futura falta de mão de obra, o governo passou a permitir que alguns casais tivessem até dois filhos. A partir de 2016 o governo liberou todos os casais para ter até dois filhos.

Na foto, vista de intenso movimento de pessoas em praça de Shangai, China, em 2018. Com cerca de 24,5 milhões de habitantes, Shangai é a terceira cidade mais populosa do mundo.

Geografia e Matemática

A contagem da população por meio do Censo demográfico

A contagem da população brasileira é feita por meio do Censo demográfico, uma importante pesquisa realizada de dez em dez anos pelo IBGE. Além de fazer a contagem dos habitantes, o Censo também faz o levantamento de outras características, como: a quantidade de homens, mulheres, crianças, adultos e idosos no total da população; o nível de escolaridade; a distribuição da renda; as condições de moradia e de trabalho; entre outras informações. Essas informações são obtidas nos domicílios dos municípios brasileiros por meio de questionários aplicados por recenseadores, também chamados agentes censitários. Após coletados, os dados são organizados com o auxílio de complexos cálculos matemáticos e estatísticos. Com base nesses cálculos é elaborado um conjunto de tabelas e gráficos que retrata o perfil demográfico do país, fornecendo assim uma análise geográfica da nossa população. Analise os gráficos apresentados a seguir observando as informações apresentadas.

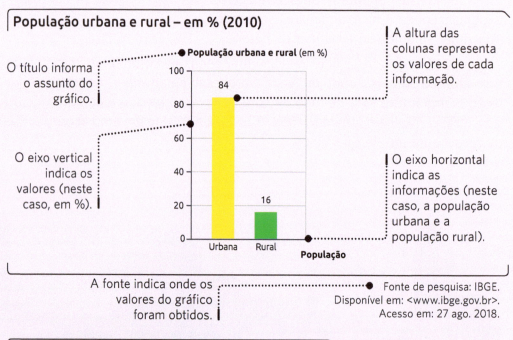

Censo demográfico: pesquisa de dados sobre a população, que fornece informações sobre as mais diferentes características dos habitantes, como idade, renda, grau de instrução, taxas de natalidade e de mortalidade, entre outras.

Fonte de pesquisa: IBGE. Disponível em: <www.ibge.gov.br>. Acesso em: 27 ago. 2018.

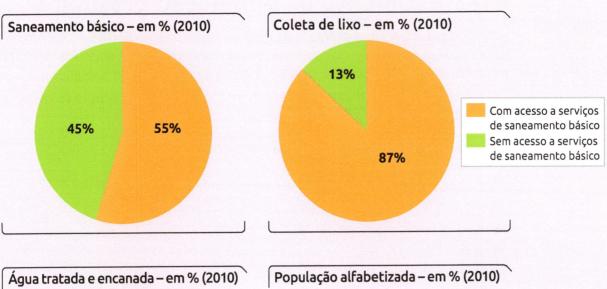

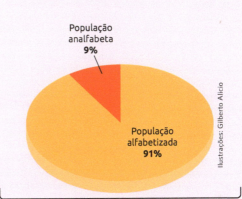

Fonte de pesquisa dos gráficos: IBGE. Disponível em: <www.ibge.gov.br>. Acesso em: 27 ago. 2018.

- Analise atentamente as informações de cada um dos gráficos. Agora, converse com os colegas e com o professor sobre como esses dados ajudam a compreender melhor as características da população do nosso país.

▶ **Aprenda mais**

No *site IBGE educa*, do Instituto Brasileiro de Geografia e Estatística, você pode consultar informações estatísticas, mapas, tabelas, gráficos e vídeos sobre a população brasileira.

IBGE educa. Disponível em: <https://linkte.me/b9769>. Acesso em: 2 out. 2018.

55

O crescimento da população brasileira

Vimos que a grande quantidade de pessoas residentes no Brasil faz dele um dos países mais populosos do mundo. Esse elevado número de habitantes é o resultado do rápido crescimento populacional ocorrido ao longo do século passado.

O gráfico a seguir mostra o crescimento da população brasileira desde o final do século XIX até 2018. Observe-o.

Fonte de pesquisa: IBGE. Disponível em: <www.ibge.gov.br>. Acesso em: 27 ago. 2018.

1 Quanto a população brasileira cresceu entre 1872 e 2018?

2 Você saberia dizer por que a população brasileira cresceu tanto em pouco mais de um século?

Como é possível observar no gráfico, a população brasileira passou a crescer de forma mais acelerada somente a partir do final do século XIX, quando os imigrantes começaram a chegar ao país. Em apenas cinco décadas, de 1880 a 1930, calcula-se que cerca de 4 milhões de imigrantes tenham entrado no território brasileiro. Alguns grupos de imigrantes vieram em maior número, como os portugueses, italianos, espanhóis, alemães e japoneses. Muitos desses imigrantes vinham para trabalhar nas lavouras de café, sobretudo nos estados de São Paulo e do Rio de Janeiro, substituindo o trabalho escravo africano, oficialmente proibido no país em 1888. A vinda dos imigrantes também foi incentivada pelo governo com o objetivo de promover a ocupação das terras e assegurar a posse do território no sul do Brasil.

Nessas cinco décadas, o Brasil recebeu também, mas em menor número, árabes, poloneses, russos, sírios e libaneses.

Por volta da década de 1930, o governo brasileiro passou a restringir a entrada de estrangeiros, o que fez os fluxos imigratórios para o Brasil diminuírem sensivelmente. Desde então, a imigração deixou de contribuir de maneira efetiva para o crescimento populacional do nosso país.

O crescimento natural da população brasileira

Além da imigração, mais expressiva até 1930, o crescimento acelerado dos habitantes do Brasil ao longo do século XX ocorreu por causa do aumento natural da população.

O **crescimento natural da população** ou **crescimento vegetativo** ocorre quando a proporção de nascimentos (taxa de natalidade) é maior que a proporção de mortes (taxa de mortalidade). Observe como se calcula o crescimento natural de uma população.

| crescimento natural da população | = | taxa de natalidade (proporção de pessoas que nascem) | – | taxa de mortalidade (proporção de pessoas que morrem) |

O índice de crescimento natural

O índice de crescimento natural ou vegetativo da população é geralmente indicado pelo número de pessoas acrescidas ou diminuídas em cada grupo de mil indivíduos (‰ – lê-se por mil). Atualmente, a taxa de natalidade no Brasil é de aproximadamente 14‰ (14 habitantes em cada grupo de mil) e a taxa de mortalidade é de 6‰ (6 habitantes em cada grupo de mil).

Portanto, esse crescimento natural da população brasileira está em 0,8‰ (0,8 habitantes em cada grupo de mil). Pode parecer pouco, mas, se considerarmos que em 2018 o Brasil possuía cerca de 208,5 milhões de habitantes, essa porcentagem significou um acréscimo anual de aproximadamente 1,7 milhão de pessoas.

O índice de crescimento natural da população brasileira tornou-se mais elevado a partir da década de 1940, sobretudo por causa do rápido declínio das taxas de mortalidade no país. Entre os fatores que contribuíram para isso, podemos destacar dois deles:

- a expansão significativa dos serviços de saneamento básico, que ampliou as redes de água encanada e de esgoto, melhorando assim as condições sanitárias de boa parte da população;
- a melhoria das condições médico-sanitárias da população em geral, visto que novos medicamentos e vacinas, por exemplo, passaram a combater e controlar de maneira eficaz doenças que até então provocavam muitas mortes.

Ao lado, veja uma campanha de vacinação promovida pelo Ministério da Saúde que, na atualidade, dá continuidade às campanhas do século passado.

Cartaz de campanha nacional de vacinação em 2018.

57

A queda do ritmo do crescimento natural da população brasileira

Assim como a população brasileira cresceu de forma acelerada ao longo do século passado, estaria aumentando atualmente também?

De fato, o crescimento ainda continua, porém ocorre em um ritmo cada vez mais lento. A razão para isso está associada ao comportamento da sociedade e das mulheres brasileiras, que passaram a ter um número cada vez menor de filhos. Na década de 1960, cada mulher em idade reprodutiva tinha em média 6 filhos. Hoje, esse número caiu para cerca de 2 filhos.

Observe o gráfico abaixo, que mostra como a taxa de crescimento natural da população brasileira vem diminuindo nas últimas décadas.

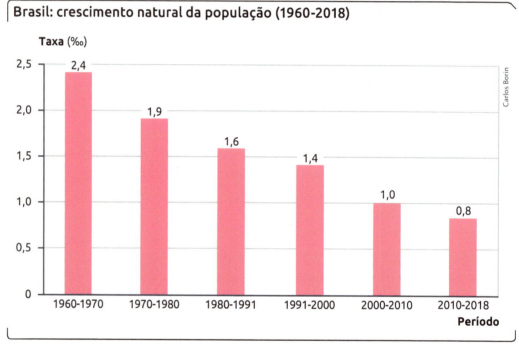

Fonte de pesquisa: IBGE. Disponível em: <http://servicodados.ibge.gov.br/Download/Download.ashx?http=1&u=biblioteca.ibge.gov.br/visualizacao/periodicos/20/aeb_2016.pdf>. Acesso em: 22 mar. 2018.

1 De acordo com o gráfico, entre quais períodos houve a maior queda no ritmo de crescimento da população?

2 Em sua opinião, qual o motivo de as mulheres brasileiras terem cada vez menos filhos? Troque ideias sobre isso com os colegas.

Para compreender a mudança no ritmo de crescimento da população brasileira, é preciso entender as transformações pelas quais a nossa sociedade passou nas últimas décadas.

No início da década de 1970, quando a maior parte da população brasileira já vivia em cidades, o aumento do custo de vida – que envolve os gastos com alimentação, vestuário, saúde, educação, transporte, moradia, entre outros – também levou muitas famílias a reduzir o número de filhos.

Ao mesmo tempo, as mulheres passaram a participar cada vez mais do mercado de trabalho.

Soma-se a isso o uso de métodos contraceptivos, como pílulas anticoncepcionais e preservativos, e o aumento no número de esterilizações entre as mulheres e, em menor proporção, entre os homens. Todos esses fatores juntos colaboraram para a queda no ritmo de crescimento natural da população.

Atualmente, as mulheres têm grande participação no mercado de trabalho brasileiro, ocupando os mais diversos setores da economia (fotos abaixo), inclusive em atividades antes exercidas predominantemente pelo sexo masculino.

Médica. Operária.

Motorista de ônibus. Professora.

Novas relações familiares

Na atualidade, além da diminuição no número de filhos, a configuração das famílias brasileiras vem passando por outras transformações. Por exemplo, é comum haver crianças morando com os avós e os tios ou serem adotadas por casais homoafetivos. Também são constantes famílias em que os filhos são criados por pais solteiros ou divorciados.

59

A mulher na sociedade brasileira

Durante muito tempo na história do Brasil, as mulheres não participavam ativamente nas decisões da sociedade. Suas atividades se restringiam aos cuidados com os filhos e aos afazeres domésticos. Outra conquista foi o direito de votar, que lhes foi concedido apenas em 1932 e que, até então, era exclusivo dos homens.

Esse cenário começou a mudar a partir do século XX, época marcada por várias conquistas femininas em nosso país. Além do direito de votar, já citado, as mulheres passaram a ter maior participação no mercado de trabalho e na política, e foram criadas leis que estabelecem punições a crimes cometidos especificamente contra as mulheres.

Em relação ao mercado de trabalho, por exemplo, a participação das mulheres na População Economicamente Ativa (PEA) vem aumentando ao longo das últimas décadas (quadro abaixo). Atualmente elas representam quase metade da força de trabalho do país.

A PEA

A População Economicamente Ativa, também conhecida como PEA, é formada por pessoas entre 10 e 65 anos, aptas ao trabalho. Estão incluídas nessa classificação tanto as pessoas empregadas em alguma atividade econômica, que portanto recebem alguma remuneração, quanto as que estão à procura de emprego, ou seja, temporariamente desempregadas. Em 2015, cerca de 105,5 milhões de pessoas compunham a População Economicamente Ativa no Brasil, o que correspondia a 52% do total da população.

Mesmo com todas essas conquistas, ainda há muito a ser feito para que as mulheres, assim como os homens, tenham melhores oportunidades e pleno reconhecimento social. Ainda hoje, elas sofrem discriminação e recebem salários mais baixos do que os pagos aos homens. Veja as informações abaixo.

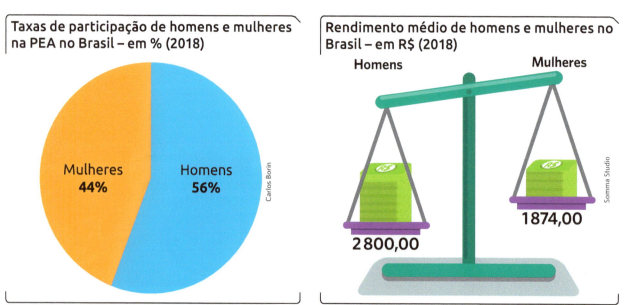

Fonte de pesquisa dos gráficos: IBGE. Disponível em: <https://sidra.ibge.gov.br/tabela/5436>. Acesso em: 23 ago. 2018.

Combatendo a violência contra as mulheres

Embora nas últimas décadas as mulheres brasileiras tenham alcançado conquistas importantes, os números da violência doméstica contra a mulher ainda são assustadores.

Para termos uma ideia, em 2017, no Brasil, aproximadamente 1,3 milhão de brasileiras foram vítimas desses abusos. Porém, poucos agressores foram punidos por seus atos.

Situações de violência geram indignação, ou seja, revolta ou repulsa, na sociedade. E não devemos ficar indiferentes a essa questão. Por outro lado, a nossa manifestação não deve propagar ainda mais violência, pois existem meios de expor nossos sentimentos de indignação sem gerar conflitos ou desrespeitar outras pessoas.

O sentimento de indignação por ser uma das vítimas de violência doméstica levou a brasileira Maria da Penha a reivindicar, durante 15 anos, e de maneira pacífica, que seu agressor fosse punido pela justiça de nosso país. Sua luta e a de vários outros brasileiros resultaram na criação da Lei n. 11340, de 7 de agosto de 2006, conhecida como Lei Maria da Penha. Essa determinação aumenta o rigor das punições contra crimes de violência doméstica.

Observe a imagem abaixo.

Denunciar a violência contra a mulher é uma maneira de manifestar sua indignação diante dessa situação. O governo brasileiro criou o programa *Ligue 180*, para combater esse tipo de violência. Por meio desse número, qualquer pessoa pode fazer uma denúncia anônima gratuitamente, a qualquer momento.

1. Qual a principal mensagem transmitida pela imagem?

2. Assim como a questão da violência contra as mulheres, outras situações em nosso país despertam indignação. Em sua opinião, quais seriam esses casos?

3. A violência doméstica é muito associada aos crimes cometidos contra a mulher, mas não é a única forma de desrespeito que ela sofre. Cite outros exemplos de injustiça social contra as mulheres.

Atividades

Organizando o conhecimento

1. Podemos afirmar que o Brasil é um país populoso? Justifique sua resposta.

2. Descreva o que foi a política do filho único adotada na China. Quais foram as suas consequências?

3. Como é feito o censo da população em nosso país? Qual é a sua importância?

4. Quais foram os principais grupos de imigrantes que vieram ao Brasil entre o final do século XIX e o início do século XX?

5. O que contribuiu para a redução da mortalidade da população brasileira a partir da década de 1940?

Conectando ideias

6. **Analise** o gráfico abaixo e responda, no caderno, às questões propostas.

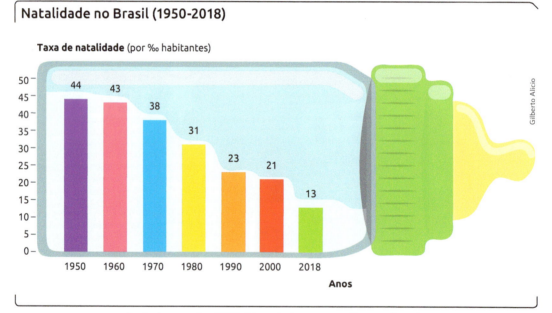

Fonte de pesquisa: IBGE. Disponível em: <www.ibge.gov.br>. Acesso em: 26 ago. 2018.

a) **Compare** a taxa de natalidade dos anos 1950 e 2018. O que ocorreu com essa taxa nesse período?

b) De acordo com o que você estudou, **cite** os fatores que ocasionaram a queda na taxa de natalidade da população brasileira.

c) **Explique** o que é crescimento natural ou vegetativo da população.

d) **Explique** como se calcula o crescimento natural da população.

7. Leia as manchetes destacadas a seguir.

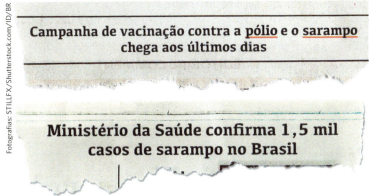

G1, 31 ago. 2018. Disponível em: <https://g1.globo.com/bemestar/noticia/2018/08/31/campanha-de-vacinacao-contra-a-polio-e-o-sarampo-chega-aos-ultimos-dias.ghtml>. Acesso em: 4 out. 2018.

Agência Brasil, 5 set. 2018. Disponível em: <http://agenciabrasil.ebc.com.br/saude/noticia/2018-09/saude-confirma-15-mil-casos-de-sarampo-no-pais>. Acesso em: 4 out. 2018.

a) **Identifique** os temas destacados nas manchetes acima.

b) A realização de campanhas de vacinação está relacionada à queda da mortalidade da população brasileira? **Justifique** a sua resposta.

c) Em sua **opinião**, é importante que a população esteja atenta às campanhas de vacinação promovidas pelo governo federal? **Converse** com os colegas sobre esse assunto.

> **poliomielite:** conhecida também como pólio ou paralisia infantil. Essa doença consiste em uma inflamação em determinada área da medula espinhal, que causa paralisia e atrofia muscular.
>
> **sarampo:** doença altamente contagiosa causada pelo vírus Morbilivirus. Os sintomas da doença incluem febre alta, manchas avermelhadas pelo corpo, tosse e inflamação nos olhos.

8. Observe a foto a seguir.

Grupo de imigrantes embarcam em direção ao Brasil no início do século XX.

a) **Descreva** o que a foto representa.

b) Identifique a relação entre o fato histórico mostrado na foto e o que você estudou sobre o crescimento da população brasileira.

c) Explique por quais razões o governo brasileiro incentivou a vinda de imigrantes para o país.

CAPÍTULO 6

A população no território brasileiro

Vimos que o Brasil apresenta uma população bastante numerosa. No entanto, se analisarmos o número de habitantes por quilômetro quadrado, veremos que nosso país é pouco povoado, com apenas 24,5 habitantes por quilômetro quadrado (24,5 hab./km²). Essa relação entre o número de habitantes e a área na qual estão distribuídos é chamada **densidade demográfica**.

Quando falamos em densidade demográfica, estamos nos referindo ao número médio de habitantes por km². No entanto, a população de um país nem sempre está distribuída de maneira homogênea pelo território. No Brasil, as áreas próximas aos grandes centros urbanos chegam a ter mais de 100 hab./km², enquanto áreas de difícil acesso na floresta Amazônica, por exemplo, têm cerca de 1 hab./km².

Com 24,5 hab./km², em média, podemos considerar que o Brasil tem uma densidade demográfica baixa se comparada com a de outros países.

Calculando a densidade demográfica

Para conhecer a densidade demográfica de um país, também chamada **população relativa**, basta dividir o número total da população pela área total do seu território. Veja o exemplo do Brasil no ano de 2018.

$$208\ 494\ 900 \text{ (número total de habitantes)} \div 8\ 515\ 759 \text{ (área total do território (em km²))} = 24{,}5 \text{ hab./km}^2$$

Na ilustração a seguir é possível entender melhor o conceito de densidade demográfica.

Quanto maior for o número de pessoas em uma mesma área, maior será a sua densidade demográfica.

A distribuição desigual da população pelo território

A distribuição desigual da população brasileira pelo território ocorre em razão de fatores históricos e econômicos.

No início do século XVI, o processo de ocupação e povoamento do território brasileiro pelos portugueses começou pelo litoral e estendeu-se, nos séculos seguintes, em direção ao interior do país. Assim, na porção leste do território, sobretudo na faixa litorânea, começaram a surgir as primeiras cidades, onde se desenvolveram atividades econômicas agrícolas e pecuárias, em grande parte voltadas para a exportação. Isso explica por que atualmente a maior parte da população brasileira concentra-se na porção leste do território, onde estão os maiores centros urbanos e industriais do país, como São Paulo, Rio de Janeiro e Belo Horizonte, além de muitas outras cidades de grande, médio e pequeno portes.

A partir de meados do século XX, as áreas interioranas do país foram integradas de forma mais efetiva às dinâmicas econômicas, o que atraiu grandes fluxos populacionais. Esse é um dos fatores pelos quais essa região abriga uma parcela menor da população brasileira, mesmo abrangendo quase a metade do território brasileiro.

Como essas fotos caracterizam os contrastes de povoamento no território brasileiro? Discuta com os colegas e o professor.

Na foto, vista de parte do espaço urbano do município de Platina, São Paulo, em 2017. O município apresenta, em média, menos de 10 habitantes por km².

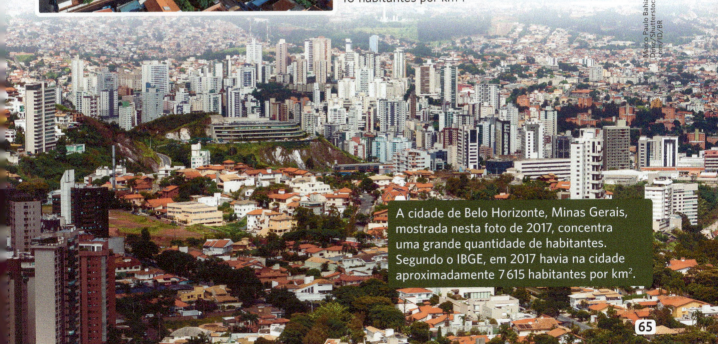

A cidade de Belo Horizonte, Minas Gerais, mostrada nesta foto de 2017, concentra uma grande quantidade de habitantes. Segundo o IBGE, em 2017 havia na cidade aproximadamente 7 615 habitantes por km².

Geografia em representações

Mapa da densidade demográfica

Você já observou mapas que representam a densidade demográfica de território? Sabe quais são as informações que podemos obter por meio deles? Por meio dos mapas de densidade demográfica identificamos como uma população está distribuída em um determinado território, podendo verificar as áreas de maior ou de menor concentração populacional, ou seja, as regiões de maior ou de menor densidade demográfica.

A representação da densidade demográfica nos mapas é feita por meio de uma convenção de cores com diferentes tonalidades para indicar a distribuição da população. Por exemplo, os tons mais escuros geralmente indicam as áreas mais densamente povoadas, enquanto os tons mais claros são usados para representar as áreas menos povoadas.

Observe o mapa de densidade demográfica abaixo. Ele mostra como a população brasileira está distribuída pelo território.

As áreas menos povoadas estão representadas em tons mais claros. As áreas mais povoadas estão representadas em tons mais escuros.

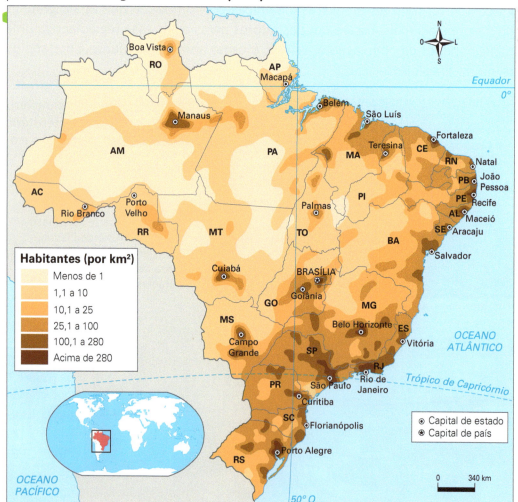

Fonte de pesquisa: Graça Maria Lemos Ferreira. *Atlas geográfico espaço mundial*. São Paulo: Moderna, 2013. p. 131.

1. Com base no mapa, quais são as áreas mais densamente povoadas e as áreas menos ocupadas?
2. Como está distribuída a população da unidade federativa onde você mora?

O povoamento em direção ao interior do território

O povoamento das áreas interioranas do Brasil, sobretudo nas porções centro-oeste e norte do território, ocorreu por meio de fluxos migratórios a partir da segunda metade do século XX. Assim, a ocupação do interior do país deu-se, muitas vezes, sobre territórios indígenas e áreas ocupadas por ribeirinhos e levou, ainda, ao desmatamento da vegetação nativa.

Nessas migrações, um grande contingente populacional se deslocou das áreas mais povoadas do país em direção à nova fronteira agrícola do território nacional, que alcançava as extensas áreas do Cerrado e da floresta Amazônica. Esses fluxos migratórios promoveram um rápido e expressivo crescimento populacional.

Observe no mapa os principais fluxos migratórios ocorridos entre as décadas de 1950 e 1990.

ribeirinho: pessoa que reside em áreas localizadas às margens de rios.

Principais fluxos migratórios para a Região Norte e o centro do território brasileiro (1950-1990)

Entre as décadas de 1950 e 1970: grande migração de nordestinos em direção a várias regiões do país. Por causa das precárias condições socioeconômicas da população, milhares de pessoas deixaram o Nordeste para trabalhar nas novas áreas agrícolas ou nos garimpos abertos no interior da floresta Amazônica. Outras migraram também em direção à porção central do país, atraídas pelos postos de trabalho na construção da cidade de Brasília, a nova capital federal.

Entre as décadas de 1970 e 1990: grande fluxo de gaúchos, catarinenses, paranaenses, paulistas e mineiros em direção aos estados localizados no centro do território brasileiro e na Região Norte, atraídos pela abertura de novas áreas de colonização agrícola e pelo baixo preço das terras.

Fonte de pesquisa: Maria Elena Simielli. *Geoatlas*. 34. ed. São Paulo: Ática, 2013. p. 135.

A diversidade cultural do povo brasileiro

Uma importante característica que sobressai no povo brasileiro é a diversidade de manifestações culturais. Estamos nos referindo principalmente aos aspectos que dão **identidade** a uma nação, como a língua e o jeito de falar, as religiões, os hábitos, os costumes e as tradições, todos transmitidos de geração em geração.

Leia o texto a seguir, que aborda esse aspecto tão peculiar da população brasileira.

> [...]
>
> Vamos fazer um exercício: pense numa coisa que podemos definir como brasileira. Tem de ser alguma coisa que valha para todo o Brasil. Uma música, uma festa... Mas não vale ser a bandeira ou símbolos nacionais – como o hino, por exemplo.
>
> [...] o pessoal do Sudeste vai dizer: feijão com arroz e Carnaval; da Região Norte: pato com tucupi e o boi-bumbá; do Sul: churrasco com chimarrão; do Nordeste: São João e rapadura; e os do Centro-Oeste: biju e a dança do Recortado. E se fizermos isso por estados, então? [...] Em cada lugar as comidas, as festas, as datas podem até querer ser as mesmas, mas sempre terão diferenças, mesmo que apenas nos nomes. Podemos compará-las? Pode ser. Se quisermos estudá-las para nos entendermos a partir delas. Nunca para dizer que uma é melhor ou pior que a outra, porque todas são, de muitas maneiras, nossas.
>
> O que devemos ter em mente é que essa enorme variedade é o reflexo das muitas culturas que aportaram em muitos lugares possíveis por aqui. Não foram os mesmos africanos que se encontraram com os mesmos indígenas, que foram escravizados pelos mesmos europeus, num mesmo lugar e nas mesmas condições. Todos eles, em todos os aspectos, eram muitos. [...]
>
> Rosiane Rodrigues. *"Nós" do Brasil*: estudo das relações étnico-raciais. São Paulo: Moderna, 2012. p. 129-130.

Indígenas do povo Kuarup realizam cerimônia na aldeia Yawalapiti, no Parque Indígena do Xingu, Mato Grosso, em 2016.

Praticantes da capoeira no município de Salvador, Bahia, em 2017.

Apresentação de passistas de frevo na cidade de Recife, Pernambuco, em 2018.

Na foto, mulher baiana vendendo cocadas e acarajé em rua do município de Salvador, Bahia, em 2016. O acarajé teve sua origem na cultura africana e posteriormente afro-brasileira, e no ano de 2005 o Ofício das Baianas do acarajé foi tombado pelo Instituto do Patrimônio Histórico e Artístico Nacional (Iphan) como bem cultural, de natureza imaterial.

Grupo apresentando dança da fita, típica da Região Sul do Brasil, derivada da cultura europeia, no município de Santa Maria, Rio Grande do Sul, em 2015.

Apresentação de Maracatu durante a festa do Divino Espírito Santo no município de São Luiz do Paraitinga, São Paulo, em 2015. A manifestação cultural, de origem folclórica, fundada no estado de Pernambuco, hoje está presente em outras localidades do território brasileiro.

Festival Folclórico de Parintins com a aparição típica do Boi-bumbá, na cidade de Parintins, Amazonas, em 2018.

Podemos afirmar que a pluralidade da cultura brasileira tem origem na formação do nosso povo pelo encontro de diferentes povos. São eles os indígenas, que habitavam essas terras havia milhares de anos; os europeus, principalmente os portugueses; os africanos; e diversos imigrantes, entre eles italianos, alemães, espanhóis, japoneses e árabes.

Cada um desses povos deixou uma herança cultural que hoje está presente em nosso modo de vida. Os portugueses deixaram as maiores influências em nossa cultura, como a língua e a religião católica, a mais praticada no país. Já os indígenas nos transmitiram o hábito de tomar banho diariamente e consumir alimentos como a mandioca e o milho.

A respeito da nossa culinária, uma das mais diversificadas do mundo, houve várias influências. Com os povos africanos, introduziram-se em nossa cultura a feijoada e o vatapá, e com os portugueses passamos a consumir doces à base de leite e ovos. Os italianos nos influenciaram no costume de comer *pizza*, macarronada, polenta e lasanha. Os japoneses nos apresentaram o *sushi* e o *sashimi*.

Ampliando fronteiras

Quilombolas: uma luta atual

Vatapá. Capoeira. Acarajé. Samba. O que essas expressões populares brasileiras têm em comum? Todas elas surgiram, em grande parte, de contribuições culturais dos negros africanos.

A pluralidade cultural do Brasil é resultado da miscigenação que ocorreu durante o processo de colonização do país.

Os negros africanos trazidos como escravos para o nosso país contribuíram com seus hábitos culturais para essa rica pluralidade. Muitas das tradições e costumes africanos estão presentes ainda hoje nas chamadas comunidades quilombolas. Leia o texto a seguir e conheça um pouco mais sobre o assunto.

> Miscigenação: mistura de povos de diferentes culturas.

Quilombolas

[...] E o que seriam quilombolas? Quilombolas são os atuais habitantes de comunidades negras rurais formadas por descendentes de africanos escravizados, que vivem, na sua maioria, da agricultura de subsistência em terras doadas, compradas ou ocupadas há bastante tempo.

São grupos sociais cuja identidade étnica – ou seja, ancestralidade comum, formas de organização política e social, elementos linguísticos, religiosos e culturais – os distingue do restante da sociedade. A identidade étnica é um processo de autoidentificação que não se resume apenas a elementos materiais ou traços biológicos, como a cor da pele, por exemplo.

Não são comunidades necessariamente isoladas ou compostas de um tipo de população homogênea. As comunidades quilombolas foram constituídas por processos diversos, incluindo, além das fugas para ocupação de terras livres, heranças, doações, recebimento de terras como pagamento de serviços prestados ao Estado, compra ou a permanência em terras que eram ocupadas e cultivadas em grandes propriedades.

Lúcia Gaspar. Quilombolas. *Fundação Joaquim Nabuco*, Recife. Disponível em: <http://basilio.fundaj.gov.br/pesquisaescolar/index.php?option=com_content&view=article&id=857:quilombolas&catid=51:letra-q>. Acesso em: 1º ago. 2018.

Bárbara Sarzi

1. Quais são os elementos da identidade étnica que caracterizam os quilombolas?

2. Observe no mapa abaixo onde se localizam as comunidades remanescentes de quilombos na atualidade. O que a localização delas sugere em relação à escravidão e à resistência dos negros africanos a esse processo?

3. Você considera importante que essas comunidades tenham seus territórios reconhecidos e sua identidade étnica preservada? Por quê? Pense a respeito e, depois, converse com os colegas para conhecer a opinião deles sobre esse assunto.

4. Dividam-se em grupos para pesquisar sobre comunidades quilombolas da atualidade. Cada grupo deve ficar responsável por estudar uma comunidade diferente. A pesquisa também pode contemplar as heranças africanas na cultura brasileira. Depois, organizem as informações coletadas e apresentem aos colegas.

Existem muitas comunidades quilombolas localizadas em praticamente todos os estados do nosso país. Observe o mapa a seguir.

Quilombolas

- Os territórios quilombolas passaram a ser reconhecidos apenas a partir de 1997.
- Muitas comunidades quilombolas sofrem com conflitos agrários, e seus habitantes precisam lutar para manter a posse de seu território ancestral.
- A falta de assistência por parte do governo gera uma situação de grande vulnerabilidade a muitos habitantes dessas comunidades, que enfrentam problemas como a fome e doenças.

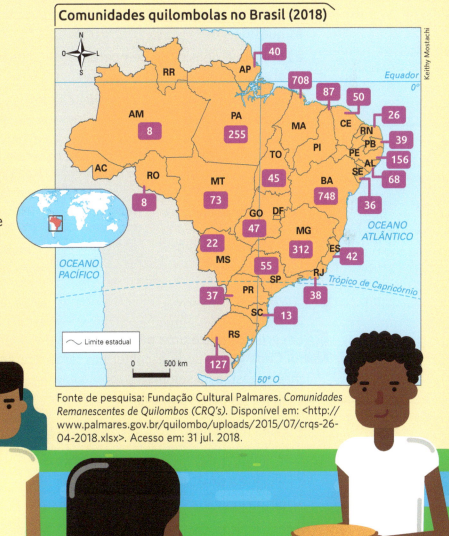

Comunidades quilombolas no Brasil (2018)

Fonte de pesquisa: Fundação Cultural Palmares. *Comunidades Remanescentes de Quilombos (CRQ's)*. Disponível em: <http://www.palmares.gov.br/quilombo/uploads/2015/07/crqs-26-04-2018.xlsx>. Acesso em: 31 jul. 2018.

Atividades

▌Organizando o conhecimento

1. O que é densidade demográfica?

2. O Brasil é um país muito ou pouco povoado? Explique.

3. Atualmente, em qual porção do território está concentrada a maior parte da população brasileira?

4. Qual é a densidade demográfica da sua sala de aula? Para saber, multiplique a medida do comprimento da sala pela largura e encontre a área total em metros quadrados (m^2). Depois, divida o número total de alunos pela área total da sala. O resultado será o número de alunos por metro quadrado.

5. O que pode ser observado em um mapa de densidade demográfica?

6. Observe a tabela a seguir e compare as informações da área e do número total de habitantes, em 2018, de dois municípios brasileiros. Depois, responda às questões.

a) Calcule a densidade demográfica dos municípios apresentados na tabela abaixo.

b) Identifique, entre os municípios citados, se o mais populoso é também o mais povoado. Explique.

Municípios	Área (em km^2)	Habitantes
Manaus (AM)	11401 km^2	2145555
Porto Alegre (RS)	497 km^2	1479101

Fonte de pesquisa: IBGE. *Cidades*. Disponível em: <www.ibge.gov.br>. Acesso em: 27 ago. 2018.

▌Conectando ideias

7. Em grupo, **realize** uma pesquisa sobre a diversidade cultural do povo brasileiro. Cada grupo pode escolher um tema diferente para a pesquisa. Veja algumas sugestões a seguir:

- lendas do folclore brasileiro;
- festas populares;
- danças folclóricas e ritmos musicais;
- culinária e gastronomia;
- cultura indígena;
- contribuição dos africanos na cultura brasileira;
- influência dos imigrantes na cultura brasileira.

Cada grupo deve **procurar** textos e imagens para a montagem de um cartaz com as informações pesquisadas.

8. **Observe** atentamente a imagem abaixo. Ela retrata a tela *Operários*, produzida por Tarsila do Amaral em 1933. Depois, **responda** às questões.

Tarsila do Amaral. *Operários*, 1933. Óleo sobre tela, 150 cm × 205 cm. Acervo Artístico-Cultural do Palácio do Governo do Estado de São Paulo, São Paulo.

a) **Identifique** as prováveis origens das pessoas retratadas na imagem, que exemplificam a diversidade do povo brasileiro.

b) **Cite** quais grupos contribuíram para a formação do povo brasileiro.

c) **Dê exemplos** da influência de dois grupos humanos na formação cultural do nosso povo.

9. **Leia** e **interprete** o texto a seguir e responda, no caderno, às questões propostas.

> [...] os nordestinos que migravam para o Maranhão e o Pará foram responsáveis também pela ocupação do Tocantins; os mineiros e paulistas que, partindo do sudeste, se expandiram em direção a Brasília, seguindo em direção ao norte, pela Belém-Brasília; gaúchos, paranaenses e catarinenses, que subiram na porção oeste, destruíram as florestas, ricas em erva-mate, e ocuparam a região que contorna o Pantanal, para em seguida, contornando-o, se dirigirem para Mato Grosso e descerem os afluentes da margem esquerda do Amazonas.
>
> Daí seguiram para Rondônia, para o Acre e ocuparam a margem esquerda do grande rio no Pará e no Amazonas; grupos avançados atravessaram o Amazonas e seguiram para o norte, já tendo atingido Roraima e já começam a penetrar na Venezuela.
>
> [...]
>
> Manuel Correia de Andrade. *A trajetória do Brasil*: (de 1500 a 2000). São Paulo: Contexto, 2000. p. 72.

a) **Identifique** os fluxos migratórios descritos no texto.

b) **Explique** a relação desses fluxos com o povoamento do país.

c) Você conhece pessoas que migraram para outras regiões do país? **Verifique** se os colegas também conhecem.

CAPÍTULO 7
Brasil, país com desigualdades sociais

Até aqui conhecemos algumas características do Brasil, um país populoso, mas pouco povoado, e com habitantes distribuídos de maneira desigual pelo território. Agora, estudaremos outro aspecto, a desigualdade social. Em sua opinião, como ela se manifesta em nosso país?

Praticamente em todo o território brasileiro a desigualdade social está presente. Ela se reflete na distribuição desigual da renda entre a população e nas precárias condições de moradia, bem como na existência de elevado índice de mortalidade infantil, analfabetismo e desnutrição de expressiva porção da população.

A existência de tantas desigualdades sociais em nosso país revela que a maior parte da riqueza produzida no Brasil tem sido apropriada por apenas uma pequena parcela da população.

Portanto, essa elite, privilegiada, vive em casas luxuosas, tem acesso aos melhores hospitais e adquire bens materiais de alto valor, como carros importados e grandes propriedades rurais.

No outro extremo está um grande número de pessoas em situação de pobreza. Seus rendimentos não garantem sequer as necessidades mais básicas, como alimentação, saúde, vestuário e educação.

Embora nos últimos anos o governo brasileiro venha desenvolvendo uma série de programas para diminuir a pobreza em nosso país, historicamente muitos brasileiros vivem com baixa renda, enquanto outros recebem mais de 20 salários mínimos mensais. Portanto, a desigualdade social no Brasil continuará, gerando um distanciamento social cada vez maior entre ricos e pobres.

Observe no gráfico a seguir a distribuição de rendimentos entre a população brasileira.

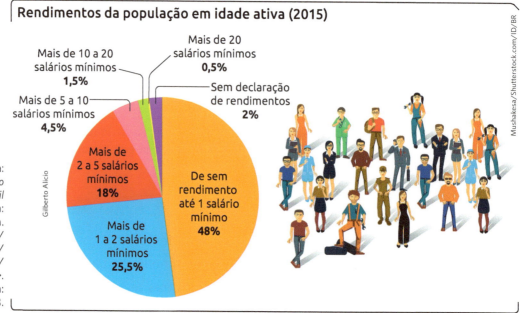

Rendimentos da população em idade ativa (2015)

- Mais de 10 a 20 salários mínimos: 1,5%
- Mais de 20 salários mínimos: 0,5%
- Mais de 5 a 10 salários mínimos: 4,5%
- Sem declaração de rendimentos: 2%
- Mais de 2 a 5 salários mínimos: 18%
- De sem rendimento até 1 salário mínimo: 48%
- Mais de 1 a 2 salários mínimos: 25,5%

Fonte de pesquisa: IBGE. *Anuário Estatístico do Brasil 2016*. Disponível em: <http://biblioteca.ibge.gov.br/visualizacao/periodicos/20/aeb_2016.pdf>. Acesso em: 30 ago. 2018.

Grande parte das pessoas com baixos rendimentos vive em habitações precárias, geralmente sem as mínimas condições de higiene e conforto, desprovidas de saneamento básico, como água encanada e rede de esgoto, até mesmo de energia elétrica.

Observe, nas fotos a seguir, como a desigualdade social se revela nas paisagens brasileiras.

Vista de moradias em condições precárias na cidade de Londrina, Paraná, em 2016.

Vista de moradias luxuosas na cidade de Londrina, Paraná, em 2016.

1 Com a orientação do professor, reúna-se com três colegas para conversarem sobre as condições de vida e as desigualdades sociais observadas nas proximidades da escola e da casa de vocês.

2 Nas moradias dos arredores, é possível perceber a desigualdade social? Quais características demonstram isso? Reflitam sobre o que pode ser feito para melhorar as condições de vida da população e diminuir tais desigualdades.

3 Para finalizar, elaborem um cartaz com as sugestões propostas e apresentem para os colegas da classe.

Pirâmide etária da população brasileira

Importantes informações referentes à população de um país podem ser entendidas por meio de representações gráficas chamadas **pirâmides de idades** ou **pirâmides etárias**.

Além de mostrar como a população está distribuída, de acordo com o sexo e a idade dos habitantes, a pirâmide etária fornece dados que indicam o aumento ou a diminuição das taxas de natalidade e se as taxas de mortalidade infantil estão elevadas. Esses gráficos nos informam ainda sobre a proporção de pessoas idosas ou jovens no total de habitantes, entre outros aspectos da população.

Observe abaixo o formato e as partes da pirâmide etária do Brasil. Ela foi elaborada com base em estudos demográficos, realizados pelo IBGE. Veja também, nas páginas **78** e **79**, a evolução de sua estrutura, que revela o envelhecimento da população.

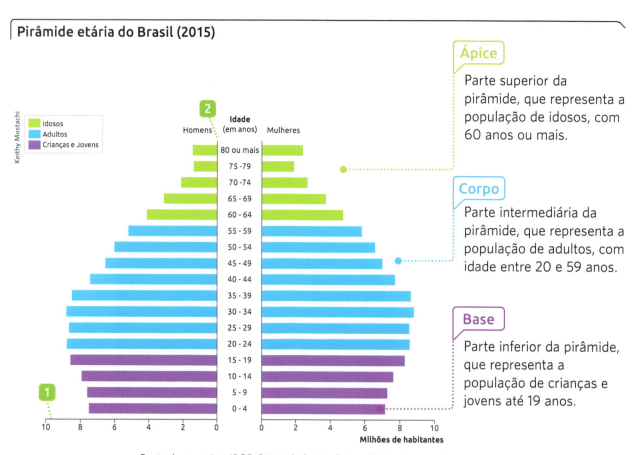

Fonte de pesquisa: IBGE. Disponível em: <https://sidra.ibge.gov.br/tabela/261#resultado>. Acesso em: 23 mar. 2018.

1 Eixo horizontal: mostra o número total de pessoas, homens à esquerda e mulheres à direita, em cada faixa de idade.

2 Eixo vertical: mostra as faixas de idade da população, agrupadas em classes de 5 em 5 anos.

O formato da pirâmide etária brasileira revela importantes informações sobre as condições de vida da população. Com base nessas informações, o governo pode planejar e executar melhor as políticas sociais referentes às necessidades de cada grupo de habitantes. Veja a análise da pirâmide etária do nosso país.

O que a pirâmide apresenta?   **O que isso revela?**

Ápice estreito
Registra a proporção de idosos, cerca de 14% do total da população. De acordo com o ápice, pode-se ter uma ideia da expectativa de vida dos habitantes.
→ A necessidade de melhorar os programas de atendimento aos idosos, garantindo-lhes melhores aposentadorias e acesso a serviços médico-hospitalares de qualidade.

Idosos caminhando em parque na cidade de São Lourenço, Minas Gerais, em 2016.

Corpo afunilado
Mostra que a participação dos adultos na composição da população é grande, somando 56% do total.
→ A necessidade de investir em programas sociais que promovam melhoria nas condições de vida da população, como disponibilidade de trabalho, construção de moradias adequadas, ampliação dos sistemas de saneamento básico, melhoria do sistema médico-hospitalar, entre outros.

Trabalhadores em indústria de roupas na cidade de Natal, Rio Grande do Norte, em 2015.

Base larga
Indica uma grande proporção de jovens, cerca de 30% do total da população, demonstrando que o crescimento natural ainda é elevado, apesar da queda das taxas de natalidade e mortalidade.
→ A necessidade de investir, por exemplo, na construção e na qualidade de creches e escolas como forma de elevar a escolaridade média, evitando a evasão escolar.

Crianças de uma escola da cidade de São Paulo, capital do estado, em 2018.

Expectativa de vida: ou esperança de vida: número estimado de anos que uma pessoa poderá viver, considerando condições como renda, saúde e alimentação do lugar onde mora.

Mudanças na pirâmide etária e o envelhecimento da população

A estrutura da pirâmide etária da população brasileira vem mudando rapidamente nas últimas décadas, o que evidencia uma nova dinâmica demográfica no Brasil. Trata-se do aumento da expectativa de vida e da diminuição do número de nascimentos, fatores que consequentemente levam ao envelhecimento da nossa população.

Com o processo de envelhecimento da população brasileira, o país terá de conviver com uma nova realidade demográfica e dar prioridade às políticas públicas voltadas para o atendimento dessa parcela da população. Uma atitude importante já foi tomada com a criação do **Estatuto do Idoso**, que agrega um conjunto de leis que visa assegurar proteção e amparo às pessoas com mais de 60 anos de idade.

Observe a seguir a evolução da estrutura da pirâmide etária brasileira.

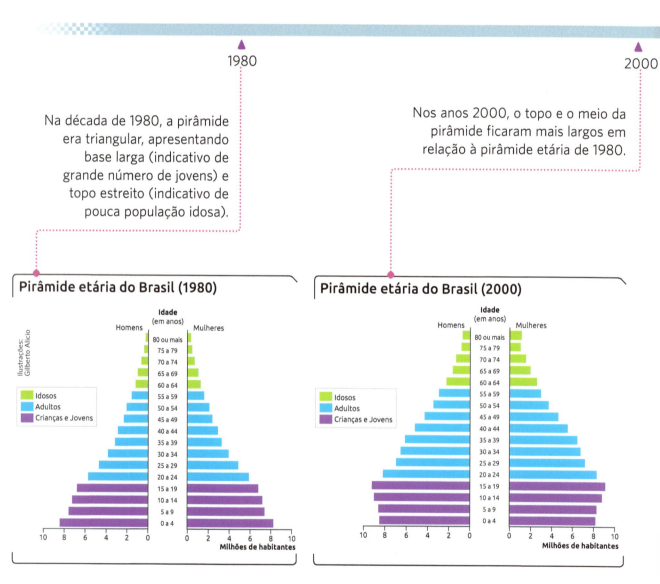

1980 — Na década de 1980, a pirâmide era triangular, apresentando base larga (indicativo de grande número de jovens) e topo estreito (indicativo de pouca população idosa).

2000 — Nos anos 2000, o topo e o meio da pirâmide ficaram mais largos em relação à pirâmide etária de 1980.

O processo de envelhecimento da população brasileira vem provocando duas modificações importantes em nossa sociedade ao longo das últimas décadas. De um lado, a proporção de crianças e jovens no total da população vem diminuindo rapidamente; de outro, a proporção de idosos vem aumentando de maneira significativa. Observe o gráfico.

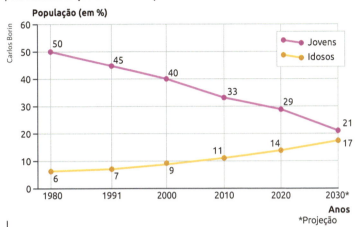

Fonte de pesquisa: IBGE. Disponível em: <www.ibge.gov.br>. Acesso em: 27 ago. 2018.

2030*

Em 2030, o provável formato da pirâmide etária brasileira será uma base mais estreita e um topo mais largo, em comparação à pirâmide de 2000.

*Projeção

A dinâmica demográfica brasileira

Idosos: o progressivo aumento da expectativa de vida no país, ocasionado tanto pelos avanços na área da medicina quanto pela expansão dos serviços médico-hospitalares, vem garantindo uma participação cada vez maior de idosos no número total da população.

Adultos: a diminuição das taxas de mortalidade no país vem contribuindo para o aumento da participação de adultos no conjunto da população.

Jovens: a queda na taxa de crescimento natural vem diminuindo a proporção de jovens no número total da população.

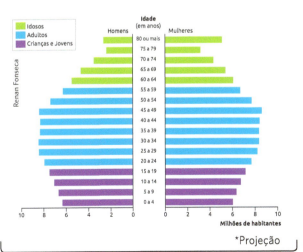

*Projeção

Fonte de pesquisa dos gráficos: IBGE. Disponível em: <www.ibge.gov.br>. Acesso em: 27 ago. 2018.

Atividades

▌ Organizando o conhecimento

1. Na sua opinião, quais seriam os benefícios obtidos com a diminuição da desigualdade social no país? Comente com os colegas e verifique a opinião deles.

2. O que é uma pirâmide etária?

3. Responda no caderno. No gráfico da pirâmide etária, o que representa:

   a) a base?   b) o corpo?   c) o ápice?

4. Observe novamente a pirâmide etária do Brasil na página **76** e responda às questões a seguir.

   a) No Brasil, há certo equilíbrio entre o número de mulheres e de homens no conjunto da população? Como isso pode ser observado na pirâmide etária?

   b) Na população brasileira, podemos identificar um predomínio de jovens, adultos ou idosos? Como você identificou essa informação na pirâmide etária?

5. Agora, compare o formato da pirâmide etária do Brasil no ano de 2015, apresentado na página **76**, com o provável formato que terá em 2030, mostrado na página **79**. Anote no caderno quais são as mudanças mais significativas entre esses dois gráficos.

▌ Conectando ideias

6. Observe a representação abaixo e, em seguida, **responda** às questões propostas no caderno.

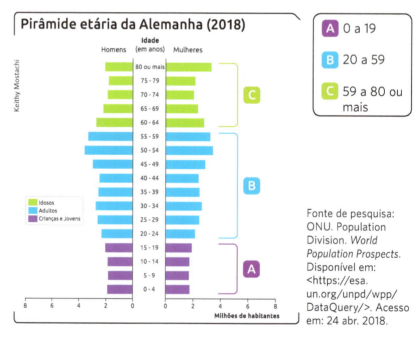

Pirâmide etária da Alemanha (2018)

A: 0 a 19
B: 20 a 59
C: 59 a 80 ou mais

Fonte de pesquisa: ONU. Population Division. *World Population Prospects*. Disponível em: <https://esa.un.org/unpd/wpp/DataQuery/>. Acesso em: 24 abr. 2018.

   a) **Identifique** as partes da pirâmide indicadas pelas letras **A**, **B** e **C**.

   b) **Analise** as informações que cada uma dessas partes da pirâmide pode fornecer sobre a população da Alemanha.

7. Observe atentamente a foto sobre a campanha de vacinação promovida pelo Ministério da Saúde. Depois, **responda** às questões no caderno.

a) Qual é a faixa etária das pessoas a que se destina a campanha? Qual é a parcela da população composta por ela?

b) Campanhas como essa indicam a tendência ao aumento da expectativa de vida e a consequente elevação do número de idosos no total da população brasileira? **Justifique** a sua resposta.

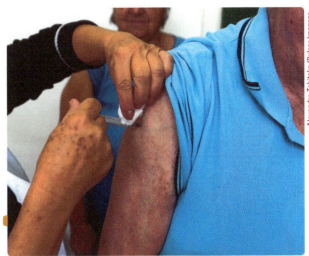

Idoso recebendo vacina durante campanha de vacinação contra a gripe, em São Paulo, capital do estado, em 2015.

8. Sabendo que a população idosa do nosso país vem aumentando progressivamente, você considera importante haver políticas voltadas ao atendimento e à assistência aos idosos? **Escreva um texto** relatando sua opinião. **Inclua** atitudes de respeito aos idosos que podemos praticar no dia a dia. Depois, **leia** o texto para os colegas e o professor.

ACESSE O RECURSO DIGITAL

Verificando rota

- O Brasil é o quinto país mais populoso do mundo.
- A contagem da população brasileira e a coleta de dados sobre ela são feitas por meio do censo demográfico, a cada dez anos.
- A população brasileira teve um crescimento acentuado a partir do final do século XIX.
- O ritmo do crescimento natural da população brasileira sofreu uma queda a partir da década de 1970, principalmente por causa da maior participação das mulheres no mercado de trabalho e das campanhas de controle de natalidade.
- O povo brasileiro possui uma rica diversidade de manifestações culturais.
- A população brasileira se distribui de maneira desigual sobre o território nacional, fazendo com que a densidade demográfica de cada região seja diferente.
- A População Economicamente Ativa, também chamada PEA, é formada por pessoas entre 10 e 65 anos, aptas a trabalhar.
- Apesar de todas as conquistas no mercado de trabalho, ainda hoje o rendimento salarial médio das mulheres é inferior ao dos homens.
- O Brasil é um país com muitas desigualdades sociais.
- A pirâmide etária é uma representação gráfica da distribuição da população de acordo com a idade e o sexo. As alterações no formato da pirâmide indicam que as características populacionais mudaram, como o envelhecimento da população.

81

UNIDADE

3

O espaço rural e o espaço urbano no Brasil

Capítulos desta unidade
- **Capítulo 8** - O espaço geográfico brasileiro
- **Capítulo 9** - O espaço rural brasileiro
- **Capítulo 10** - O espaço urbano brasileiro
- **Capítulo 11** - As regiões brasileiras

A imagem mostra uma tela produzida por uma artista que retrata uma feira livre. Mara D. Toledo. *Feira livre no interior*, 2008. Óleo sobre tela, 80 cm x 120 cm. Galeria Jacques Ardies. São Paulo.

Iniciando rota

1. Observe nos detalhes da pintura ações realizadas por diferentes pessoas nesta cena e comente-as com os colegas.

2. Converse com seus colegas e deem exemplos de elementos que caracterizam o espaço rural e outros que caracterizem o espaço urbano.

3. Reflita sobre as características dos espaços rural e urbano do município onde você vive e anote-as no caderno. Ao longo do estudo desta unidade com os colegas, verifiquem alguns dos principais fatores que explicam essas características.

Galeria Jacques Ardies, São Paulo (SP). Fotografia: ID/BR

83

CAPÍTULO 8
O espaço geográfico brasileiro

O espaço geográfico brasileiro possui características muito diversas. Isso se explica tanto pelos variados aspectos naturais (diferentes tipos de clima, relevo, vegetação, etc.), como estudamos na unidade **1**, quanto pela maneira como a sociedade se organiza no espaço por meio de suas atividades econômicas.

Esse espaço geográfico engloba o espaço urbano e o espaço rural, cada um deles com paisagens bem diferentes. Observamos isso na foto abaixo, que mostra parte da área rural e da área urbana do município de Guaíra, no estado de São Paulo.

Ao longo desta unidade vamos conhecer mais sobre o que diferencia essas paisagens.

Vista de parte do município de Guaíra, São Paulo, em 2018.

▶ **Aprenda mais**

O livro *De braços para o alto* apresenta as aventuras vividas por um garoto da cidade durante suas férias na área rural. Nele, o menino descreve a convivência com o modo de vida no campo, como as longas cavalgadas pela fazenda, os divertidos banhos de rio e as fascinantes histórias ouvidas na hora de dormir.

Drauzio Varella. *De braços para o alto*. São Paulo: Companhia das Letrinhas, 2002.

Diferentes lugares, diferentes modos de vida

O modo de vida das pessoas varia de acordo com o lugar onde elas vivem. E, como o espaço geográfico brasileiro é repleto de lugares diferentes, podemos observar pessoas vivendo de maneiras bem distintas em diferentes partes do país.

Para perceber essas diferenças, basta comparar, por exemplo, o dia a dia de quem mora em um grande e movimentado centro urbano com o cotidiano de quem vive em pequenas cidades, vilarejos do interior ou, ainda, mora e trabalha no campo.

O modo de vida das pessoas também se diferencia de acordo com as condições socioeconômicas delas. Algumas pessoas, por exemplo, têm acesso a moradia, a escolas e, sobretudo, a um trabalho que lhes oferece renda necessária para custear necessidades como roupas, alimentos, transportes e até mesmo lazer. Porém, há muitas pessoas privadas disso tudo.

Isso ocorre porque a desigualdade social em muitos países, incluindo o Brasil, faz com que a riqueza fique concentrada nas mãos de uma pequena parcela da população, enquanto grande parte dos habitantes tem de conviver com a pobreza e a fome.

Vista de parte da cidade de Curitiba, Paraná, em 2017.

Vista de parte do município de Vargem Bonita, Minas Gerais, em 2018.

Conte para os colegas como é o seu dia a dia no lugar onde você mora. Depois, reúna-se com um colega e verifiquem se há semelhanças entre o cotidiano de vocês.

O rural, o urbano e suas relações

O espaço rural (campo) e o urbano (cidade) mantêm relações entre si. Por exemplo, quando ocorre uma seca prolongada ou uma forte geada, a produção de certos gêneros agrícolas no espaço rural é diretamente comprometida, o que reflete no aumento dos preços dos respectivos produtos ofertados nas feiras livres e nos supermercados da área urbana.

Também percebemos essa relação entre ambos os espaços no constante deslocamento de pessoas. É comum haver moradores do campo trabalhando na cidade em função da oferta de trabalho. O contrário também ocorre. Em alguns períodos do ano, moradores da cidade trabalham no campo, por exemplo, em épocas de plantio ou de colheita.

Cada vez mais, campo e cidade estão interligados por essas estreitas relações econômicas. Ou seja, as atividades econômicas praticadas no campo (agricultura, pecuária e extrativismo) dependem das atividades realizadas na cidade (indústria, comércio e serviços), e vice-versa.

O esquema a seguir descreve como as atividades do campo e da cidade estabelecem relações entre si. Observe-o atentamente.

> Quais outras relações de interdependência entre o campo e a cidade podem ser citadas, além das mencionadas no esquema abaixo?

A atividade agrícola depende de produtos fabricados pela indústria, como tratores, implementos agrícolas, adubos, fertilizantes, vacinas e rações. Ela também precisa da atividade comercial, como lojas revendedoras de peças para as máquinas agrícolas e outros produtos; dos serviços, como os bancos que financiam os produtores; e institutos de pesquisa que forneçam assistência técnica.

Nas cidades, a atividade industrial depende das matérias-primas produzidas no campo para fabricar seus produtos. A indústria alimentícia, por exemplo, processa produtos agrícolas, como trigo, arroz e soja, e fabrica vários dos alimentos que compramos nos supermercados, entre eles óleo vegetal, farinha, açúcar, massas e biscoitos. Além disso, muitos produtos do campo chegam até os consumidores das cidades em seu estado natural, como no caso das verduras, das frutas e dos ovos.

Vista aérea de parte do município de São José dos Campos, São Paulo, em 2018.

A indústria e o espaço rural

Mesmo que o espaço urbano e o espaço rural dependam cada vez mais um do outro, como estudamos nas páginas anteriores, a produção do campo tende a ficar cada vez mais subordinada às necessidades da indústria.

A expansão da atividade industrial, motivada pela ampliação do consumo da população, aumenta a demanda por matérias-primas – produtos agrícolas, pecuários e extrativos –, estimulando o campo a aumentar a produção dos gêneros destinados a suprir o abastecimento das fábricas.

Por exemplo, quando uma usina de açúcar e etanol é instalada em determinado município, parte dos produtores rurais da região substitui seus cultivos tradicionais ou suas pastagens por lavouras de cana-de-açúcar a fim de abastecer a demanda daquela indústria. Esse é o caso da região de Piracicaba, no estado de São Paulo. Após a instalação de uma dessas usinas, agricultores das áreas rurais de diversos municípios dos arredores passaram a cultivar cana-de-açúcar e a fornecer matéria-prima para a usina. O mapa mostra as áreas de cultivo de cana-de-açúcar e a localização das usinas de etanol e açúcar no Brasil.

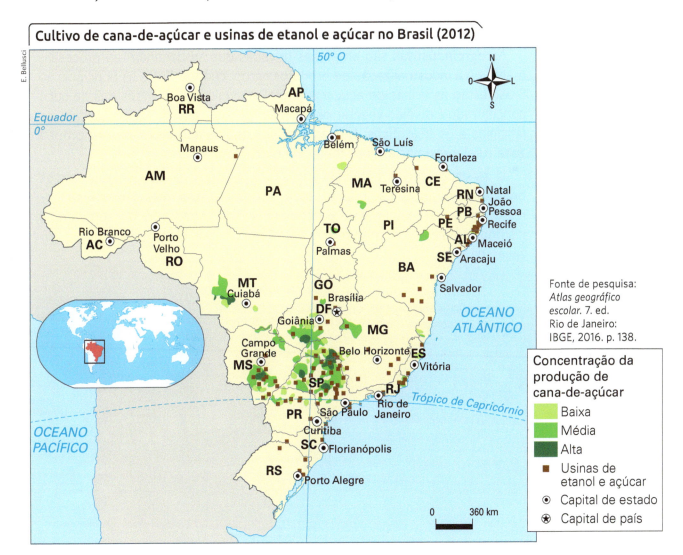

Cultivo de cana-de-açúcar e usinas de etanol e açúcar no Brasil (2012)

Fonte de pesquisa: *Atlas geográfico escolar*. 7. ed. Rio de Janeiro: IBGE, 2016. p. 138.

87

Para suprir a crescente demanda da produção industrial, o campo vem fornecendo um volume cada vez maior de matérias-primas. No entanto, para se tornarem mais produtivas, as propriedades rurais dependem da incorporação de recursos tecnológicos avançados. Isso exige investimentos em tratores, colheitadeiras, adubos, fertilizantes para as lavouras, rações, vacinas e medicamentos para a criação de animais, entre outros recursos.

Dessa forma, ao mesmo tempo que o campo se organiza para atender à demanda da produção industrial, suas atividades também são estimuladas pela indústria a se modernizarem para produzir cada vez mais.

No Brasil, a modernização do campo vem ocorrendo de maneira mais efetiva desde as décadas de 1960 e 1970. Ela foi estimulada pelo desenvolvimento das pesquisas agropecuárias no país, pela instalação de indústrias ligadas ao campo (fábricas de tratores, implementos agrícolas, fertilizantes, adubos, etc.) e também pela expansão das agroindústrias e cooperativas agrícolas, instaladas, sobretudo, nas regiões Sul, Sudeste e Centro-Oeste, onde a modernização do espaço rural vem ocorrendo de maneira mais acelerada.

Agroindústrias e cooperativas agrícolas

Você sabe qual é a diferença entre agroindústrias e cooperativas agrícolas?

As **agroindústrias** são empresas privadas que se destinam ao processamento ou à industrialização de produtos agropecuários. Entre as principais no Brasil estão as usinas de açúcar e etanol, as vinícolas, as indústrias de suco concentrado e de óleo vegetal, os moinhos de trigo, as torrefações de café, os laticínios e os frigoríficos. Muitas agroindústrias estão instaladas na própria zona rural, próximas às suas fontes de matérias-primas.

Já as **cooperativas agrícolas** são as associações de pequenos e médios produtores rurais que se reúnem para negociar preços mais baixos e melhores condições de pagamento na compra de máquinas, adubos, sementes e insumos em geral, e também para obter preços mais elevados na comercialização da safra.

Usina de etanol e açúcar no município de Chapadão do Céu, Goiás, em 2018.

Atividades

Organizando o conhecimento

1. Observe a foto da página **84** e identifique quais elementos caracterizam o espaço rural e o espaço urbano.

2. Com os colegas, elaborem uma lista dos produtos que vocês possuem em casa e que tenham origem no campo.

3. O que é agroindústria? E cooperativas agrícolas?

Conectando ideias

4. **Leia** e **interprete** o texto a seguir e **responda** às questões propostas.

> **Preço de hortaliças e legumes pode subir até 20%**
>
> As chuvas atípicas deste verão podem pesar no bolso do carioca. Se os temporais mantiverem a força e a frequência, o preço que o consumidor paga pelas folhosas (como alface, couve e cebolinha) e alguns legumes deve subir [...]
>
> Nas feiras livres, os comerciantes dizem que já perceberam alguma alteração no preço das hortaliças e dos legumes.
>
> [...]
>
> Paulo Roberto Marques, de 69 anos, trabalha como feirante há mais de três décadas e compra as verduras que abastecem sua barraca com agricultores da Região Serrana, principalmente de Teresópolis e Nova Friburgo. Marques contou que, por enquanto, consegue manter os preços dos seus produtos, mas que a situação pode mudar:
>
> — Eu ainda estou conseguindo segurar o preço das verduras, mas se o tempo continuar chuvoso e depois vier um sol forte, as plantações vão ficar muito danificadas. Vou pagar mais caro e vou ter de repassar o aumento para os fregueses.
>
> [...]
>
> Gabriel Martins. Preço de hortaliças e legumes pode subir até 20%. *O Globo*, 2018. Disponível em: <https://oglobo.globo.com/economia/preco-de-hortalicas-legumes-pode-subir-ate-20-22270805#ixzz5OBZvrWFj>. Acesso em: 17 ago. 2018.

a) **Descreva** como o texto apresenta a relação entre o espaço rural e o espaço urbano.

b) **Faça um desenho** no caderno que **registre** uma situação do seu cotidiano em que ocorre a relação entre o espaço rural e o espaço urbano.

89

5. As imagens a seguir são de pinturas de Jean-Baptiste Debret (1768-1848). Elas representam, respectivamente, uma área central da cidade de São Paulo no século XIX e uma queda de água da floresta da Tijuca, no Rio de Janeiro. **Verifique** as informações que essas paisagens fornecem a respeito de como os espaços urbano e rural estavam organizados na época em que foram produzidas as telas.

Jean-Baptiste Debret. *Ponte de Santa Ifigênia*. 1827. Aquarela sobre papel. 14,5 cm x 20,6 cm. Coleção João Moreira Garcez, São Paulo.

Jean-Baptiste Debret. *Cascata Grande da Tijuca*. c. 1816-1820. Aquarela, 8,8 cm x 16,8 cm. Coleção particular.

Agora responda às questões a seguir.

a) **Identifique** em que ano cada uma dessas obras foi produzida.

b) **Descreva** as paisagens representadas por Debret nas duas aquarelas.

c) Em sua **opinião**, essas obras de Debret podem ser consideradas um testemunho histórico de uma paisagem urbana de São Paulo e de uma paisagem rural do Rio de Janeiro? **Justifique** sua resposta.

90

O espaço rural brasileiro

CAPÍTULO 9

As paisagens do espaço rural brasileiro são formadas por elementos bem diferentes, como lavouras, pastagens e <u>ecossistemas</u> naturais ainda preservados.

No espaço rural há pequenas propriedades onde são desenvolvidos cultivos diversos, que servem tanto para o sustento das famílias que nelas vivem quanto para a comercialização e o abastecimento do mercado interno. Nesse espaço também existem grandes propriedades que desenvolvem lavouras monocultoras, produzidas com uso de elevada tecnologia, como tratores, adubos, fertilizantes, sistemas de irrigação, entre outros recursos modernos.

Observe algumas imagens que retratam paisagens do espaço rural brasileiro.

Ecossistema: sistema formado pelo conjunto dos elementos físicos (água, clima, relevo, solo, etc.), pelos seres vivos (animais, plantas e microrganismos) e pela inter-relação entre eles, em determinada porção da superfície terrestre. As florestas, os desertos, as geleiras e os oceanos são exemplos de grandes ecossistemas.

Paisagem do Pantanal no município de Poconé, Mato Grosso, em 2017.

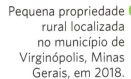

Pequena propriedade rural localizada no município de Virginópolis, Minas Gerais, em 2018.

Grande propriedade rural com lavoura de trigo no município de Três de Maio, Rio Grande do Sul, em 2017.

Modernização do espaço rural brasileiro

O processo de modernização do campo brasileiro tem proporcionado um sensível aumento da produtividade agropecuária. Esse processo vem ocorrendo no país desde aproximadamente as décadas de 1960 e 1970, com a mecanização das atividades do campo e com o uso de novas e modernas técnicas de cultivo.

Desse modo, as lavouras tornaram-se mais produtivas, ou seja, a produção vem aumentando, ainda que seja utilizada uma mesma área de cultivo. Por exemplo, no início da década de 1980, um hectare (ha) de soja no Brasil rendia em média 1,7 tonelada. Hoje em dia, nesse mesmo hectare de terra colhem-se cerca de 3 toneladas de soja.

Esse aumento da produtividade no campo vem permitindo o crescimento significativo da produção de gêneros agrícolas e pecuários, ampliando cada vez mais o importante papel que a agropecuária ocupa na economia brasileira.

Atualmente, nosso país também se destaca como um dos grandes produtores mundiais de vários gêneros agropecuários. Veja o quadro abaixo.

Produção agropecuária brasileira (2016)		
Produtos agrícolas	**Produção (em toneladas)**	**Colocação do Brasil (em nível mundial)**
Café	3 019 051	1º
Cana-de-açúcar	768 678 382	1º
Laranja	17 251 291	1º
Soja	96 296 714	2º
Criações	**Rebanho (em número de cabeças)**	**Colocação do Brasil (em nível mundial)**
Aves	1 352 291 000	4º
Bovinos	218 225 177	1º
Equinos	5 577 539	4º
Suínos	39 950 320	3º

> O que os dados apresentados no quadro revelam sobre o Brasil?

Fonte de pesquisa: FAO. *Faostat*. Disponível em: <http://www.fao.org/faostat/en/#data/QC>. Acesso em: 21 maio 2018.

Plantação de café no município de Caconde, São Paulo, em 2017.

Os contrastes da produção no campo brasileiro

As fotos a seguir mostram o mesmo tipo de lavoura sendo desenvolvido no Brasil com o emprego de técnicas diferentes. Observe-as.

Colheita de café realizada manualmente em propriedade rural no município de Santa Mariana, Paraná, em 2018.

Colheita de café realizada por máquina em propriedade rural no município de São Pedro da União, Minas Gerais, em 2018.

O campo brasileiro apresenta alguns contrastes referentes à tecnologia empregada nas diferentes propriedades. Em algumas delas, as lavouras são cultivadas com técnicas rudimentares, por meio de procedimentos tradicionais, como plantio e colheitas manuais (a exemplo da foto **A**), arados puxados por animais e reduzida aplicação de adubos, fertilizantes e insumos em geral. Quanto à pecuária, o gado é criado de forma extensiva, isto é, solto em grandes pastagens, e recebe poucos cuidados. Em razão disso, muitas dessas propriedades apresentam baixa produtividade. As lavouras ficam suscetíveis a doenças e ao ataque de pragas, e as criações acabam contraindo doenças facilmente, levando mais tempo para crescer e engordar.

Por outro lado, as propriedades que empregam técnicas modernas têm elevada produtividade em razão do uso de maquinários no plantio e na colheita (a exemplo da foto **B**), de sementes melhoradas e, na maioria das vezes, de agrotóxicos e fertilizantes. Contudo, é preciso reconhecer que essa larga aplicação de produtos químicos acarreta problemas ambientais, inclusive a contaminação do solo.

Outro contraste do campo brasileiro está nas diferenças entre as pequenas e as grandes propriedades rurais. Geralmente, as pequenas propriedades empregam mão de obra familiar e sua produção ocorre em pequena escala. No entanto, grande parte da alimentação dos brasileiros é proveniente dessas propriedades.

Já as grandes propriedades normalmente utilizam mão de obra assalariada e obtêm alta produtividade voltada, principalmente, ao abastecimento de indústrias e à exportação. Esse tipo de atividade agrária é conhecido como **agricultura comercial**.

O mapa a seguir representa o uso da terra no Brasil. Observe nele as áreas onde predominam a agropecuária moderna e a tradicional em nosso país.

> Em quais áreas do território brasileiro há predomínio de agricultura comercial? E de pecuária extensiva?

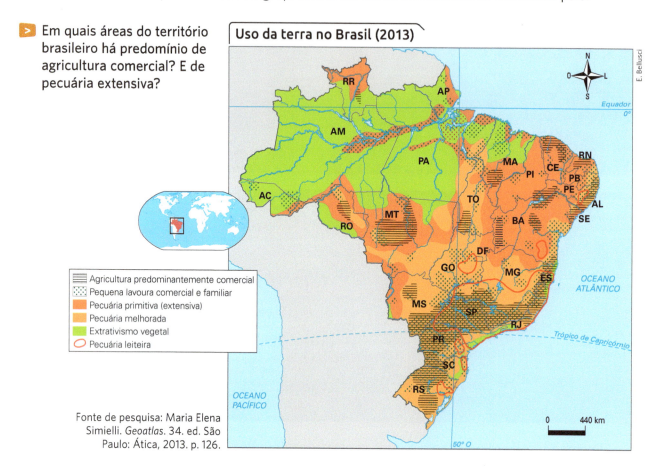

Fonte de pesquisa: Maria Elena Simielli. *Geoatlas*. 34. ed. São Paulo: Ática, 2013. p. 126.

Agricultura orgânica

Nos últimos anos, tem crescido a parcela de agricultores brasileiros que se dedicam à agricultura orgânica.

Nesse segmento, geralmente realizado em pequenas propriedades com mão de obra familiar, as lavouras são cultivadas sem adubos e fertilizantes químicos. Embora esses produtos orgânicos sejam comercializados com preços mais elevados, por causa dos custos da produção, atualmente eles são uma opção atrativa aos agricultores, uma vez que têm sido cada vez mais aceitos pelo mercado consumidor, que procura por alimentos mais saudáveis, livres de agrotóxicos.

No entanto, como o preço dos orgânicos é mais elevado, o consumo desses alimentos ainda continua inacessível a uma grande parcela da população.

O agronegócio

O agronegócio é uma atividade econômica relacionada ao campo e aos produtos agropecuários e se caracteriza por interligar os setores primário, secundário e terciário da economia. Ele envolve as etapas de produção, transformação e comercialização dos produtos.

Essa atividade está em grande expansão no Brasil, fazendo uso intenso de tecnologias avançadas em todas as etapas que envolvem sua produção, desde o plantio até a venda dos produtos finais. Veja as etapas abaixo.

No agronegócio, os gêneros agrícolas geralmente são produzidos em grandes propriedades monocultoras por meio de técnicas modernas de cultivo. Quanto à pecuária, normalmente é desenvolvida de modo intensivo.

Colheita de soja no município de São Miguel do Oeste, Santa Catarina, em 2015.

A transformação dos produtos derivados da agropecuária é feita em indústrias, chamadas agroindústrias, que podem estar instaladas nas cidades ou nas proximidades das áreas de cultivo.

Óleo de soja produzido em uma agroindústria localizada no município de Campo Mourão, Paraná, em 2015.

Os produtos do agronegócio são comercializados como matérias-primas ou produtos industrializados.

Esses produtos têm grande comercialização no mercado interno, mas alguns deles são muito importantes para a exportação.

Carregamento de soja para exportação no porto de Santos, São Paulo, em 2017.

O agronegócio também envolve as indústrias que fabricam maquinários, adubos e fertilizantes. Além disso, abrange outras empresas no transporte para a distribuição e comercialização dos produtos finais.

No Brasil, os principais produtos do agronegócio são: a soja em grão e seus derivados, como óleo e demais produtos destinados à alimentação; a laranja e produção de seu suco; e a produção de carne, leite e derivados de origem bovina.

A concentração de terras no Brasil

O esquema a seguir ilustra um grave problema agrário do nosso país: a concentração fundiária. Observe-o com atenção.

A concentração de terras no Brasil (2012)

As linhas representam a divisão do espaço agrário do Brasil.

Pequeno número de grandes propriedades ocupa muitas terras. 2% das propriedades rurais possuem mais de mil hectares e ocupam 41% das terras agrícolas brasileiras.

Representação sem proporção de tamanho. Cores-fantasia.

Grande número de pequenas propriedades ocupa poucas terras. 31% das propriedades rurais possuem menos de 10 hectares e ocupam 1% das terras agrícolas brasileiras.

Fonte de pesquisa: INCRA. *Sistema Nacional de Cadastro Rural*. 2012. Disponível em: <www.incra.gov.br/media/politica_fundiaria/regularizacao_fundiaria/estatisitcas_cadastrais/imoveis_total_brasil.pdf>. Acesso em: 17 ago. 2018.

Essa ilustração indica que uma grande quantidade de terras pertence a poucos proprietários rurais, chamados **latifundiários**.

Em contrapartida, o grande número de pequenos proprietários rurais que possuem estabelecimentos com menos de 10 hectares ocupa uma pequena parte das terras no Brasil.

Portanto, a estrutura fundiária brasileira, ou seja, a maneira como as propriedades rurais do nosso país estão distribuídas de acordo com o tamanho, possui uma divisão desigual.

Essa concentração de terras tem provocado violentos conflitos no campo, inclusive resultando na morte de muitos trabalhadores rurais.

Os conflitos no campo e a reforma agrária

No Brasil, os conflitos no campo têm envolvido tanto os trabalhadores rurais que nunca tiveram oportunidade de ser proprietários de terras quanto aqueles que, para pagar dívidas, tiveram de vender suas pequenas propriedades aos bancos ou aos grandes fazendeiros.

Observe, no mapa a seguir, o número de conflitos pela posse de terra em nosso país.

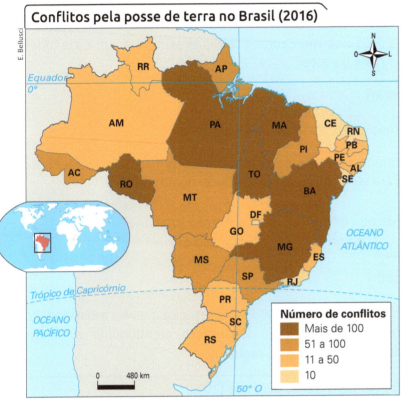

Fonte de pesquisa: CPT. *Conflitos no campo Brasil 2016*. Disponível em: <www.cptnacional.org.br>. Acesso em: 8 ago. 2018.

Muitos trabalhadores envolvidos nesses conflitos fazem parte do Movimento dos Trabalhadores Rurais Sem Terra (MST), organizado com o apoio de partidos políticos, entidades religiosas e outras representações da sociedade. A estratégia do MST se baseia na ocupação de grandes fazendas, geralmente improdutivas, com o objetivo de pressionar o governo a implantar uma reforma agrária no país.

A implantação de uma reforma agrária abrangente busca reorganizar a estrutura fundiária brasileira, eliminando as terras improdutivas que, nas mãos de poucos proprietários, servem apenas como um bem especulativo à espera de valorização.

Sendo assim, a reforma agrária traria muitos benefícios ao nosso país, como: a melhoria nas condições de vida de milhares de famílias que vivem no campo; o aumento da produção de alimentos, principalmente em pequenas e médias propriedades; e a diminuição dos conflitos pela disputa da terra.

Entretanto, a distribuição de terras no Brasil vem sendo dificultada por fatores políticos e econômicos. Muitos dos grandes proprietários rurais, por exemplo, possuem ampla representação política que se opõe aos projetos da reforma agrária. Além disso, a falta de recursos para financiar a desapropriação e promover os assentamentos dificulta a realização de uma reforma satisfatória.

Atividades

Organizando o conhecimento

1. Como se caracteriza o espaço rural brasileiro?

2. Você sabe qual é a característica predominante da agricultura desenvolvida na unidade federativa onde você mora? Essencialmente comercial ou familiar? Isso pode ser observado nas paisagens do lugar onde você vive?

3. O que é agricultura orgânica?

4. Há produtos orgânicos nos mercados e feiras próximos à sua casa? Eles são mais caros ou mais baratos?

5. O que é agronegócio?

6. Existe uma distribuição desigual de terras no Brasil? Justifique.

7. Construa um pequeno texto no caderno sobre o tema: Concentração de terras no Brasil. Para isso, utilize as palavras do quadro abaixo.

> conflitos no campo • concentração fundiária
> reforma agrária • latifúndio

Conectando ideias

8. O gráfico abaixo mostra a estrutura fundiária brasileira e revela a distribuição desigual das terras em nosso país. **Observe-o** atentamente e depois **responda**, no caderno, às questões a seguir.

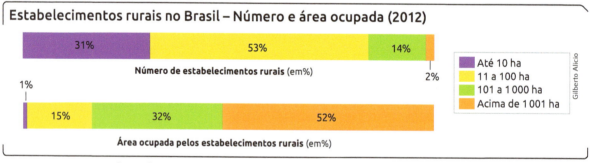

Fonte de pesquisa: INCRA. *Sistema Nacional de Cadastro Rural*. 2012. Disponível em: <www.incra.gov.br/media/politica_fundiaria/regularizacao_fundiaria/estatisitcas_cadastrais/imoveis_total_brasil.pdf>. Acesso em: 13 ago. 2018.

a) Com base no gráfico, **identifique** o percentual de estabelecimentos rurais com até 10 hectares e acima de 1 001 hectares.

b) **Indique** a área ocupada por esses estabelecimentos rurais, respectivamente.

c) **Explique** o que a comparação entre esses números revela sobre a estrutura fundiária em nosso país.

d) **Verifique** se na região onde você mora há o predomínio de pequenas ou de grandes propriedades rurais.

9. Observe atentamente as informações dos gráficos **A** e **B** e **responda**, no caderno, às questões que seguem.

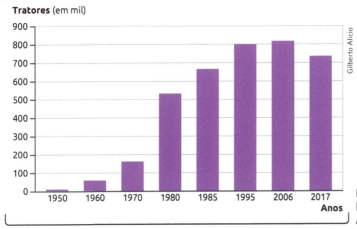

A | Número de tratores no Brasil (1950-2017)

Fontes de pesquisa: IBGE. Disponível em: <www.ibge.gov.br>. Acesso em: 15 ago. 2018.

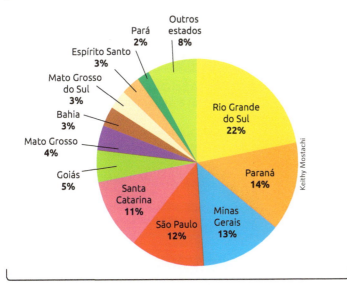

B | Distribuição de tratores no Brasil (2017)

Fonte de pesquisa: IBGE. *Sidra*. Disponível em: <https://sidra.ibge.gov.br/tabela/6641>. Acesso em: 12 out. 2018.

a) **Relacione** as informações apresentadas no gráfico **A** ao processo de modernização do campo brasileiro.

b) Com base no gráfico **B**, é possível afirmar que o processo de modernização do campo brasileiro atingiu propriedades rurais de todos os estados do país? **Explique** sua resposta.

10. Com três colegas, **pesquisem** em jornais, revistas, livros ou na internet algumas reportagens sobre a questão fundiária no Brasil. O foco dessa pesquisa deve ser um dos seguintes temas: concentração fundiária no Brasil; conflitos no campo; ou reforma agrária brasileira. Depois, **organizem** o material pesquisado e apresentem-no aos demais alunos da sala de aula. Em seguida, **conversem** sobre a questão fundiária brasileira com base em suas pesquisas.

CAPÍTULO 10

O espaço urbano brasileiro

Assim como o espaço rural, o espaço urbano também é formado por paisagens bem variadas.

O espaço urbano engloba desde povoados, distritos e pequenas cidades com algumas centenas ou milhares de habitantes até grandes cidades que abrigam milhões de pessoas.

Observe algumas imagens que retratam paisagens do espaço urbano brasileiro.

Vista de parte do município de Anaurilândia, Mato Grosso do Sul, em 2018, que possui aproximadamente 9 mil habitantes.

Cidade de Salvador, Bahia, em 2017. Salvador possui cerca de 3 milhões de habitantes.

Vista da cidade de Maringá, Paraná, em 2018. Esse município possui aproximadamente 417 mil habitantes.

O passado agrário do Brasil

Ao longo do século passado, o Brasil passou por transformações muito significativas que mudaram completamente sua organização econômica e social. Por isso, hoje em dia nosso país apresenta características bem diferentes das que apresentava há cerca de 100 anos.

No período em que o Brasil foi colônia de Portugal (do século XVI até o início do século XIX), as atividades econômicas desenvolvidas nas terras brasileiras buscavam, sobretudo, enriquecer a metrópole portuguesa. Como vimos na unidade 1, naquele período, parte das nações europeias, incluindo Portugal, adotava práticas econômicas mercantilistas.

Após se tornar independente de Portugal, em 1822, o Brasil possuía poucas cidades, entre elas Salvador e Rio de Janeiro, e várias vilas, como São Paulo e Recife. Essas cidades possuíam poucos habitantes e abrigavam pequenos estabelecimentos comerciais, como lojas de sapatos, tecidos e ferragens.

Até então, ainda não existiam indústrias, apenas poucas tecelagens que fabricavam tecidos rústicos. Havia um acordo estabelecido entre Portugal e Inglaterra que proibia as indústrias de tecelagens no Brasil. Os tecidos deveriam ser comprados das indústrias inglesas.

Também não existiam escolas nas cidades, pois o ensino era privilégio das famílias mais ricas, que tinham condições de pagar professores particulares para ensinar seus filhos em casa.

Foi ao longo do último século que o Brasil deixou de ser um país de economia essencialmente agrária e população predominantemente rural para se tornar um país mais urbano e industrializado.

A imagem abaixo mostra as áreas urbanas e rurais do bairro de Santa Thereza, no Rio de Janeiro, em 1839.

Johann Jacob Steinmann. *Vista Tomada de Santa Thereza*, 1839. Água-tinta colorida à mão, 11,7 cm x 16,7 cm. Pinacoteca do Estado de São Paulo.

Industrialização e urbanização no Brasil

Ao longo do último século, uma grande transformação socioeconômica aconteceu no Brasil, principalmente por causa dos processos de urbanização e industrialização ocorridos no país. Esses processos se deram simultaneamente e de maneira muito rápida, fazendo com que a população urbana do país se tornasse predominante no total da população.

Observe os dados do gráfico abaixo.

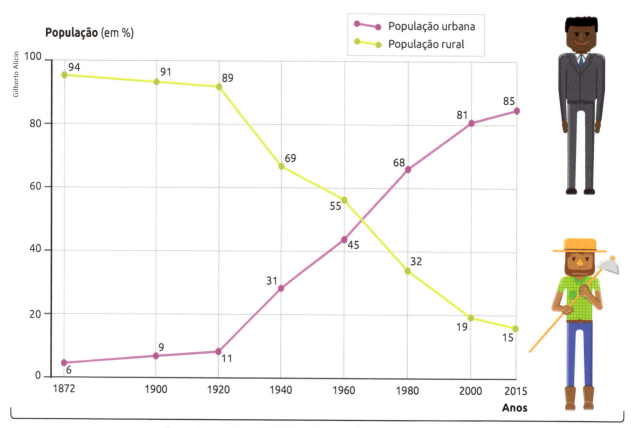

Fonte de pesquisa: IBGE. *Sidra*. Disponível em: <www.sidra.ibge.gov.br>. Acesso em: 15 jul. 2018.

1. Observando o gráfico acima, verifique qual era o percentual da população urbana e rural em 1900 e em 2015.

2. O que podemos concluir sobre essa informação?

Como é possível perceber no gráfico acima, ao longo do século XX a maior parte da população brasileira deixou de viver no campo e passou a morar em cidades. Isso significa que, enquanto a proporção da população rural diminuiu de maneira intensa, a população urbana aumentou em ritmo acelerado.

De acordo com dados de 2015, de cada 100 brasileiros, 85 vivem em áreas urbanas e apenas 15 moram no campo. Esses números revelam que o Brasil passou por uma rápida urbanização, processo caracterizado pelo aumento crescente da população urbana em relação à população rural.

A urbanização brasileira foi estimulada principalmente pela expansão da atividade industrial, iniciada entre o final do século XIX e o início do século XX. Veja a seguir.

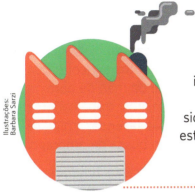

O processo de industrialização do nosso país ganhou impulso a partir das décadas de 1930 e 1940. Nessa época, o governo federal adotou uma política de incentivos e investimentos voltados ao desenvolvimento das chamadas indústrias de base, como grandes siderúrgicas e metalúrgicas (produção de aço, ferro-gusa, estruturas e chapas metálicas), petroquímicas (exploração e refino de petróleo) e mineradoras (extração de ferro, manganês, cobre, bauxita, etc.).

ferro-gusa: produto obtido do minério de ferro a partir de processo realizado em altos-fornos nas siderúrgicas.

A implantação dessas indústrias, por sua vez, estimulou o desenvolvimento de vários outros ramos de atividade industrial, como aqueles voltados à produção de bens de consumo duráveis (móveis e eletrodomésticos em geral, como refrigeradores, fogões e televisores) e não duráveis (roupas, calçados, alimentos, bebidas, produtos de higiene e limpeza, etc.).

O processo de industrialização no Brasil, assim como em outros países, acelerou a urbanização. Com a implantação das indústrias, houve grande oferta de trabalho nas cidades, o que atraiu boa parte da população rural aos centros urbanos do país. Esse rápido crescimento urbano favoreceu a expansão das atividades terciárias (comércio e serviços), gerando mais empregos e, consequentemente, atraindo mais pessoas para as cidades.

Construção da Companhia Siderúrgica Nacional (CSN), em Volta Redonda, Rio de Janeiro, na década de 1940. Desde então, é uma importante indústria siderúrgica do nosso país.

Êxodo rural

Além da industrialização, outros fatores contribuíram para que um imenso contingente populacional se deslocasse do campo para as cidades, fenômeno conhecido como êxodo rural. Veja os principais motivadores:

- **A modernização do campo**: introdução de máquinas e implementos agrícolas que substituíram boa parte da mão de obra no campo. Com isso, muitos trabalhadores foram dispensados das fazendas, migrando para as cidades em busca de emprego.

- **O aumento da concentração fundiária**: a falta de apoio técnico e financeiro, sobretudo aos pequenos proprietários rurais, fez muitos agricultores perderem ou venderem suas terras para pagar dívidas contraídas em bancos. Consequentemente, migraram para as cidades em busca de melhores condições de vida.

- **A expansão dos direitos trabalhistas aos trabalhadores do campo**: com a criação do Estatuto do Trabalhador Rural, em 1963, muitos proprietários rurais passaram a dispensar parte de seus funcionários como forma de reduzir os gastos com o pagamento dos benefícios trabalhistas que passaram a ser assegurados, como salário mínimo, 13º salário e férias remuneradas.

Somado a todos esses aspectos está o próprio poder de atração exercido pelas cidades. O fácil acesso aos serviços de saúde (hospitais e postos de saúde), educação (creches e escolas) e lazer (cinemas, teatros, museus) torna os centros urbanos atraentes à população rural, estimulando ainda mais a migração campo-cidade. Esse rápido aumento da população urbana ocasionou o crescimento desordenado de várias cidades brasileiras, dando origem a diversos problemas, como estudaremos mais adiante.

Por sua vez, a população urbana do país também passou a aumentar rapidamente devido ao seu crescimento natural, como vimos na unidade **2**.

▶ **Aprenda mais**

No *site* do Censo agro 2017 você pode obter várias informações a respeito do campo brasileiro, como a produção agrícola, a pecuária e as características dos estabelecimentos rurais.

IBGE. *Censo agro 2017*. Disponível em: <http://linkte.me/i6186>. Acesso em: 12 set. 2018.

Atividades

Organizando o conhecimento

1. Como se caracteriza o espaço urbano?

2. Atualmente, o Brasil pode ser considerado um país urbanizado? Justifique com base no que você estudou.

3. Complete as frases a seguir com as palavras do quadro abaixo.

> industrialização • urbano • urbanização • agrária

a) O Brasil deixou de ser um país de economia essencialmente ■ e população predominantemente rural para se tornar um país ■ e industrializado ao longo do último século.

b) Os processos de ■ e ■ aumentaram a população urbana no Brasil.

4. Com base no estudo da página **103**, dê exemplos de características do Brasil, na atualidade, que demonstram as transformações ocorridas desde o início do século XIX.

5. O que é êxodo rural? Além da mecanização do campo, dê exemplos de outros dois fatores que também contribuíram para o êxodo rural em nosso país.

Conectando ideias

6. **Leia** a tirinha abaixo.

Adão Iturrusgarai. La Vie en Rose. *Folha de S.Paulo*. São Paulo, 9 out. 2002. p. 11.

Agora, **responda** às questões no caderno.

a) **Identifique** como a história em quadrinhos expressa o acelerado processo de urbanização no Brasil.

b) De acordo com o que você estudou neste capítulo, **escreva** como o crescimento da indústria acelerou o processo de urbanização em nosso país.

c) **Converse** com seus familiares ou vizinhos que moram no seu município há bastante tempo e **pergunte** sobre o processo de urbanização no lugar onde vivem. **Anote** as respostas no caderno e depois **apresente-as** para os colegas de classe.

105

A urbanização e a formação das metrópoles

Além de proporcionar um crescimento acelerado da população urbana no país, o processo de urbanização brasileira caracterizou-se pelo expressivo aumento do número de cidades de tamanhos variados, sobretudo de grandes centros urbanos.

O incremento populacional dos maiores centros urbanos do país resultou na formação das chamadas **metrópoles**.

As metrópoles são cidades que, além de possuírem uma população numerosa, concentram indústrias, variados estabelecimentos comerciais e especializados tipos de serviços, entre eles hospitais, universidades, centros de pesquisa, sedes de grandes bancos, de instituições financeiras e dos principais jornais e emissoras de televisão e rádio.

O desenvolvimento de todas essas atividades econômicas permite às metrópoles exercer forte influência sobre extensas áreas do território, às vezes em escala nacional.

Em geral, as metrópoles também se caracterizam pelo crescimento acelerado de suas periferias, até que, em certo momento, os bairros mais distantes se encontrem com a periferia das cidades vizinhas. Assim, surge uma imensa e contínua área urbana, e os limites que separam uma cidade da outra são difíceis de identificar.

Esse fenômeno urbano caracterizado pelo encontro de duas ou mais cidades recebe o nome de **conurbação**. Observe nas imagens ao lado como esse fenômeno se forma.

Duas cidades vizinhas (indicadas com o ícone de telhado) ficam distantes uma da outra, separadas pela área rural de seus municípios (em verde).

Com a expansão dos bairros periféricos sobre a área rural, as cidades passam a ficar mais próximas.

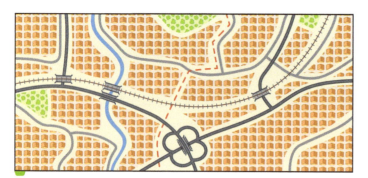

Com a expansão das periferias, os espaços urbanos das cidades vizinhas se encontram, formando uma grande e única aglomeração urbana.

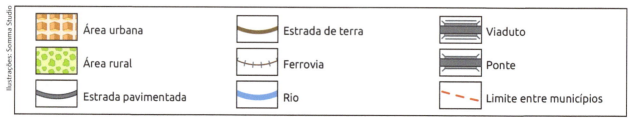

As regiões metropolitanas

Com a formação das **regiões metropolitanas**, que envolvem a cidade principal (metrópole) e os municípios do entorno que se encontram em total ou parcial processo de conurbação, os problemas urbanos existentes nessas aglomerações também se tornaram muito mais complexos. Imagine, por exemplo, as dificuldades para melhorar o sistema viário e a circulação entre essas cidades a fim de promover a integração do transporte coletivo (ônibus, trens e metrôs) entre elas. Como administrar bem uma gigantesca área urbana onde vivem milhões de pessoas?

Para tornar mais eficientes tanto a administração pública quanto o planejamento de áreas urbanas formadas pelas metrópoles, bem como das respectivas cidades vizinhas, o governo federal criou as chamadas regiões metropolitanas.

Atualmente, existem no Brasil 69 regiões metropolitanas estabelecidas pelo governo.

Megalópole brasileira

O crescimento das duas maiores metrópoles brasileiras, São Paulo e Rio de Janeiro, está dando origem a uma megalópole, o que consiste em uma extensa área urbanizada formada pelo encontro de duas ou mais metrópoles.

Essa megalópole em formação vem ocorrendo por meio da urbanização do vale do rio Paraíba do Sul, conforme crescem cidades importantes ao longo da Via Dutra, rodovia que liga as metrópoles de São Paulo e Rio de Janeiro. Entre elas estão São José dos Campos, Jacareí e Taubaté, no estado de São Paulo, e Resende e Volta Redonda, no estado do Rio de Janeiro. A megalópole compreende, ainda, as regiões metropolitanas da Baixada Santista e de Campinas, localizadas, respectivamente, no litoral e no interior paulista. Observe o mapa.

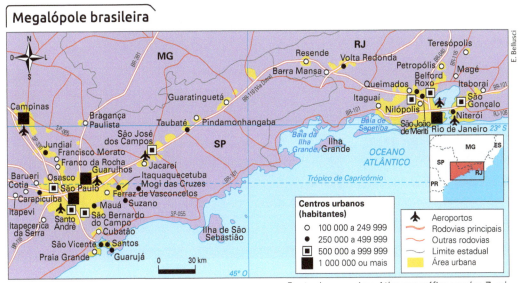

Fonte de pesquisa: *Atlas geográfico escolar*. 7. ed. Rio de Janeiro: IBGE, 2016. p. 146.

107

O processo de urbanização e os problemas urbanos

O rápido processo de urbanização ocorrido em nosso país causou o crescimento desordenado de muitas cidades brasileiras, sobretudo dos maiores centros urbanos, onde um grande número de pessoas migrou do campo em busca de melhores condições de vida.

No entanto, nem a oferta de empregos nem a infraestrutura urbana foram suficientes para receber o grande contingente de pessoas que passaram a viver nas áreas urbanas. Desse modo, várias cidades passaram a apresentar problemas urbanos, como:

- elevado número de desempregos ou de empregos mal remunerados, o que acarretou o aumento da pobreza e das desigualdades sociais;
- altos índices de violência, fazendo com que cada vez mais a população convivesse com a insegurança;
- grande quantidade de moradias precárias construídas em áreas de riscos, como margens de rios ou encostas de morros;
- insuficiência da ampliação da infraestrutura urbana envolvendo serviços essenciais, como abastecimento de água e rede coletora de esgoto, pavimentação de ruas e fornecimento de energia, etc.;
- aumento do lixo urbano, já que em diversas cidades a coleta de resíduos não acontece de modo eficiente;
- precariedade dos transportes coletivos públicos, fazendo com que a população que vive em áreas distantes do centro da cidade enfrente trânsito intenso, superlotação de veículos, reduzido número de linhas, valores altos de passagens, etc.

Moradias no subúrbio da cidade do Rio de Janeiro, capital do estado, em 2017.

A cidade onde você mora apresenta problemas urbanos semelhantes aos abordados acima? Converse com seus amigos a respeito desse assunto.

O consumo da água no Brasil

Conforme estudamos nas unidades anteriores, as transformações no espaço geográfico brasileiro, sobretudo a partir do século XX, resultaram na ampliação das redes de transportes e telecomunicações, no crescimento da população brasileira, no surgimento e fortalecimento das regiões metropolitanas, etc. Essas transformações também contribuíram tanto para a ampliação do fluxo de mercadorias quanto para o consumo em diferentes partes do território do país.

O consumo de água no Brasil também aumentou significativamente desde o início do século passado. Observe o gráfico a seguir.

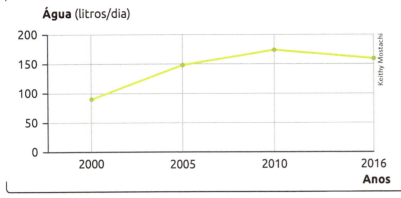

Disponibilidade de água *per capita* no Brasil (2000-2016)

Fonte de pesquisa: Série histórica. *Sistema Nacional de Informações sobre Saneamento (SNIS)*. Disponível em: <http://app3.cidades.gov.br/serieHistorica/#>. Acesso em: 20 ago. 2018.

Segundo a Agência Nacional de Águas (ANA), o Brasil concentra aproximadamente 12% da água doce do planeta. Mas essa água não está distribuída igualmente por todo o seu território. Observe o mapa a seguir.

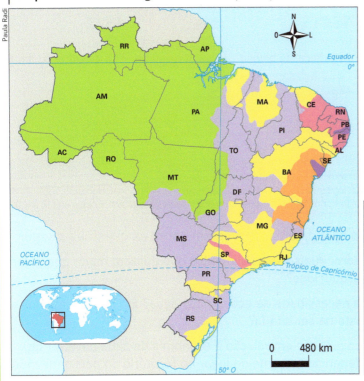

Disponibilidade de água no Brasil (2009)

Fonte de pesquisa: Hervé Théry e Neli Aparecida de Mello. *Atlas do Brasil*: disparidades econômicas do território. 2. ed. São Paulo: Edusp, 2009. p. 76.

Disponibilidade de água (m³ *per capita*/ano)
- Muito fraca (menos de 500)
- Fraca (de 501 a 1 000)
- Média (de 1 001 a 2 000)
- Normal (de 2 001 a 10 000)
- Forte (de 10 001 a 100 000)
- Muito forte (acima de 100 000)

1 De acordo com o mapa da página anterior, a disponibilidade de água é equilibrada em todo o território brasileiro?

2 Localize a sua unidade federativa no mapa. Como é a disponibilidade de água no lugar onde você vive? Essa informação está de acordo com a sua realidade?

O Brasil concentra boa parte da água doce do planeta. Porém, nosso país sofre com o desabastecimento, principalmente, de alguns centros urbanos.

A escassez de água não é mais um problema exclusivo do semiárido nordestino. Ela atinge também as regiões Sul e Sudeste do Brasil. No semiárido nordestino, a falta de água acontece por causa de meses sem chuva e também por problemas políticos, como veremos no estudo da unidade **5**. Já no Sul e Sudeste do Brasil, o problema está relacionado basicamente à alta demanda, principalmente nos grandes centros urbanos, e à poluição dos rios, que torna a água imprópria para o abastecimento populacional.

Essa demanda por água, seja no Brasil, seja em outros países do mundo, não se restringe apenas ao consumo direto das pessoas. Esse recurso tem sido cada vez mais explorado no cultivo e na fabricação dos diferentes produtos que utilizamos diariamente. Observe a seguir quanto se gasta de água na produção de alguns deles.

Quantidade de água necessária para produzir:

3300 litros — 1 kg de ovo

1608 litros — 1 kg de pão

1222 litros — 1 kg de milho

15415 litros — 1 kg de carne bovina

4325 litros — 1 kg de carne de frango

1020 litros — 1 litro de leite

2497 litros — 1 kg de arroz

Ilustrações: Barbara Sarzi

Fonte de pesquisa: Water Footprint Network. Disponível em: <http://waterfootprint.org/en/water-footprint/product-water-footprint/water-footprint-crop-and-animal-products/>. Acesso em: 18 fev. 2016.

Com seus colegas da sala de aula, conversem sobre as questões a seguir.

3 De acordo com o quadro, quais são os alimentos que utilizam maior quantidade de água para serem produzidos?

4 Você já ouviu falar da necessidade de economizar água? Em quais contextos a economia de água costuma ser citada?

5 Em sua opinião, a preocupação em relação à economia de água deve ser de todas as pessoas, independentemente do lugar no território do país onde mora? Justifique sua resposta.

Atividades

Organizando o conhecimento

1. Defina:
   a) metrópole;
   b) conurbação;
   c) megalópole.

2. Qual o objetivo da criação das chamadas regiões metropolitanas?

3. O município onde você mora faz parte de alguma região metropolitana? Qual?

4. Por que podemos afirmar que a megalópole brasileira ainda está em formação?

Conectando ideias

5. **Observe** o gráfico abaixo e **analise-o** de acordo com as questões a seguir.

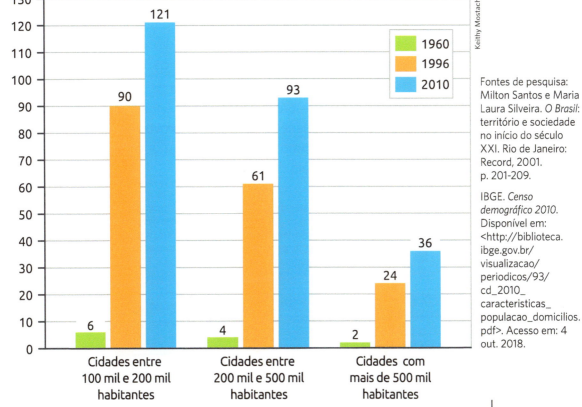

Número de cidades brasileiras conforme a população (1960-2010)

Fontes de pesquisa: Milton Santos e Maria Laura Silveira. *O Brasil: território e sociedade no início do século XXI*. Rio de Janeiro: Record, 2001. p. 201-209.

IBGE. *Censo demográfico 2010*. Disponível em: <http://biblioteca.ibge.gov.br/visualizacao/periodicos/93/cd_2010_caracteristicas_populacao_domicilios.pdf>. Acesso em: 4 out. 2018.

a) Quantas cidades entre 100 e 200 mil habitantes existiam em 1960? E em 2010?

b) Quantas cidades possuíam mais de 500 mil habitantes em 1960? E em 2010?

c) **Explique** o que os números acima revelam sobre o processo de urbanização ocorrido no Brasil. **Converse** com os colegas sobre isso.

CAPÍTULO 11

As regiões brasileiras

O espaço geográfico possui características singulares, formadas por aspectos naturais ou físicos (tipos de clima, relevo, vegetação, etc.) e por aspectos econômicos e culturais (tipos de atividades econômicas desenvolvidas, condições de vida da população, etc.).

A combinação desses aspectos diferencia as diversas áreas do país, dando origem também a regiões diferentes. De maneira geral, podemos dizer que **região** corresponde a determinada área da superfície terrestre, de extensão variada, cujas características a distinguem das áreas vizinhas, dando-lhe uma identidade natural, econômica e cultural.

> **Assoreamento:** deposição e acúmulo de sedimentos no curso de água de rios, córregos e lagos.

Observe a seguir alguns dos aspectos que dão identidade à região do **vale do Jequitinhonha**, localizada no nordeste do estado de Minas Gerais.

O clima seco, o relevo irregular e o curso do rio Jequitinhonha podem ser considerados os aspectos naturais mais marcantes da região do Vale do Jequitinhonha.

A agricultura e a pecuária são as atividades econômicas predominantes e são diretamente influenciadas pelos efeitos das estiagens, o que obriga boa parte dos trabalhadores a migrar para outros lugares em busca de trabalho.

A atividade extrativa de ouro e diamante é a que mais emprega na região. No entanto, ela tem sido realizada de maneira predatória, provocando impactos ambientais como o assoreamento do leito dos rios que correm no vale do Jequitinhonha.

Fontes de pesquisa: IBGE. *Atlas geográfico escolar.* 7. ed. Rio de Janeiro: IBGE, 2016. p. 171. *Projeto Diagnóstico Ambiental da Bacia do rio Jequitinhonha.* Disponível em: <https://ww2.ibge.gov.br/home/geociencias/recursosnaturais/diagnosticos_levantamentos/jequitinhonha/images/fig_01.jpg>. Acesso em: 7 ago. 2018.

Vista da região do Alto do Jequitinhonha, no município de Diamantina, Minas Gerais, em 2018.

Respeito à identidade cultural

Além dos aspectos naturais e econômicos, as regiões também se distinguem por apresentar identidades culturais próprias. Essa identidade é expressa no modo de vida, nos costumes, nas tradições e nas relações que os grupos estabelecem entre si e com o meio natural. Ao mesmo tempo em que caracteriza determinada região, a identidade cultural lhe confere autenticidade, tornando-a distinta das demais.

Um exemplo disso é a região do vale do Jequitinhonha, foco dos nossos estudos na página anterior. Sua população, sobretudo os moradores da área rural, que enfrentam com mais dificuldades os problemas das secas prolongadas, mantém uma forte religiosidade, expressa nas festas folclóricas e populares, como a Marujada e a festa de Nossa Senhora do Rosário dos Homens Pretos. Essas festas também carregam traços de costumes indígenas e afro-brasileiros que sobreviveram ao longo de séculos.

O respeito à identidade de cada grupo e a preservação de seus costumes e tradições contribuem com a riqueza cultural de uma região ou de um país. Prova disso é mostrada na foto abaixo em uma manifestação da festa de São Benedito, no Mato Grosso.

Além de respeitar os aspectos regionais e culturais de um povo, precisamos respeitar o próximo em qualquer situação do dia a dia, a fim de sempre mantermos a boa convivência com quem nos relacionamos. Porém, isso não significa concordar com todas as ideias, opiniões e todos os hábitos das outras pessoas.

Adotar atitudes de respeito significa não ofender nem discriminar as ideias ou práticas que não forem semelhantes às nossas, a fim de reconhecer e valorizar as diferenças sem depreciá-las ou discriminá-las.

Grupo de congo durante a festa de São Benedito, no município de Vila Bela da Santíssima Trindade, Mato Grosso, em 2018.

Os costumes e as tradições passados de geração a geração mantêm viva a identidade de um povo. Percebemos isso quando nos damos conta de que fazemos algo da mesma maneira que os nossos pais, avós ou bisavós faziam. Converse com seus familiares e registre no caderno algum costume que caracteriza a identidade cultural da sua família ou do grupo cultural do qual você faz parte. Depois, compartilhe com os colegas.

Divisão regional do Brasil

Em um país de dimensões continentais como o Brasil, podemos encontrar áreas do território com as mais diversas características geográficas, dando origem, portanto, a regiões também diferentes.

As cinco grandes regiões do IBGE

Para delimitar essas regiões, em 1940 o IBGE (Instituto Brasileiro de Geografia e Estatística) elaborou a primeira proposta oficial de regionalização do país, levando em consideração apenas os aspectos naturais ou físicos do território.

No entanto, desde aquela época, o Brasil passou por muitas transformações, decorrentes principalmente da urbanização e da industrialização, como estudaremos nas próximas unidades. Todas essas transformações produziram mudanças significativas no espaço geográfico brasileiro, fato que obrigou o IBGE a redefinir a regionalização do território com base também em critérios sociais e econômicos. Atualmente, o IBGE propõe uma divisão do país em cinco grandes regiões: **Norte**, **Nordeste**, **Centro-Oeste**, **Sudeste** e **Sul**. Observe o mapa.

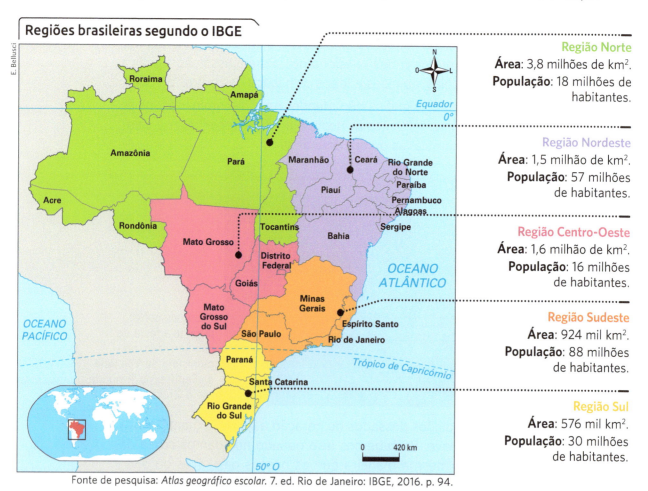

Fonte de pesquisa: *Atlas geográfico escolar.* 7. ed. Rio de Janeiro: IBGE, 2016. p. 94.

> Observe no mapa acima quais são as unidades federativas que fazem parte da região onde você mora.

As regiões geoeconômicas do Brasil

Outra divisão regional do território brasileiro foi proposta pelo geógrafo Pedro Pinchas Geiger na década de 1960. Essa divisão foi baseada em critérios relacionados principalmente aos aspectos econômicos do país, dividindo-o em três grandes regiões geoeconômicas ou complexos regionais: o Nordeste, a Amazônia e o Centro-Sul.

Os limites regionais estabelecidos por essa regionalização não coincidem exatamente com os limites dos estados, diferentemente da proposta oficial do IBGE, pois tanto os aspectos econômicos quanto os naturais nem sempre coincidem com os limites político-administrativos.

Essa regionalização também leva em conta as disparidades socioeconômicas existentes no território, que acontecem principalmente entre as áreas mais industrializadas e modernizadas do país e as áreas menos desenvolvidas econômica e tecnologicamente.

Observe o mapa abaixo e verifique os limites entre essas regiões e suas principais características.

Amazônia
Abrange quase metade do território brasileiro e é onde se localiza a floresta Amazônica. É menos desenvolvida economicamente, apesar de seu imenso potencial ecológico e mineral.

Nordeste
Foi a primeira região colonizada pelos europeus. Apresenta grandes contrastes naturais e socioeconômicos, sobretudo entre o interior e o litoral. Sua economia ainda é pouco desenvolvida se comparada à do Centro-Sul.

Centro-Sul
Concentra a maior parte da população brasileira, pois é economicamente mais desenvolvida. Nela, encontram-se os principais centros urbanos e a maior parte da produção industrial e agropecuária do país.

Fonte de pesquisa: *Atlas geográfico escolar*. 7. ed. Rio de Janeiro: IBGE, 2016. p. 152.

> Compare o mapa acima com o da página anterior e verifique as principais diferenças entre a divisão regional proposta pelo IBGE e a divisão por regiões geoeconômicas.

115

Geografia em representações

Mapa-síntese

A organização do espaço geográfico brasileiro pode ser mais bem compreendida com base em um mapa-síntese. Como o próprio nome diz, esse tipo de mapa reúne conjuntos de informações que caracterizam o espaço geográfico em relação a determinado tema.

Essas informações podem ser representadas por meio de cores, ícones (símbolos), setas, etc. Observe abaixo a sequência de mapas para entender como é elaborado um mapa-síntese sobre a ocupação do espaço e algumas ameaças ambientais no território brasileiro.

Neste mapa estão representadas as condições de ocupação do espaço geográfico brasileiro.

Neste mapa estão representados os principais problemas ambientais existentes no espaço geográfico brasileiro.

Fontes de pesquisa: Maria Elena Simielli. *Geoatlas*. 34. ed. São Paulo: Ática, 2013. p. 122.
Atlas geográfico escolar. 7. ed. Rio de Janeiro: IBGE, 2016. p. 94.

116

O mapa abaixo foi produzido com base no conjunto de informações dos mapas da página anterior.

Ameaças ambientais e ocupação do espaço geográfico brasileiro (2012)

Ocupação do espaço
- Profundamente transformado (limite da área mais modernizada e tendências de expansão)
- Moderadamente alterado (limite da área mais ocupada e tendências de expansão)
- Pouca alteração nas paisagens naturais
- Tendências de expansão da ocupação do espaço

Ameaças ambientais
- Poluição do ar e da água pela atividade industrial
- Contaminação do solo e da água por agrotóxicos
- Chuva ácida
- ▲ Risco de poluição por petróleo
- Divisão regional

Fontes de pesquisa: Maria Elena Simielli. *Geoatlas*. 34. ed. São Paulo: Ática, 2013. p. 122.
Atlas geográfico escolar. 7. ed. Rio de Janeiro: IBGE, 2016. p. 94.

1. O que indicam as setas representadas no mapa?

2. Qual problema ambiental atinge maiores áreas do território brasileiro?

3. Quais regiões brasileiras apresentam o território profundamente transformado?

4. De acordo com o mapa, escreva no caderno como se caracterizam a ocupação do espaço e as ameaças ambientais no estado onde você mora.

117

Ampliando fronteiras

Grafite: a arte urbana

Onde você vive existem muros ou paredes com algum tipo de desenho artístico, como o grafite?

O grafite é uma manifestação artística característica dos centros urbanos. Leia o texto a seguir e observe a relação entre o grafite e a metrópole representada.

> **Grafite:** forma de manifestação artística que expressa nas paredes da cidade as críticas da respectiva geração. Pode ser registrada por meio de desenhos ou palavras.

1 [...] No Brasil, a história do grafite começou no fim dos anos [19]70, quando alguns artistas, munidos de latas de *spray*, pincéis e tinta espalharam vários desenhos pelos muros das cidades. [...] A proposta dos grafiteiros era levar a arte para as ruas, para "transformar o urbano com uma arte viva, popular, de que as pessoas participem, acrescentando ou tirando detalhes das imagens" [...]. Eles queriam que a sua arte estivesse ao alcance de todos e não fechada em galerias ou museus.

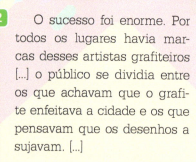

2 O sucesso foi enorme. Por todos os lugares havia marcas desses artistas grafiteiros [...] o público se dividia entre os que achavam que o grafite enfeitava a cidade e os que pensavam que os desenhos a sujavam. [...]

3 O grafite nasce para compor a cidade, ser breve, não tinha a preocupação de durar ou de permanecer para sempre nos muros e tapumes. A chuva, o sol, o tempo e até outras camadas de tinta de outros grafiteiros destroem as obras dos muros, o que permanece são os registros fotográficos ou alguns trabalhos que foram transformados em painéis ou murais. [...]

Bárbara Sarzi

118

1. Você aprecia esse tipo de manifestação artística? Por quê?
2. Nos próximos dias, fique atento e observe as expressões de arte em grafite que porventura existam no lugar onde você vive. Se possível, registre-as para trazê-las à sala de aula a fim de conversar com os colegas sobre elas. Entre outras discussões, avaliem seu significado e a proposta dos autores desses grafites.

4 A metrópole é o espaço de escritura onde várias parcelas da sociedade vão deixando suas marcas.

Existem muitas e novas maneiras de interferir na paisagem urbana. Basta que fiquemos atentos enquanto estamos nos locomovendo de um lugar para o outro. Da janela do ônibus ou do carro, em um passeio a pé ou de bicicleta, se prestarmos atenção, encontraremos inúmeras imagens produzidas por artistas que têm diferentes propostas entre si. [...]

Fonte de pesquisa: Renata Sant'anna. Grafite, a arte que todo mundo vê. *Carta Educação*, 2014. Disponível em: <www.cartaeducacao.com.br/aulas/fundamental-2/a-arte-que-todo-mundo-ve/>. Acesso em: 14 ago. 2018.

Atividades

Organizando o conhecimento

1. Leia a afirmação a seguir.

> [...]
> Podemos dizer que a noção de região, da forma mais genérica possível, contém a ideia de parte de um todo. [...]
>
> Sandra Lencioni. *Região e Geografia*. São Paulo: Edusp, 2003. p. 23.

- De acordo com essa afirmação e com o que você estudou neste capítulo, escreva no caderno o que significa o termo, conceito da Geografia.

2. Escreva no caderno quais são os aspectos que tornam uma região diferente da outra.

3. Você estudou duas importantes divisões regionais do Brasil. Em cada uma dessas regionalizações, em qual região está situado o município onde você mora?

4. Há duas formas de regionalizar o território brasileiro: a divisão regional do IBGE, em cinco regiões, e a divisão geoeconômica, em três regiões. Quais foram os critérios utilizados para estabelecer cada uma dessas propostas de regionalização?

Conectando ideias

5. Converse com os colegas e o professor sobre a região em que vocês vivem. Juntos, **descrevam** os aspectos naturais e sociais que vocês conhecem e vivenciam. **Elaborem** perguntas sobre as principais características ou problemas dessa região. Depois, no momento em que **estudarem** sua região, **retomem** essas perguntas e **procurem respondê-las**.

6. Leia o texto e **observe** o mapa e a foto a seguir, que se referem à região dos Pampas, localizada no sul do território brasileiro.

> A identidade cultural nos Pampas pode ser observada no modo de vida do vaqueiro gaúcho, morador típico da região, que mantém forte ligação com as tradições e os costumes dos primeiros criadores de gado que chegaram à região, por volta dos séculos XVII e XVIII.

Fonte de pesquisa: *Philip's International School Atlas*. London: Octoplus Publishing Group Limited, 1999. p. 66.

Essa identidade cultural está expressa nos trajes típicos, no hábito de tomar chimarrão, de preparar o churrasco e até mesmo no modo de falar, com o uso de certas palavras e expressões empregadas somente naquela região, como paisano (amigo ou camarada), pingo (cavalo muito bom), etc.

Chimarrão: bebida preparada com folhas de erva-mate moídas e água fervente, em um recipiente chamado cuia.

Cuias de chimarrão preparadas no município de Porto Alegre, Rio Grande do Sul, em 2018.

a) De acordo com a foto e o texto, como você caracteriza a identidade cultural da região dos Pampas?

b) Qual a origem histórica da identidade cultural da região dos Pampas?

ACESSE O RECURSO DIGITAL

Verificando rota

- O espaço geográfico brasileiro engloba o espaço urbano e o espaço rural, cada um deles com paisagens diferentes.
- O espaço rural e o espaço urbano mantêm muitas relações entre si.
- A expansão da atividade industrial aumenta a demanda por matérias-primas.
- O processo de modernização do campo tem ocasionado o aumento da produtividade agropecuária do país.
- Parte das propriedades rurais brasileiras ainda adota técnicas agropecuárias tradicionais e rudimentares.
- O agronegócio envolve atividades econômicas relacionadas aos produtos agropecuários e interliga os setores primário, secundário e terciário.
- No Brasil, a concentração fundiária tem gerado conflitos no campo que reivindicam a reorganização da estrutura fundiária do país, com uma melhor distribuição de terras.
- Os processos de urbanização e industrialização ocorreram simultaneamente no Brasil, ocasionando o êxodo rural e o rápido crescimento das cidades.
- O intenso crescimento das cidades pode causar conurbações e a formação de metrópoles.
- Mapas-síntese reúnem conjuntos de informações sobre determinada porção do espaço.
- Região corresponde a determinada parte da superfície terrestre, de extensão variada, cujas características a distinguem das áreas vizinhas, dando-lhe certa identidade natural, econômica e cultural.
- Existem diferentes maneiras de regionalizar o espaço geográfico, cada qual seguindo determinado critério, como foi possível verificar ao compararmos as diferenças entre as regiões oficiais definidas pelo IBGE e as regiões geoeconômicas.

121

UNIDADE

4

Região Norte

Capítulos desta unidade
- **Capítulo 12** - Aspectos naturais da Região Norte
- **Capítulo 13** - A floresta Amazônica
- **Capítulo 14** - População da Região Norte
- **Capítulo 15** - Economia da Região Norte

A foto mostra vitórias-régias no trecho de encontro entre os rios Tapajós e Amazonas no município de Santarém, Pará, em 2017. Ao fundo podemos observar uma parte da floresta Amazônica.

Iniciando rota

1. Quais aspectos naturais da Região Norte estão representados nesta foto?
2. O que mais lhe chamou a atenção nesta paisagem?
3. A paisagem mostrada nesta foto está localizada na floresta Amazônica. Conte para os colegas o que você sabe sobre essa floresta.
4. Quais outras características dessa região você conhece?

CAPÍTULO 12
Aspectos naturais da Região Norte

Nas unidades anteriores, estudamos aspectos gerais do nosso país, como dimensões e povoamento do território, características da população, da economia e dos espaços rural e urbano.

A partir deste capítulo, prosseguiremos nossos estudos tratando dos principais aspectos de cada região brasileira. Iniciaremos pela Região Norte.

A Região Norte é a mais extensa do país: corresponde a 45% do território nacional. Com uma área de aproximadamente 3 853 mil km², é formada por sete estados. Veja as informações a seguir.

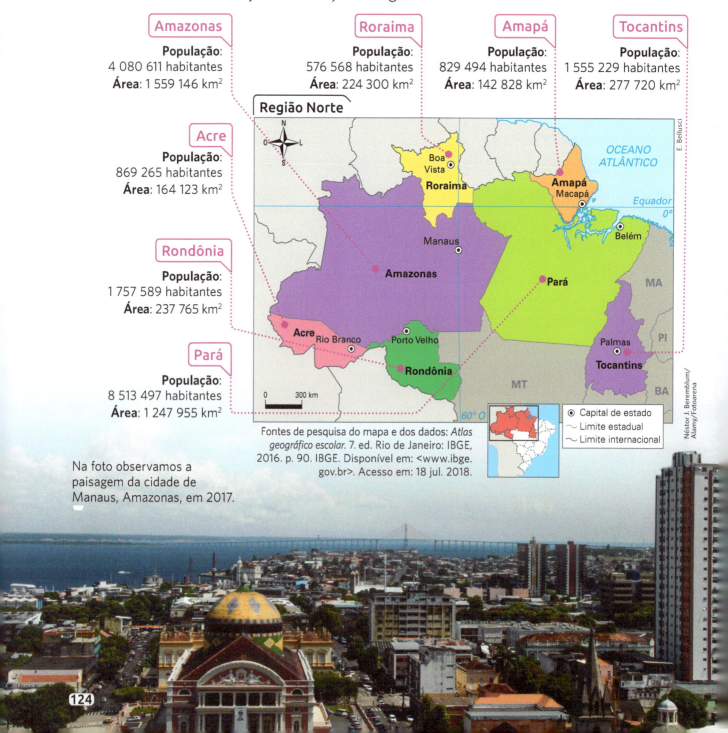

Amazonas
População: 4 080 611 habitantes
Área: 1 559 146 km²

Roraima
População: 576 568 habitantes
Área: 224 300 km²

Amapá
População: 829 494 habitantes
Área: 142 828 km²

Tocantins
População: 1 555 229 habitantes
Área: 277 720 km²

Acre
População: 869 265 habitantes
Área: 164 123 km²

Rondônia
População: 1 757 589 habitantes
Área: 237 765 km²

Pará
População: 8 513 497 habitantes
Área: 1 247 955 km²

Fontes de pesquisa do mapa e dos dados: *Atlas geográfico escolar*. 7. ed. Rio de Janeiro: IBGE, 2016. p. 90. IBGE. Disponível em: <www.ibge.gov.br>. Acesso em: 18 jul. 2018.

Na foto observamos a paisagem da cidade de Manaus, Amazonas, em 2017.

124

Clima e vegetação

Ao ouvir falar da Região Norte, é comum associá-la à floresta Amazônica, formação que tem presença marcante nessa região do país. Estendendo-se por todos os estados da região, a floresta Amazônica é composta por grande variedade de espécies vegetais e animais.

Grande parte da Região Norte está sob influência do clima equatorial. Por ser quente e úmido, esse clima favorece a presença da rica diversidade vegetal da floresta.

Embora a floresta Amazônica seja predominante, outras formações vegetais também são encontradas na região. Próximo ao litoral, nos estados do Pará e Amapá, desenvolve-se a vegetação litorânea, com formações de mangues e arbustos. Na ilha de Marajó, também no estado do Pará, e em parte do estado do Amapá, desenvolve-se a vegetação de Campos. Na maior parte do estado do Tocantins está presente a vegetação de Cerrado, que também pode ser observada nos outros estados da região, com exceção do Acre. Observe os mapas a seguir.

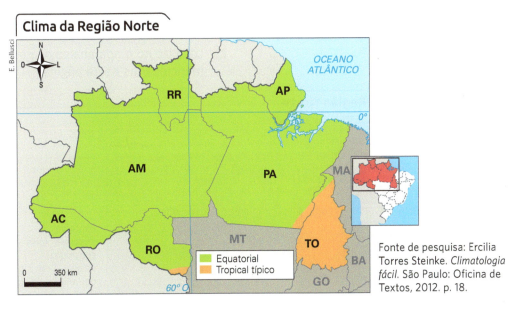

Fonte de pesquisa: Ercilia Torres Steinke. *Climatologia fácil*. São Paulo: Oficina de Textos, 2012. p. 18.

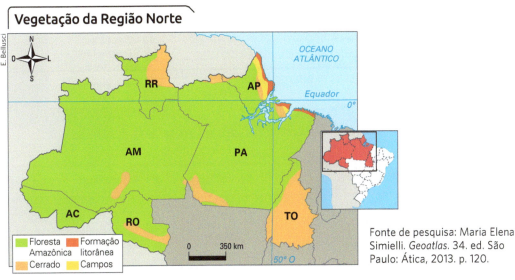

Fonte de pesquisa: Maria Elena Simielli. *Geoatlas*. 34. ed. São Paulo: Ática, 2013. p. 120.

125

Relevo e hidrografia

Em geral, o relevo da Região Norte apresenta baixas altitudes, não ultrapassando 200 metros em relação ao nível do mar, como a planície do rio Amazonas e a depressão da Amazônia ocidental.

As áreas de maior altitude ficam ao norte dos estados de Roraima e do Amazonas, próximo à divisa entre o Brasil e a Venezuela. Nessa região estão localizados o monte Roraima, com 2734 metros de altitude, e o Pico da Neblina, com 2995 metros de altitude, o ponto mais alto do território brasileiro.

As características do relevo predominantemente baixo e plano explicam a presença de rios sinuosos e sem grandes desníveis, o que favorece a navegação, principal meio de transporte da região, sobretudo para a população ribeirinha.

A bacia hidrográfica do rio Amazonas é a maior do mundo. Com aproximadamente 6 110 000 km², abrange quase toda a Região Norte e, ainda, parte do estado do Mato Grosso. Estende-se também por outros seis países da América do Sul, porém 63% de sua área está em território brasileiro.

Além do Amazonas, principal rio, destacam-se nessa bacia os rios Negro, Madeira, Tapajós e Xingu.

> Localize no mapa abaixo os rios mencionados nesta página.

Relevo e hidrografia da Região Norte

Fonte de pesquisa: *Atlas geográfico escolar*. 7. ed. Rio de Janeiro: IBGE, 2016. p. 88.

Altitude (em metros)
- 0 a 200
- 201 a 500
- 501 a 800
- 801 a 1 200
- Acima de 1 200
- Rios permanentes
- Picos

Paisagem do monte Roraima no município de Uiramutã, Roraima, em 2017.

A interação entre clima, hidrografia e vegetação na Região Norte

Na Região Norte existe uma forte interação entre o clima equatorial, os rios e a vegetação.

O clima chuvoso contribui para a existência da grande quantidade de rios da região. Já as temperaturas elevadas promovem a evaporação das águas superficiais, que se convertem em chuvas. Além disso, devido a essas elevadas temperaturas, a floresta densa e úmida também perde água para a atmosfera, tornando ainda mais abundante a ocorrência de chuvas na região.

A floresta, por sua vez, depende diretamente desse clima quente e chuvoso, que cria as condições favoráveis ao desenvolvimento das mais variadas espécies de plantas e animais. A própria floresta, ao mesmo tempo que se desenvolve devido ao clima quente e chuvoso, coopera para a manutenção dessas características climáticas, como mostra o esquema abaixo.

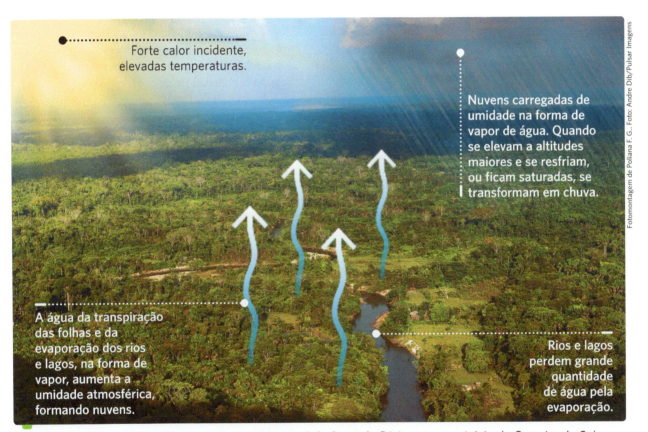

Paisagem da floresta Amazônica no Parque Nacional da Serra do Divisor, no município de Cruzeiro do Sul, Acre, em 2017.

A relação entre os elementos naturais da Região Norte pode influenciar outras regiões do país e até mesmo do planeta. Estudos recentes apontam, por exemplo, a importância da floresta Amazônica para a ocorrência de chuvas em outras regiões do Brasil, pois grandes massas de ar carregadas de umidade, formadas sobre a floresta, deslocam-se até as regiões Sul, Sudeste e Centro-Oeste do país.

O rio Amazonas

O rio Amazonas é o mais volumoso e extenso do mundo, com 6 992 km de extensão, e seu curso tem início com o derretimento da neve na cordilheira dos Andes. Chegando ao Brasil, é chamado Solimões, mas após receber as águas do rio Negro, próximo a Manaus, passa a se chamar Amazonas.

O explorador espanhol Vicent Yáñes Pinzón (acima), ao encontrar a foz do rio Amazonas, em janeiro de 1500, chamou-o de rio Santa Maria do Mar Doce. O nome fazia referência à imensidão de água doce com a qual se deparou e que avançava sobre o mar por muitos quilômetros.

ACESSE O RECURSO DIGITAL

A foto retrata o encontro das águas escuras do rio Negro com as águas turvas do rio Solimões, dando origem ao rio Amazonas, nas proximidades do município de Manaus, Amazonas, em 2018.

Depois de atravessar a floresta Amazônica, o rio Amazonas desemboca no oceano Atlântico, no litoral do estado do Pará. Ele deposita no mar cerca de 200 mil m^3 de água por segundo, volume 60 vezes maior que o rio Nilo, na África, o segundo rio mais extenso do mundo.

Na imagem de satélite abaixo podemos observar o rio Amazonas desaguando no oceano Atlântico, ao norte do estado do Pará, em 2016.

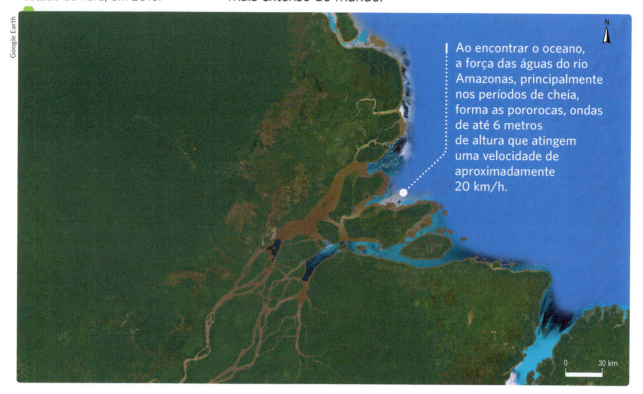

Ao encontrar o oceano, a força das águas do rio Amazonas, principalmente nos períodos de cheia, forma as pororocas, ondas de até 6 metros de altura que atingem uma velocidade de aproximadamente 20 km/h.

128

Atividades

Organizando o conhecimento

1. Copie a tabela abaixo no caderno e complete-a com base nas informações do mapa da página **124**. Em seguida, calcule a densidade demográfica dos estados da Região Norte no ano de 2018 e responda às perguntas abaixo.

Estado	População (hab.)	Área territorial (km²)	Densidade demográfica (hab./km²)
Amazonas		1 559 146	
Roraima	576 568		2,5
Amapá	829 494		5,8
Pará		1 247 955	
Tocantins		277 720	
Rondônia	1 757 589		7,4
Acre			

Fonte de pesquisa: IBGE. Disponível em: <www.ibge.gov.br>. Acesso em: 31 ago. 2018.

a) Qual estado da Região Norte apresenta maior extensão territorial? E o estado com a menor extensão?

b) Qual estado possui a maior população?

c) Qual é o estado com maior densidade demográfica?

d) O estado mais populoso é também o mais povoado? Justifique.

Conectando ideias

2. Observe a imagem abaixo. Em seguida, com base no que você estudou, **responda** às questões propostas.

Representação sem proporção de tamanho. Cores-fantasia.

Fonte de pesquisa: Laura Aguiar e outros (Ed.). *Como cuidar da nossa água*. 4. ed. São Paulo: BEĨ Comunicação, 2014. p. 20-21.

a) **Identifique** cada um dos elementos numerados na imagem.

b) **Descreva**, no caderno, qual é a relação entre os elementos:
- 1, 2 e 5;
- 3 e 5.

CAPÍTULO 13

A floresta Amazônica

Conforme estudamos anteriormente, a Região Norte corresponde à área do território brasileiro onde predomina a floresta Amazônica. São mais de 5 milhões de quilômetros quadrados, cerca de 53% da área total do nosso país.

Para um observador desatento, a floresta Amazônica pode parecer uniforme, como se fosse um imenso tapete verde. Entretanto, apesar do aspecto aparentemente homogêneo, a floresta apresenta variação na sua fisionomia e composição em função das diferentes formas do relevo e da proximidade dos rios, como veremos a seguir. Essa variação determina, de maneira geral, três tipos de agrupamento de vegetação.

Representação sem proporção de tamanho. Cores-fantasia.

▶ **Aprenda mais**

No *site Instituto Amazônia*, você vai encontrar notícias, vídeos e outros assuntos relevantes sobre a floresta Amazônica e os povos que nela vivem.

Instituto Amazônia. Disponível em: <http://linkte.me/av44g>. Acesso em: 30 ago. 2018.

Amazônia Legal e Internacional

A floresta Amazônica abrange uma extensa área chamada **Amazônia Internacional**, que, além dos estados brasileiros por onde se estende, ocupa áreas dos territórios de Bolívia, Peru, Equador, Colômbia, Venezuela, Guiana, Suriname e Guiana Francesa.

Quanto à **Amazônia Legal**, essa é uma regionalização criada pelo governo federal brasileiro com o objetivo de direcionar ações de órgãos públicos à região abrangida pela floresta em território nacional. Ela inclui os estados da Região Norte, o estado de Mato Grosso, da Região Centro-Oeste, e parte do estado do Maranhão, da Região Nordeste. Observe o mapa ao lado.

Fontes de pesquisa: *Reference atlas of the world.* 9. ed. London: Dorling Kindersley, 2013. p. 53.
IBGE. *Amazônia Legal.* Disponível em: <ftp://geoftp.ibge.gov.br/cartas_e_mapas/mapas_regionais/sociedade_e_economia/amazonia_legal/amazonia_legal_2014.pdf>. Acesso em: 30 ago. 2016.

Fontes de pesquisa: Jurandyr L. S. Ross (Org.). *Geografia do Brasil.* São Paulo: Edusp, 1995. p. 163-164. Pará: cultura, fauna e flora. Disponível em: <www.cdpara.pa.gov.br>. Acesso em: 30 ago. 2018.

Grandes árvores que atingem mais de 50 metros de altura são características da mata de terra firme da floresta Amazônica.

Mata de terra firme

Desenvolvem-se em áreas que não estão sujeitas à inundação. Apresenta espécies de pequeno, médio e grande porte, constituindo enorme variedade. Predomina em 80% da região de abrangência da floresta Amazônica.

Mata de várzea da floresta Amazônica.

Mata de várzea

Alaga no período de cheia nas áreas inundadas por curtos períodos de chuvas. Mais distante do leito do rio, assemelha-se à mata de terra firme. Mais próximo do leito do rio, suas árvores possuem pequeno porte.

Vitória-régia, planta aquática símbolo da floresta Amazônica.

Mata de igapó

É permanentemente inundada pelas águas dos rios. As espécies de plantas adaptadas aos solos alagados são as aquáticas, os arbustos e as árvores de pequeno porte.

Geografia em representações

As imagens de satélite e a floresta Amazônica

O Instituto Nacional de Pesquisas Espaciais (Inpe), órgão ligado ao Ministério da Ciência e Tecnologia do governo federal, realiza, entre outras atividades, o monitoramento de focos de queimadas e incêndios florestais por meio de imagens de satélites.

Como uma ferramenta importante para o controle da devastação florestal, principalmente na Amazônia, o monitoramento por meio de imagens de satélite permite aos órgãos de fiscalização não só identificar as áreas mais afetadas pelos desmatamentos e pelas queimadas como também verificar o ritmo em que as florestas vêm sendo devastadas e as regiões para onde essa devastação avança. Além disso, o governo federal pode promover ações de combate aos incêndios e aos desmatamentos, adotando inclusive medidas preventivas.

Observe na imagem a seguir a reprodução da tela inicial do *site* do Inpe com os pontos de queimadas identificados na área monitorada.

▶ **Aprenda mais**

Acesse o *site* do Instituto Nacional de Pesquisas Espaciais (Inpe) e conheça os sistemas de monitoramento de queimadas realizados pelo instituto. Além dos focos de queimadas, esse *site* também disponibiliza informações como análise e previsão de risco de fogo, os impactos das queimadas, alertas de fumaça, entre outros.

INPE (Instituto Nacional de Pesquisas Espaciais).
Disponível em: <http://linkte.me/ipueh>.
Acesso em: 28 ago. 2018.

Agora, observe as imagens captadas pelo satélite Landsat. Elas retratam os desmatamentos ocorridos em duas épocas diferentes na mesma área da floresta Amazônica.

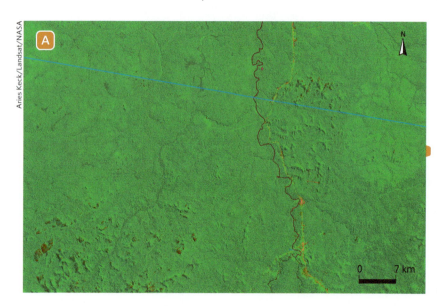

Imagem captada nas proximidades dos municípios de Ariquemes e Monte Negro, localizados no estado de Rondônia, em 1975.

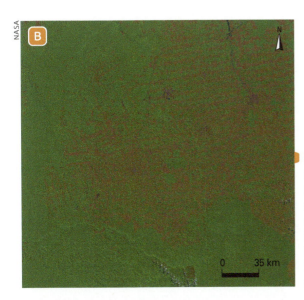

Imagem captada nas proximidades dos municípios de Ariquemes e Monte Negro, localizados no estado de Rondônia, em 1990.

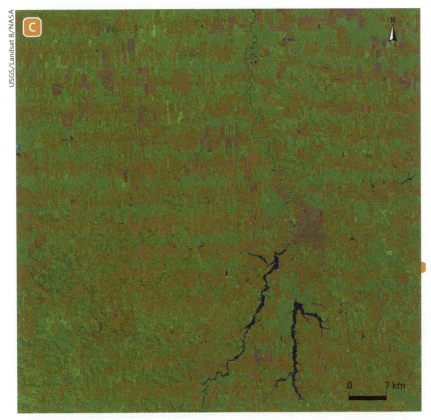

Imagem captada nas proximidades dos municípios de Ariquemes e Monte Negro, localizados no estado de Rondônia, em 2018.

1. Qual foi o período transcorrido entre as imagens **A** e **C**?

2. Nas imagens acima, sabendo que a cor verde-escuro representa a área preservada, assim como a cor rosa representa as áreas devastadas, podemos verificar que o desmatamento da floresta Amazônica aumentou ou se manteve inalterado com o passar do tempo?

3. Converse com os colegas sobre a importância do monitoramento das florestas (e de outras formações vegetais) por meio de imagens de satélites. Com base nisso, escrevam um texto coletivo.

Biodiversidade da Amazônia

Você já imaginou quantas espécies de animais e de plantas vivem na floresta Amazônica? Essa floresta abriga uma das maiores biodiversidades do planeta, reunindo uma numerosa variedade de formas de vida animal, vegetal e de microrganismos. Veja a seguir.

Floresta Amazônica

A floresta Amazônica é a maior floresta tropical do mundo. Calcula-se que nela sejam encontradas entre 10% e 15% das espécies vegetais e animais do planeta Terra.

Flora

A Amazônia brasileira possui uma flora riquíssima. Nela estão presentes entre 50 e 55 mil espécies de plantas, aproximadamente, das quais 5 mil são árvores de grande porte.

Fauna

A fauna amazônica é composta por uma grande diversidade de espécies, como mamíferos, aves, anfíbios, etc. Estima-se que exista na Amazônia algo em torno de 2,6 e 3 mil espécies de peixes.

Fonte de pesquisa: Elinor Greenwood. *Floresta tropical*. Tradução de Maria Luisa de Abreu Lima Paz. Barueri: Girassol, 2007. p. 6-41.

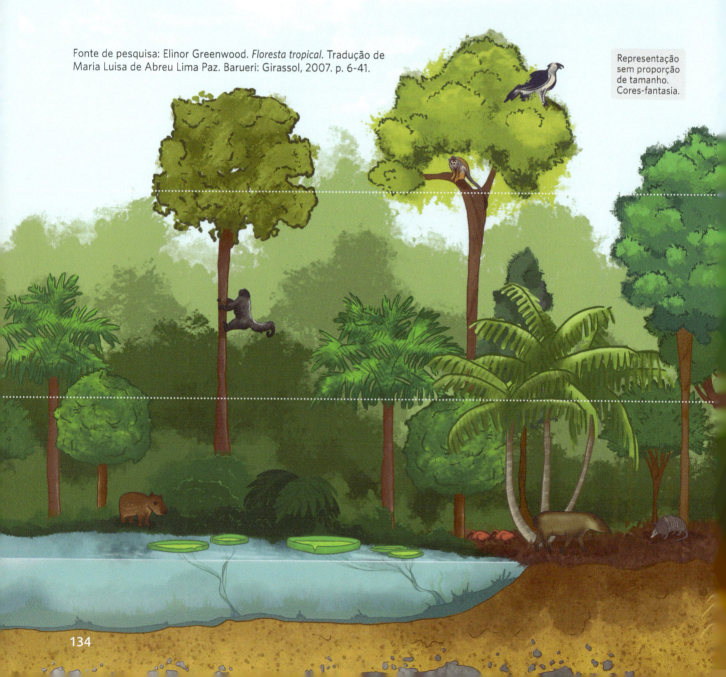

Representação sem proporção de tamanho. Cores-fantasia.

As espécies animais que habitam o interior da floresta Amazônica vivem distribuídas nos diferentes patamares das árvores. As que vivem nas partes mais baixas da floresta são bem diferentes daquelas que habitam as partes intermediárias ou a copa das árvores. Isso resulta em um ambiente complexo e em um delicado equilíbrio, que pode ser facilmente rompido com o risco de extinção das espécies. Observe essa distribuição no esquema abaixo.

> Pesquise em livros, revistas e na internet informações sobre animais nativos da floresta Amazônica ameaçados de extinção. Converse com os colegas sobre os principais motivos que tornaram essas espécies ameaçadas.

No topo das árvores da floresta, entre 50 e 60 metros de altura, vivem as grandes aves, algumas delas ameaçadas de extinção pela caça excessiva e pela exploração madeireira, que destrói seu hábitat.

A maioria dos animais da floresta (insetos, pássaros e pequenos mamíferos) vive no meio das folhagens, a uma altura que varia de 30 a 50 metros.

O solo da Amazônia é coberto por uma camada de material orgânico em decomposição e por uma riquíssima vida animal. Restos de plantas e animais mortos servem de nutrientes para as grandes árvores. Cada uma delas estende uma fina rede de filamentos das raízes logo abaixo da superfície para captar os nutrientes o mais rapidamente possível, antes que as chuvas os arrastem para o leito dos rios.

Somma Studio

UNIDADE 4

Geografia e Ciências

A ciência em busca de novas espécies e substâncias

Há tanta biodiversidade na Amazônia que até hoje não se sabe o número preciso de espécies de animais nem de plantas que vivem nesse ambiente. A estimativa é de que existam entre 10 e 30 milhões de animais, plantas e organismos microscópicos (bactérias e fungos), sem contar os milhares que ainda podem ser descobertos, a exemplo do que ocorreu nos últimos anos, quando foram encontradas novas espécies de macacos, aves, peixes e roedores.

Calcula-se que sejam encontradas na Amazônia cerca de 10 mil substâncias com propriedades medicinais e farmacológicas.

Observe no esquema a seguir como uma planta é transformada em medicamento.

Etapas de transformação de uma planta em medicamento

1 Extração do princípio ativo

2 O princípio ativo é sintetizado em laboratório e testes são realizados.

Ilustrações: Danielle Pioli

Representação sem proporção de tamanho. Cores-fantasia.

Princípio ativo: substância presente em um medicamento ou planta que tem efeito farmacológico, ou seja, que exerce alguma ação no organismo.

Etólogo: profissional especializado no estudo do comportamento social e individual dos animais, como seus hábitos, reações e adaptação às condições do ambiente.

Descobertas como essas são o resultado do trabalho de cientistas e pesquisadores, como biólogos, zoólogos, botânicos e etólogos, que se embrenham na floresta à procura de novas espécies. Tanto o estudo de espécies já identificadas e catalogadas pela ciência quanto essas recentes descobertas têm um valor inestimável não só para conhecer melhor a fauna e a flora, mas também para desenvolver novos medicamentos ou fabricar produtos como perfumes e cosméticos.

Veja nas fotos a seguir o exemplo de uma planta e de um animal da Amazônia utilizados na produção de medicamentos.

| Vinca rósea, também conhecida como boa-noite, é usada, principalmente, contra a leucemia e no tratamento de alguns tipos de tumores.

| O medicamento baseado na ação do veneno da jararaca é usado no tratamento de hipertensão (aumento da pressão arterial).

Vinca rósea (*Catharanthus roseus*).

Jararaca (*Bothrops jararaca*).

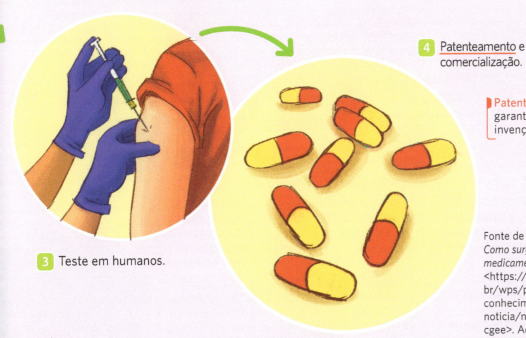

3 Teste em humanos.

4 Patenteamento e comercialização.

| **Patente:** documento que garante ao autor de uma invenção sua propriedade.

Fonte de pesquisa: BNDES. *Como surge um novo medicamento?* Disponível em: <https://www.bndes.gov.br/wps/portal/site/home/conhecimento/noticias/noticia/novos-medicamentos-cgee>. Acesso em: 5 set. 2018.

- Realize uma pesquisa em revistas, jornais e na internet sobre espécies de animais ou plantas descobertas recentemente na floresta Amazônica. Escolha uma espécie descoberta e procure saber as informações a seguir:
  › o nome da espécie encontrada;
  › o local da floresta Amazônica onde ela foi localizada;
  › a existência ou não de ameaça de extinção.

Anote no caderno as informações obtidas em sua pesquisa e depois apresente-a aos colegas da sala. Em seguida, converse com eles e com o professor sobre a importância do conhecimento a respeito da biodiversidade da Amazônia.

137

Ampliando fronteiras

Biopirataria no Brasil

Você já ouviu falar em biopirataria? O que sabe sobre o assunto?

A biopirataria consiste na prática de se apropriar de recursos biológicos, como plantas e animais, que pertencem a outras nações, ou mesmo se apoderar dos conhecimentos empíricos de algumas populações locais. Geralmente, tanto as pessoas quanto as empresas que praticam a biopirataria passam a ter direitos exclusivos sobre a exploração e a comercialização dos recursos naturais. No entanto, fazem isso sem informar os habitantes da região de origem e sem dividir com eles os benefícios resultantes.

O Brasil é um dos países com maior biodiversidade do mundo e, portanto, um dos principais alvos da biopirataria. Isso ocorre, principalmente, na região da floresta Amazônica. Conheça a seguir mais informações sobre o assunto.

> **Recurso biológico:** matéria-prima que o ser humano pode obter de animais ou plantas.
>
> **Empírico:** baseado nas experiências e observações das pessoas ao longo do tempo; não proveniente de pesquisas científicas.
>
> **Contrabando:** ato de importar ou exportar mercadorias sem autorização dos órgãos competentes.

1 Apesar de ser uma prática antiga no Brasil, o termo **biopirataria** foi criado em 1993 por uma ONG ambientalista estadunidense, para chamar a atenção para a exploração ilegal tanto de recursos biológicos quanto de conhecimentos de comunidades indígenas.

2 A Amazônia é um dos alvos preferidos dos praticantes da biopirataria por causa de sua grande extensão e riqueza relacionada à fauna e à flora.

3 Os criminosos costumam se passar por turistas ou pesquisadores estrangeiros com o intuito de cometer contrabando de recursos da fauna e da flora.

1. As informações apresentadas nesta seção contribuíram para ampliar seu conhecimento sobre a biopirataria? O que mais chamou a sua atenção?

2. Em sua opinião, a falta de investimentos em pesquisa e inovação no Brasil justifica que empresas internacionais se apropriem de recursos biológicos e dos conhecimentos das populações sobre eles? Converse com os colegas para verificarem semelhanças e diferenças entre seus pontos de vista.

3. No Brasil existem organizações e empresas que atuam de maneira sustentável na exploração de recursos naturais, com a intenção de buscar o equilíbrio entre o lucro e o desenvolvimento de técnicas que favoreçam, de alguma forma, as comunidades locais. Pesquise sobre esse assunto e compartilhe essas informações com os colegas de sala.

4 Eles enviam para seus países de origem o resultado de pesquisas de espécies brasileiras utilizando principalmente meios virtuais, dificultando assim a fiscalização.

5 Os baixos investimentos em pesquisa e inovação impedem que pesquisadores brasileiros explorem todos os benefícios que a nossa vasta biodiversidade oferece. Dessa forma, o Brasil é obrigado a pagar, por exemplo, por medicamentos estrangeiros, os quais em diversos casos foram desenvolvidos com base em amostras de plantas levadas da floresta Amazônica por praticantes de biopirataria.

6 A biopirataria é incentivada em muitos casos por empresas que financiam suas atividades. Dessa maneira, os recursos passam a ser explorados em escala industrial, contribuindo para a extinção de diversas espécies.

As descobertas feitas nas regiões de florestas tropicais são base para a fabricação de grande parte dos medicamentos utilizados nos países industrializados.

7 Uma das formas de combater a biopirataria no Brasil seria aumentar os investimentos em pesquisas, assim como incentivar a exploração de recursos da natureza por meio de atividades econômicas sustentáveis, a fim de gerar emprego e renda para a população local.

Bárbara Sarzi

Atividades

▌Organizando o conhecimento

1. Escreva a frase a seguir no caderno, corrigindo a informação que está incorreta.

> A floresta Amazônica ocupa uma extensa área localizada no território brasileiro e se desenvolve apenas em nosso país.

2. Qual foi o principal objetivo do governo brasileiro ao criar a Amazônia Legal?

3. Descreva aspectos da importância da biodiversidade da floresta Amazônica.

4. De acordo com o que você estudou, como estão distribuídas as espécies animais que habitam a floresta Amazônica?

▌Conectando ideias

5. O solo sobre o qual se desenvolve a floresta Amazônica é naturalmente pobre em nutrientes, portanto é um solo pouco fértil. O desenvolvimento da floresta só é possível pela existência de uma cobertura chamada **serapilheira**, ou **liteira**, mostrada na foto abaixo. **Observe-a**.

Área da floresta Amazônica com solo recoberto por camada de serapilheira no município de Tefé, Amazonas, em 2017.

Agora, **pesquise** em livros, revistas e na internet algumas características da serapilheira, respondendo às questões a seguir.

a) **Identifique** o que forma a serapilheira.

b) **Explique** qual é a função da serapilheira no desenvolvimento da floresta Amazônica.

c) **Descreva** o que poderia acontecer com a floresta Amazônica se a serapilheira deixasse de existir.

6. Leia e **interprete** o texto a seguir, respondendo às questões propostas.

INPE registra 6.947 km² de desmatamento na Amazônia em 2017

A taxa consolidada gerada pelo Projeto de Monitoramento do Desmatamento na Amazônia Legal por Satélite (PRODES), do Instituto Nacional de Pesquisas Espaciais (INPE), apontou o resultado de 6.947 km² de corte raso no período de agosto de 2016 a julho de 2017.

O resultado indica uma diminuição de 12% em relação a 2016, ano em que foram apurados 7.893 km² e também representa uma redução de 75% em relação à registrada em 2004, ano em que o Governo Federal lançou o Plano para Prevenção e Controle do Desmatamento na Amazônia (PPCDAm), atualmente coordenado pelo Ministério do Meio Ambiente (MMA).

O mapeamento utiliza imagens do satélite Landsat complementadas por imagens dos satélites CBERS e ResourceSat, para cartografar e quantificar as áreas desmatadas maiores que 6,25 hectares. O PRODES considera como desmatamento a remoção completa da cobertura florestal primária por corte raso, independentemente da futura utilização destas áreas.

Com o PRODES, o INPE realiza o mapeamento sistemático na Amazônia Legal e produz desde 1988 as taxas anuais de desmatamento na região, que são usadas pelo governo brasileiro para avaliação e estabelecimento de políticas públicas relativas ao controle do desmatamento [...]

INPE registra 6.947 km² de desmatamento na Amazônia em 2017. *Coordenação-Geral de Observação da Terra.* Disponível em: <http://www.obt.inpe.br/OBT/noticias/inpe-registra-6-947-km2-de-desmatamento-na-amazonia-em-2017>. Acesso em: 4 set. 2018.

a) O que é o PRODES? Quem realiza esse projeto?

b) De acordo com o que você estudou nesta unidade, **exemplifique** como as imagens de satélite são utilizadas no monitoramento da floresta Amazônica.

c) **Verifique** no texto se as taxas de desmatamento registradas em 2017 aumentaram ou diminuíram em relação ao ano anterior.

7. Leia a manchete a seguir e responda às questões propostas.

Expedições à Amazônia identificam 12 novas espécies de animais

STILLFX/Shutterstock.com/ID/BR

Correio Braziliense, 26 jun. 2018. Disponível em: <https://www.correiobraziliense.com.br/app/noticia/ciencia-e-saude/2018/06/26/interna_ciencia_saude,690937/expedicoes-a-amazonia-identificam-12-novas-especies-de-animais.shtml>. Acesso em: 31 ago. 2018.

a) **Aponte** quais são os profissionais envolvidos em descobertas como a mencionada na manchete.

b) **Explique** como essas descobertas são realizadas.

c) Qual a importância de descobertas como essa para a ciência? **Justifique** sua resposta.

CAPÍTULO 14
População da Região Norte

Originalmente, a Região Norte era ocupada por diversos povos indígenas, muito antes da chegada dos colonizadores, assim como outras regiões do país. Porém, diferentemente dessas regiões, no Norte até hoje eles constituem parte importante da população, somando cerca de 37% dos povos indígenas do Brasil.

A Região Norte começou a ser povoada de maneira mais efetiva por outros povos não indígenas a partir da década de 1960, quando o governo federal passou a incentivar sua ocupação para assegurar o domínio sobre essa região, até então pouco habitada.

Para incentivar essa ocupação, o governo implantou na segunda metade do século XX uma série de grandes projetos voltados para o desenvolvimento econômico dessa região. Entre esses projetos, destacam-se:

- a abertura de grandes eixos viários, como as rodovias Belém-Brasília, Cuiabá-Santarém e Cuiabá-Porto Velho, formando extensas vias de penetração pelo interior da floresta Amazônica;
- a implantação de grandes projetos de exploração mineral, como o Grande Carajás e o Trombetas, no Pará; o da serra do Navio, no Amapá; e o de exploração de cassiterita, em Rondônia;
- a implantação de projetos de colonização agrária, com o assentamento de milhares de camponeses, sobretudo ao longo das rodovias recém-construídas;
- a construção de grandes usinas hidrelétricas, como a de Tucuruí, no rio Tocantins, uma das maiores do país;
- a criação da Zona Franca de Manaus, com o objetivo de estimular o desenvolvimento da atividade industrial na região.

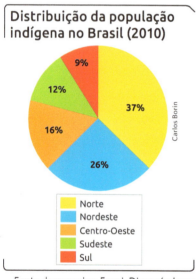

Distribuição da população indígena no Brasil (2010)

- Norte: 37%
- Nordeste: 26%
- Centro-Oeste: 16%
- Sudeste: 12%
- Sul: 9%

Fonte de pesquisa: Funai. Disponível em: <http://www.funai.gov.br/index.php/indios-no-brasil/quem-sao?limitstart=0#>. Acesso em: 10 ago. 2018.

Os rios são utilizados como vias de transporte pela população da Região Norte. Na foto, barcos para o transporte de pessoas em rio do município de Tefé, Amazonas, em 2016.

142

Esses projetos estimularam o povoamento da região, mas ocasionaram um intenso processo de devastação da floresta Amazônica, como estudaremos adiante.

Atualmente, a Região Norte apresenta vasta fronteira econômica no país. É para essa região que se deslocam as frentes mais recentes de ocupação e povoamento do território e, também, para onde avançam atividades econômicas vindas de outras partes do país.

Na foto, carro trafegando em trecho inacabado da BR-230, na rodovia Transamazônica, no município de Itaituba, Pará, em 2017.

Conte aos colegas as notícias mais recentes sobre a Região Norte do Brasil de que você teve conhecimento.

Ao lado, área de extração de minério de ferro, no município de Carajás, Pará, em 2016.

▶ **Aprenda mais**

No *site Povos Indígenas no Brasil Mirim* estão disponíveis diversas informações sobre diferentes culturas indígenas brasileiras, demarcação de terras e leis que determinam os direitos indígenas.

Povos indígenas no Brasil Mirim. Disponível em: <http://linkte.me/z6l3x>. Acesso em: 30 ago. 2018.

143

Crescimento da população

Desde a década de 1960, quando o governo passou a incentivar a ocupação da Amazônia, a população dos estados dessa região aumentou de maneira significativa, como podemos observar no gráfico abaixo, tomando como exemplo o estado do Pará.

Embora o crescimento populacional da região tenha sido significativo ao longo das últimas décadas, a Amazônia ainda é uma região pouco povoada. Em parte, isso ocorre devido à grande extensão de seu território e pela presença da densa floresta. A densidade demográfica média da Região Norte está em torno de 5,6 hab./km², bem menor que a do país, de 24,5 hab./km².

Além disso, essa população está distribuída de maneira desigual pela região. As concentrações populacionais mais elevadas encontram-se nos maiores centros urbanos, sobretudo nas capitais estaduais, como Belém, Manaus e Porto Velho, e em outras importantes cidades ao longo das rodovias, tais como Ji-Paraná, em Rondônia, e Marabá, no Pará. O povoamento também é maior nas proximidades do rio Amazonas, pois ele é a principal via de ocupação do interior da região.

População do estado do Pará (1960-2018)

Fonte de pesquisa: IBGE. Disponível em: <www.ibge.gov.br>. Acesso em: 30 ago. 2018.

O crescimento da população do Pará se reflete na formação de aglomerados urbanos, como é o caso de Belém, capital desse estado, que possui 1 485 732 habitantes. Na foto ao lado vemos parte do centro urbano de Belém, às margens da baía do Guajará, em 2016.

Atividades

Organizando o conhecimento

1. Escreva no caderno dois aspectos estudados neste capítulo que caracterizam a população da Região Norte.

2. De acordo com o que você estudou, quais foram os primeiros habitantes da Região Norte?

3. Quais foram os motivos que levaram o governo brasileiro a incentivar a ocupação da Região Norte? A partir de quando essa ocupação se tornou mais efetiva?

4. Cite dois projetos que o governo implantou com o objetivo de promover o desenvolvimento econômico da Região Norte.

5. Utilizando as palavras do quadro abaixo, escreva um pequeno texto no caderno sobre a população da Região Norte.

> povos indígenas • projetos de desenvolvimento • povoamento

Conectando ideias

6. **Observe** o mapa a seguir e **responda** às questões propostas.

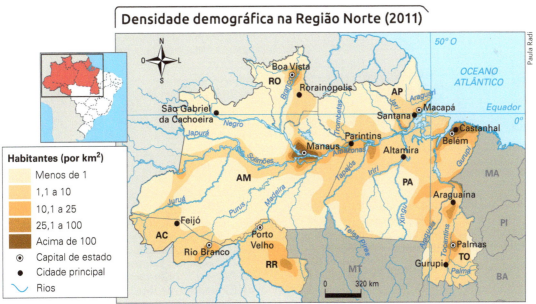

Fonte de pesquisa: Graça Maria Lemos Ferreira. *Atlas geográfico*: espaço mundial. 4. ed. São Paulo: Moderna, 2013. p. 131.

a) **Verifique** onde estão localizadas as maiores concentrações populacionais da Região Norte.

b) **Localize** no mapa e **descreva** onde estão situadas as áreas menos povoadas da Região Norte. Qual é a densidade demográfica dessas áreas?

c) **Explique** por que o povoamento da Região Norte é bastante significativo ao longo das margens do rio Amazonas.

145

CAPÍTULO 15

Economia da Região Norte

Agropecuária

A agropecuária da Região Norte é marcada, principalmente, pela expansão da fronteira agrícola. A agricultura, de caráter tradicional, desenvolve principalmente lavouras de gêneros alimentícios, como arroz, feijão e mandioca. Esses produtos são comercializados e geralmente atendem ao consumo interno da população.

Os produtos de maior importância comercial da região são a juta e a malva, cujas fibras destinam-se à indústria têxtil, e a pimenta-do-reino, trazida para a região por imigrantes japoneses. O cultivo da soja para fins comerciais também vem tomando proporções cada vez maiores nos últimos anos, sendo praticado em grandes propriedades, principalmente nos estados de Tocantins e Rondônia.

De modo geral, a pecuária também é praticada em grandes propriedades, de forma extensiva. Seus principais rebanhos são de gado bovino de corte, ou seja, criados para comercialização de carne. As criações de suínos e aves têm pequena participação na pecuária regional e destinam-se, principalmente, ao consumo interno da população.

Outra criação de grande importância para a região é a de búfalos. Esses animais são criados em áreas que costumam alagar durante o período das cheias dos rios, como os rebanhos no município de Santarém, Pará, em 2017.

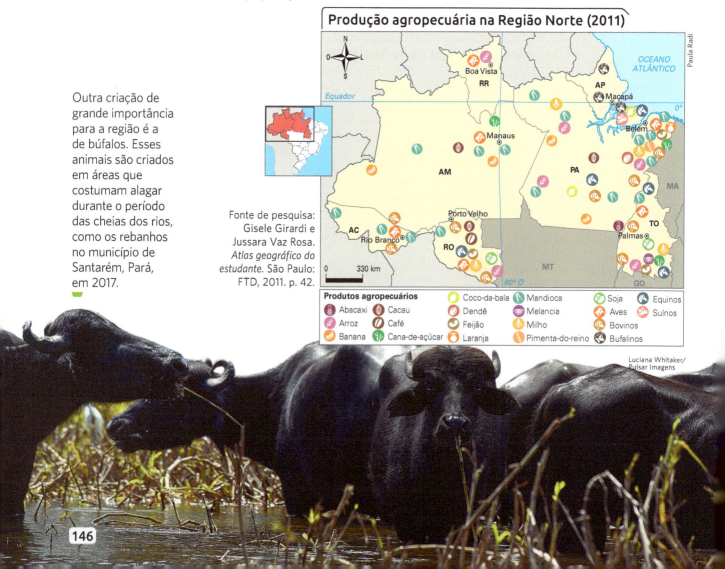

Produção agropecuária na Região Norte (2011)

Fonte de pesquisa: Gisele Girardi e Jussara Vaz Rosa. *Atlas geográfico do estudante*. São Paulo: FTD, 2011. p. 42.

Produtos agropecuários: Abacaxi, Cacau, Arroz, Café, Banana, Cana-de-açúcar, Coco-da-baía, Dendê, Feijão, Laranja, Mandioca, Melancia, Milho, Pimenta-do-reino, Soja, Aves, Bovinos, Bufalinos, Equinos, Suínos.

Luciana Whitaker/Pulsar Imagens

146

A questão fundiária na Região Norte

Até a década de 1960, grande parte das terras da Região Norte pertencia à União, ou seja, ao governo brasileiro. Muitas dessas terras eram ocupadas por populações que obtinham seu sustento da floresta, dos rios e de pequenas lavouras. Essa população era formada, em sua maioria, por povos indígenas e ribeirinhos, que ainda hoje habitam essa região.

A concessão de terras da Região Norte a partir da década de 1960 pelo governo brasileiro, como parte dos projetos de povoamento, deu início a uma série de conflitos, pois não considerou a presença dos antigos habitantes. Além disso, com a falta de demarcação, era comum a venda de um mesmo terreno para vários compradores. Quando todos os envolvidos reivindicaram a posse das terras que já estavam ocupadas havia séculos, iniciaram-se vários conflitos que até hoje ocorrem, cada vez mais violentos e registrando muitas mortes.

Há décadas alguns grupos religiosos e organizações não governamentais (ONGs) atuam na região com o intuito de amenizar os conflitos relacionados à posse de terras.

Paisagem de moradias ribeirinhas às margens do rio Tocantins, em Cametá, Pará, em 2017.

Grilagem

Uma prática comum na Região Norte foi a venda de terras públicas, incluindo terras indígenas, por pessoas que falsificavam documentos. Os falsificadores guardavam os papéis em gavetas ou em caixas fechadas com grilos, a fim de deixá-los com aparência envelhecida. Por esse motivo, essa prática é conhecida hoje como **grilagem**.

Exploração econômica e conflitos pela terra

Na Amazônia, assim como em outras regiões do país, as terras das populações indígenas sofrem grandes ameaças. Veja a seguir alguns exemplos de como isso tem ocorrido.

- muitas das estradas que começaram a ser implantadas na região Amazônica a partir da década de 1970 foram traçadas em terras indígenas, levando doenças e epidemias que vitimaram muitos desses povos;
- atraídos pela existência de ouro e outros metais preciosos, muitos garimpos clandestinos se formaram em terras indígenas, gerando violentos conflitos entre garimpeiros e indígenas;
- muitas terras indígenas, sobretudo as que ainda não foram demarcadas pelo governo, continuam sendo invadidas pela atividade ilegal de madeireiros;
- nas áreas de fronteira agrícola da Amazônia, extensas áreas de pastagens e lavouras monocultoras, sobretudo de soja e milho, têm avançado sobre terras indígenas.

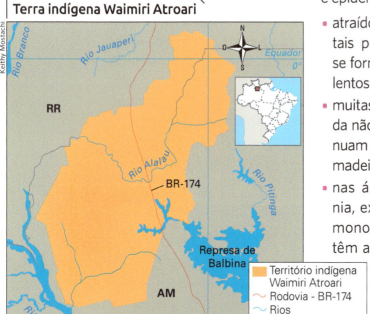

Fonte de pesquisa: Instituto Socioambiental. *Terra indígena Waimiri Atroari*. Disponível em: <https://terrasindigenas.org.br/pt-br/terras-indigenas/3902>. Acesso em: 29 ago. 2018.

O povo indígena Waimiri Atroari, no estado de Roraima, sofreu uma forte redução populacional após a construção da estrada que liga Manaus a Boa Vista.

Vista aérea de área desmatada para agropecuária no limite com o Parque Indígena do Xingu no município de Canarana, Mato Grosso, em 2018.

> Diante dos exemplos destacados acima, você considera importante que os povos indígenas tenham seus territórios reconhecidos e sua identidade cultural preservada? Por quê? Pense a respeito e, depois, converse com os colegas para conhecer a opinião deles sobre esse assunto.

Outras comunidades tradicionais que vivem na Amazônia, como populações ribeirinhas e comunidades extrativistas, como a dos seringueiros, por exemplo, também sofrem constantes ameaças. A construção de grandes hidrelétricas, por exemplo, inunda extensas áreas de florestas, desalojando populações ribeirinhas e comunidades de pescadores que vivem nas margens dos rios. Em áreas extrativistas, os seringueiros enfrentam as ameaças de grileiros que ocupam e reivindicam a posse das terras.

Extrativismo

Uma atividade de grande importância econômica para a Região Norte é o extrativismo. Faz parte desse ramo, por exemplo, a extração de madeira, comercializada no Brasil e no exterior para a fabricação de móveis ou para ser utilizada em construções.

Na floresta Amazônica, a exploração de mogno e cedro, por exemplo, é regulada pelo Instituto Brasileiro do Meio Ambiente e dos Recursos Naturais Renováveis (Ibama), porém essa atividade acaba se tornando alvo de desmatamento ilegal pelo seu grande valor comercial.

As áreas de maior exploração de madeira localizam-se próximos às rodovias, devido à facilidade de transporte.

Desde o final do século XIX até os dias de hoje, as seringueiras são muito exploradas para a extração do látex, material destinado à fabricação de borracha. Além disso, da floresta são extraídos frutos de importante comercialização, como guaraná, açaí, cupuaçu e castanha-do-pará.

O extrativismo mineral é uma das atividades mais lucrativas da Região Norte. Os principais minerais extraídos são: ferro, bauxita, manganês, cassiterita, níquel, cobre, ouro e diamante.

Esse tipo de extração ocorre principalmente na serra do Carajás, no Pará, responsável por grande parte da produção mineral do país. Seu escoamento ocorre por meio da Estrada de Ferro do Carajás, que chega até o Porto do Itaqui, na cidade de São Luís, capital do Maranhão.

> As marcas apresentadas são utilizadas para fins estritamente didáticos, portanto não representam divulgação de qualquer tipo de produto ou empresa.

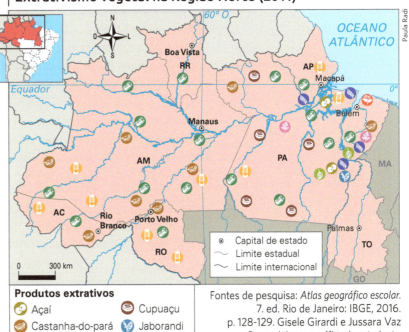

Fontes de pesquisa: *Atlas geográfico escolar*. 7. ed. Rio de Janeiro: IBGE, 2016. p. 128-129. Gisele Girardi e Jussara Vaz Rosa. *Atlas geográfico do estudante*. São Paulo: FTD, 2011. p. 42.

Trabalho de beneficiamento da castanha-do-pará em Lábrea, Amazonas, em 2015.

149

Indústria

A atividade industrial da Região Norte é representada principalmente pelo parque industrial localizado próximo à cidade de Manaus, capital do Amazonas, chamado Zona Franca de Manaus.

A criação dessa área industrial foi incentivada por políticas do governo federal a partir do final da década de 1960, com a intenção de incentivar o desenvolvimento econômico e o maior povoamento dessa região.

Leia a seguir um texto que traz mais informações sobre essa área.

Zona Franca de Manaus

A Zona Franca de Manaus (ZFM) começou a ser implementada de maneira mais efetiva na década de 1960, tendo sido criada com o objetivo de se tornar um polo industrial para promover o desenvolvimento econômico na Amazônia. Para atrair os investimentos, o governo concedeu benefícios e incentivos fiscais para que empresas nacionais e estrangeiras ali se instalassem.

Aproveitando-se dessas vantagens e também da existência de mão de obra barata e abundante, muitas fábricas do Centro-Sul do país transferiram ou ergueram novas plantas nos distritos industriais da Zona Franca. Entre essas indústrias, destacam-se as montadoras de aparelhos eletrônicos (televisores, aparelhos de som e vídeo, telefones celulares, microcomputadores), de motocicletas, bicicletas, brinquedos, entre outras. Atualmente, as mais de quinhentas indústrias instaladas nessa área geram milhares de empregos diretos e respondem por grande parte da produção econômica regional.

Como os produtos fabricados na Zona Franca abastecem principalmente o mercado interno, o governo federal prorrogou a concessão dos incentivos fiscais até o ano de 2073, medida tomada com o objetivo de também transformar a área em um grande centro exportador.

Alguns críticos, porém, questionam a continuidade dessa política com a justificativa de que os incentivos fiscais concedidos por tempo tão longo afetam a arrecadação de impostos, comprometendo as contas do governo.

Texto da autora.

Vista panorâmica do interior de fábrica de ar-condicionado no distrito industrial da Zona Franca de Manaus, Manaus, Amazonas, em 2017.

> A Zona Franca de Manaus (ZFM) ainda beneficia a produção industrial da Região Norte. Pesquise informações recentes sobre a produção industrial da ZFM e depois converse com seus colegas sobre a pesquisa.

A devastação da floresta Amazônica

A ocupação mais efetiva e a exploração realizada pelas atividades econômicas cada vez mais intensa na floresta Amazônica vêm resultando em uma rápida e progressiva devastação dessa formação, como podemos observar na foto a seguir.

A foto ao lado retrata um tipo de agressão ambiental que frequentemente ocorre na Amazônia. Que tipo de agressão é essa? Converse com os colegas a fim de trocarem informações a respeito do que vocês sabem sobre a devastação da floresta Amazônica.

Área de desmatamento para formação de pastagem, no município de Tucumã, Pará, em 2016.

A devastação da floresta Amazônica é consequência de atividades econômicas predatórias e incompatíveis com sua preservação, entre as quais destacam-se:

- a agropecuária, que ocasiona a queimada de extensas áreas de floresta para a formação de lavouras ou de pastagens para a criação de gado bovino;
- a ação predatória de muitas madeireiras, nacionais e estrangeiras, que praticam a exploração descontrolada da floresta, derrubando espécies já ameaçadas de extinção ou extraindo árvores sem valor comercial, as quais acabam sendo abandonadas no meio da floresta;
- a atividade mineradora e a construção de grandes usinas hidrelétricas, que inundam vastas áreas da floresta para a formação de reservatórios.

O desenvolvimento dessas atividades vem reduzindo gradativamente a área original ocupada pela floresta. De acordo com cálculos do Projeto de Monitoramento do Desmatamento na Amazônia Legal por Satélite (Prodes), do Instituto Nacional de Pesquisas Espaciais (Inpe), cerca de 20% da floresta já foi devastada, o que corresponde a aproximadamente 6,9 mil km².

Além de toda essa devastação, a derrubada da floresta prossegue em ritmo acelerado. A cada ano, ainda de acordo com o Prodes, cerca de 5 mil km² da floresta são perdidos.

Toras de madeira, extraídas de maneira ilegal, apreendidas pelo Ibama em área de floresta Amazônica no município de Colniza, Mato Grosso, em 2017.

O avanço do desmatamento na Amazônia

A devastação da floresta Amazônica não tem ocorrido com a mesma intensidade em toda a sua extensão. Ela predomina nas áreas de expansão da fronteira econômica e demográfica que se desloca do Centro-Oeste e do Sudeste e avança pela Amazônia.

Desse modo, podemos verificar que a devastação configura certa distribuição geográfica, estendendo-se pela área conhecida como "arco do desmatamento". Esse arco estende-se desde o Maranhão, passa por Pará e Tocantins, pelo norte do Mato Grosso, por Rondônia e chega ao Acre.

De maneira geral, a devastação acompanha os projetos de ocupação implantados pelo governo federal na região. No Tocantins e no Maranhão, ela é mais intensa ao longo da rodovia Belém-Brasília; no Pará, nas proximidades da usina hidrelétrica de Tucuruí, do Projeto Grande Carajás e na região da cidade de Paragominas, onde foram implantados vários projetos agropecuários; no norte do Mato Grosso, ocorre principalmente nas áreas ocupadas pela expansão da monocultura da soja e da pecuária extensiva; estende-se até Rondônia, ao longo da rodovia Cuiabá-Porto Velho, e alcança os arredores de Rio Branco, capital do Acre.

Observe, no mapa a seguir, as áreas por onde se estende o arco do desmatamento na Amazônia.

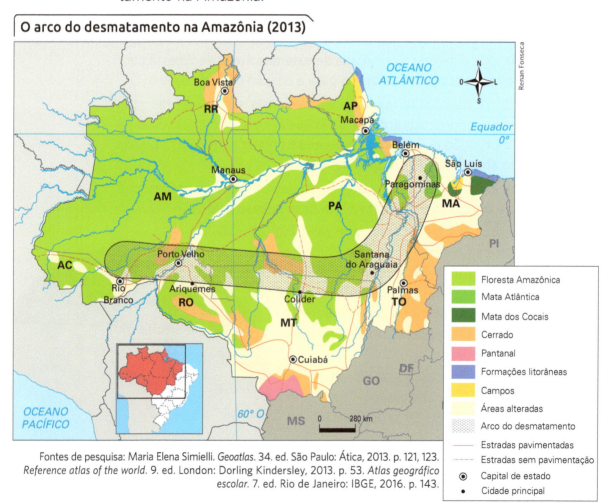

O arco do desmatamento na Amazônia (2013)

Fontes de pesquisa: Maria Elena Simielli. *Geoatlas*. 34. ed. São Paulo: Ática, 2013. p. 121, 123. *Reference atlas of the world*. 9. ed. London: Dorling Kindersley, 2013. p. 53. *Atlas geográfico escolar*. 7. ed. Rio de Janeiro: IBGE, 2016. p. 143.

O manejo florestal sustentável

O modelo de ocupação e exploração econômica da Amazônia, sobretudo a partir da década de 1960, esteve apoiado, majoritariamente, no desenvolvimento de atividades incompatíveis com a conservação da floresta.

Fatores como solo raso e pouco fértil, com deficiência de nutrientes, e a ocorrência de muitas chuvas na região limitam o desenvolvimento da agropecuária em grande parte da Amazônia.

Com toda essa situação, como é possível promover o desenvolvimento de atividades que garantam a geração de trabalho e a renda para os milhões de habitantes que vivem na região sem impactar a floresta? A solução seria explorar a floresta de maneira sustentável, encontrando meios de racionalizar a extração dos recursos com a intenção de conservar a mata e até garantir as explorações futuras.

Práticas sustentáveis de exploração garantem o desenvolvimento de atividades econômicas e conservam a biodiversidade da floresta. Dos recursos florestais é possível obter produtos como óleos, resinas, fibras, castanhas, frutos, raízes, entre outros.

No caso da exploração madeireira, o ideal é que seja feita com base em um rigoroso plano de manejo, técnica que consiste em derrubar apenas as árvores adultas, após atingirem determinado tamanho (que pode variar de acordo com a espécie), e que realmente podem ser aproveitadas para fins comerciais. Agindo dessa forma, evita-se a derrubada das árvores mais jovens, que poderiam ser exploradas futuramente.

Corte de madeira de cedro para manejo sustentável na Floresta Nacional do Tapajós no município de Belterra, Pará, em 2017.

Em dois ou três ciclos de cultivo, o rendimento das lavouras na região diminui sensivelmente, obrigando os agricultores a abandonarem suas plantações e a abrir novas áreas de cultivo, promovendo um ciclo que devasta progressivamente a floresta. Além disso, o clima chuvoso da região contribui diretamente para a intensificação dos processos erosivos, o que compromete a qualidade e a fertilidade da terra. Na foto, lavoura de soja ocupa área onde antes havia uma floresta, em Belterra, Pará, em 2017.

Veja como funciona o manejo florestal sustentável

1 A área de manejo é dividida em lotes. A cada ano apenas um lote é explorado. Após a exploração do último lote, repete-se o ciclo.

2 Técnicos planejam a abertura de estradas de modo a causar o menor dano possível à floresta.

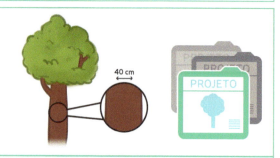

3 Trabalhadores identificam as espécies de árvores para o corte, selecionando apenas as árvores adultas.

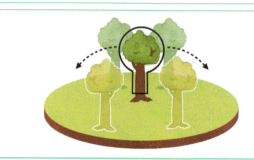

4 O corte de cada árvore é planejado para evitar a derrubada de árvores vizinhas.

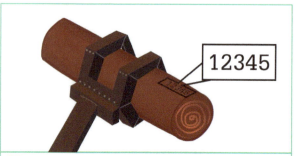

5 Depois do corte, os troncos são serrados em toras, que recebem um número de identificação e são retirados da mata por um trator.

6 Caminhões levam as toras para a serraria onde serão cortadas e preparadas para a comercialização.

7 Órgãos credenciados conferem o método de exploração e fornecem o selo de certificação de manejo florestal, o FSC.

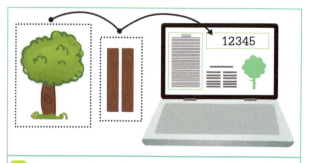

8 O comprador pode rastrear a procedência da madeira por meio de um código que identifica a origem de cada árvore explorada.

Fonte de pesquisa: José Alberto Gonçalves Pereira. Lucro verde na floresta. *Revista Globo Rural*, 6 mar. 2012. Disponível em: <http://revistagloborural.globo.com/Revista/Common/0,,EMI297874-18282-3,00-LUCRO+VERDE+NA+FLORESTA.html>. Acesso em: 30 ago. 2018.

Representação sem proporção de tamanho. Cores-fantasia.

A exploração sustentável do açaí: uma iniciativa que pode dar certo

Vimos, nesta unidade, que o desmatamento é um problema grave na Amazônia. Contudo, é possível realizar o manejo sustentável dos recursos naturais, desde que haja conscientização da população e incentivos governamentais.

Um exemplo de iniciativa envolvendo o manejo sustentável dos recursos da floresta Amazônica é o extrativismo sustentável do açaí, realizado por alguns habitantes de áreas rurais localizadas na Região Norte do país.

Nessa região, vários pequenos agricultores que durante muitos anos cultivavam lavouras, sobretudo de milho e de feijão, em áreas desmatadas da Amazônia tomaram a iniciativa de desenvolver o extrativismo sustentável do açaí.

Apoiados por grupos ambientalistas, esses trabalhadores do campo perceberam que essa iniciativa, além de evitar o desmatamento da floresta Amazônica, também gera uma boa renda com a venda do açaí.

Detalhe do cacho de açaí.

Na foto acima observamos uma pessoa com cacho de açaí na floresta Amazônica, em Santarém, Pará, em 2017. O açaí é o fruto de uma palmeira que cresce naturalmente na floresta. Por isso, sua extração depende da manutenção da floresta.
Nos últimos anos, o consumo desse fruto vem se ampliando em outras regiões do país, além da Norte, onde tradicionalmente sempre foi consumido.

Atividades

Organizando o conhecimento

1. Observe o mapa da página **146** e responda às questões a seguir.
   a) Cite cinco produtos agrícolas da Região Norte.
   b) Cite três produtos da pecuária da Região Norte.

2. O que é grilagem? Por que tal prática recebeu esse nome?

3. Quais são os principais produtos do extrativismo na Região Norte?

4. Qual o objetivo da criação da Zona Franca de Manaus?

5. Qual foi a influência do processo de povoamento na devastação da floresta Amazônica, desde a década de 1960?

6. Os desmatamentos na Amazônia ocorrem com a mesma intensidade em toda a região? Justifique a sua resposta.

Conectando ideias

7. **Observe** a foto abaixo, referente a uma ação contra o desmatamento das florestas. **Depois**, responda no caderno às questões que seguem.

As marcas apresentadas são utilizadas para fins estritamente didáticos, portanto não representam divulgação de qualquer tipo de produto ou empresa por parte da autora e da editora.

Marizilda Cruppe/Greenpeace

A foto retrata a ação de ativistas do Greenpeace a 50 km da cidade de Boa Vista, Roraima, 2015.

   a) **Analise** a foto e **descreva** a mensagem que a ação está transmitindo.

156

b) A foto da página anterior nos revela que a exploração das florestas, como a da floresta Amazônica, ocorre de maneira adequada? **Exemplifique** como a exploração deveria ser feita.

c) **Converse** com os colegas sobre a importância da preservação da floresta Amazônica e escreva, no caderno, três frases que sintetizem suas principais ideias sobre esse assunto.

8. **Leia** a manchete a seguir.

Reserva no Amazonas zera desmatamento e é considerada modelo mundial

Reserva do Juma tem promovido geração de renda e defesa da floresta pela comunidade

Jornal do Commercio, 5 set. 2017. Disponível em: <http://jconline.ne10.uol.com.br/canal/mundo/brasil/noticia/2017/09/05/reserva-no-amazonas-zera-desmatamento-e-e-considerada-modelo-mundial-305225.php>. Acesso em: 31 ago. 2018.

- Com base na manchete acima e no que foi apresentado neste capítulo, **produza um texto** expondo a importância de explorar a floresta Amazônica de modo sustentável.

Verificando rota

- A Região Norte é a mais extensa do país e é composta por sete estados.
- Essa região recebe influência do clima equatorial, cujas características são: quente e úmido, o que favorece o desenvolvimento da floresta Amazônica.
- A floresta Amazônica se estende por todos os estados da região. É composta por grande variedade de espécies vegetais e abriga inúmeras espécies animais.
- As imagens de satélites auxiliam no monitoramento do desmatamento e das queimadas que destroem a floresta Amazônica.
- A partir da década de 1960, o povoamento da região Amazônica foi impulsionado por vários projetos desenvolvidos pelo governo federal.

- A agropecuária da Região Norte é uma atividade em crescimento, marcada pela expansão da fronteira agrícola. O extrativismo também é uma atividade de grande importância econômica para a Região Norte.
- A atividade industrial concentra-se na Zona Franca de Manaus.
- A devastação da floresta Amazônica ocorre mais intensamente nas áreas de expansão da fronteira econômica e demográfica, que se desloca do Centro-Oeste e Sudeste em direção à Amazônia.
- Por meio de práticas sustentáveis é possível desenvolver atividades econômicas de exploração dos recursos florestais, como óleos, resinas, fibras, castanhas, frutos e raízes.

157

UNIDADE 5

Região Nordeste

Capítulos desta unidade
- **Capítulo 16** - Aspectos naturais da Região Nordeste
- **Capítulo 17** - A seca no Sertão do Nordeste
- **Capítulo 18** - População da Região Nordeste
- **Capítulo 19** - Economia do Nordeste

Iniciando rota

1. Descreva os elementos da paisagem da Região Nordeste representada nesta xilogravura.

2. O que você sabe sobre o clima e a vegetação dessa região?

3. Além dos aspectos físicos, converse com seus colegas sobre o que mais vocês sabem sobre a Região Nordeste do Brasil.

Coleção particular. Fotografia: Memorial J. Borges/Acervo da instituição

A xilogravura, produzida por J. Borges, em 2013, ilustra uma paisagem da Região Nordeste.

159

CAPÍTULO 16
Aspectos naturais da Região Nordeste

A Região Nordeste é formada por nove estados brasileiros e corresponde a 18% do território nacional; e sua extensão é aproximadamente 1 554 292 km².

Com vegetação e relevo variados, as paisagens dessa região são bem diversificadas. Já quanto ao clima, predominam temperaturas elevadas ao longo do ano e parte dos rios é temporária, ou seja, não mantém seu curso durante todo o ano. Veja as informações a seguir.

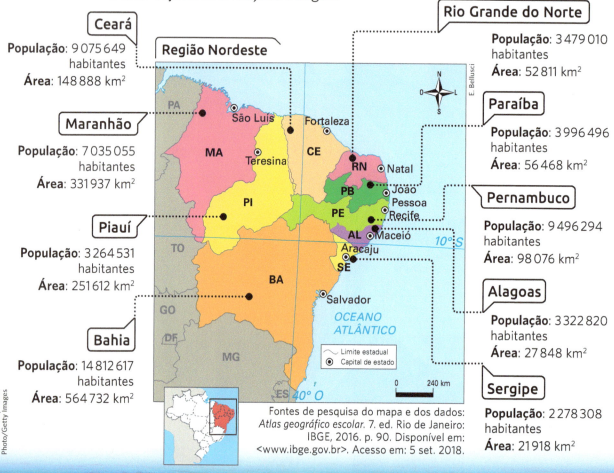

Ceará
População: 9 075 649 habitantes
Área: 148 888 km²

Maranhão
População: 7 035 055 habitantes
Área: 331 937 km²

Piauí
População: 3 264 531 habitantes
Área: 251 612 km²

Bahia
População: 14 812 617 habitantes
Área: 564 732 km²

Rio Grande do Norte
População: 3 479 010 habitantes
Área: 52 811 km²

Paraíba
População: 3 996 496 habitantes
Área: 56 468 km²

Pernambuco
População: 9 496 294 habitantes
Área: 98 076 km²

Alagoas
População: 3 322 820 habitantes
Área: 27 848 km²

Sergipe
População: 2 278 308 habitantes
Área: 21 918 km²

Fontes de pesquisa do mapa e dos dados: *Atlas geográfico escolar*. 7. ed. Rio de Janeiro: IBGE, 2016. p. 90. Disponível em: <www.ibge.gov.br>. Acesso em: 5 set. 2018.

Na foto observamos a paisagem da cidade de Maceió, Alagoas, em 2016.

Clima e vegetação

Os tipos de clima que atuam na Região Nordeste, em geral, apresentam temperaturas elevadas durante o ano. O clima semiárido, com temperaturas elevadas e chuvas concentradas em alguns meses do ano, ocorre predominantemente no interior da região. Essas características climáticas influenciaram na formação da Caatinga, vegetação adaptada e resistente ao clima quente e seco. Algumas plantas, por exemplo, perdem suas folhas para suportar a falta de água. Nos períodos de seca, a vegetação tem um aspecto esbranquiçado. Após as chuvas, as plantas brotam, florescem e frutificam.

Já o clima equatorial, de elevadas temperaturas e umidade, que atua em parte do estado do Maranhão por influência da floresta Amazônica, favoreceu o desenvolvimento de uma vegetação localizada em área de transição entre a floresta úmida (área de clima equatorial) e a Caatinga seca (área de clima semiárido). Essa vegetação, chamada Mata dos Cocais, presente em áreas de clima tropical típico, é composta de espécies dessas duas formações, sobretudo de palmeiras como o babaçu e a carnaúba.

Observe nos mapas a seguir os tipos de clima e as formações vegetais originais existentes na Região Nordeste do Brasil.

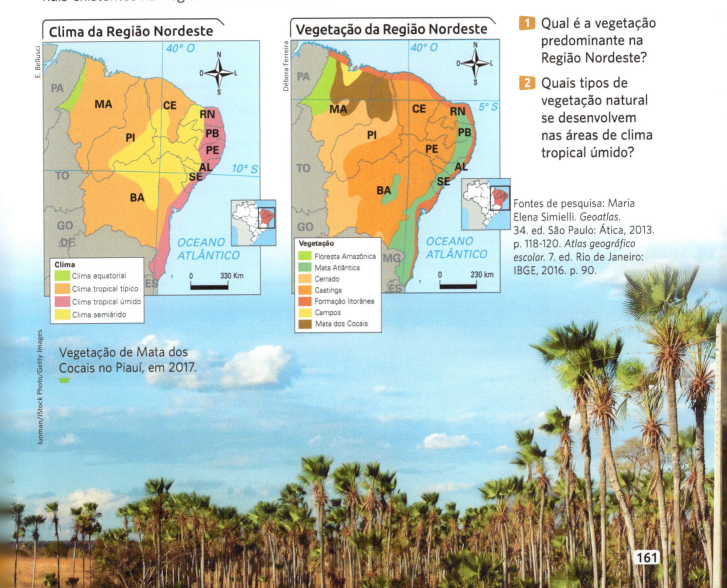

1. Qual é a vegetação predominante na Região Nordeste?

2. Quais tipos de vegetação natural se desenvolvem nas áreas de clima tropical úmido?

Fontes de pesquisa: Maria Elena Simielli. *Geoatlas*. 34. ed. São Paulo: Ática, 2013. p. 118-120. *Atlas geográfico escolar*. 7. ed. Rio de Janeiro: IBGE, 2016. p. 90.

Vegetação de Mata dos Cocais no Piauí, em 2017.

Relevo e hidrografia

O relevo da Região Nordeste é composto tanto por áreas de baixas altitudes quanto por outras mais elevadas, como a serra da Borborema, com altitudes que variam entre 500 e 1220 metros, e a chapada Diamantina, com altitudes que ultrapassam 1800 metros.

Essas características do relevo propiciam a presença de rios de planalto e rios de planície.

As características climáticas dessa região também favorecem a presença de rios com regimes diferentes. Nas áreas em que ocorrem longos períodos de estiagem, há rios temporários, que secam durante os longos períodos sem chuvas. Em outras áreas da região, predominam os rios permanentes, cujas nascentes e afluentes alimentam seus cursos durante o período seco.

Em geral, os rios do Nordeste são utilizados tanto como vias de transporte quanto como fonte de água e alimento. O rio São Francisco, maior rio perene da região, é um exemplo disso, além de ser utilizado como fonte de geração de energia elétrica.

Fonte de pesquisa: *Atlas geográfico escolar*. 7. ed. Rio de Janeiro: IBGE, 2016. p. 88.

1. Qual é a altitude predominante nas áreas costeiras da Região Nordeste?

2. Qual é a maior altitude registrada na Região Nordeste? Descreva sua localização.

3. A maior parte do curso do rio São Francisco percorre qual faixa de altitude?

Paisagem da serra da Borborema no município de Serra de São Bento, Rio Grande do Norte, em 2018.

162

Chapada Diamantina

A área de planalto que compõe a chapada Diamantina, localizada no estado da Bahia, é marcada por formas de relevo de altitudes elevadas e grandes paredões com o topo achatado semelhante ao formato de uma mesa, áreas denominadas chapadas.

A ocupação da chapada Diamantina por povos não indígenas ocorreu no século XVIII durante o período da mineração, em razão de terem sido encontradas grandes quantidades de diamantes nessa região.

Trata-se de uma região rica em espécies vegetais típicas da Caatinga, vegetação predominante, e com a Mata Atlântica presente em algumas áreas.

Em meados da década de 1980 foi criado o Parque Nacional da Chapada Diamantina, atualmente administrado pelo ICMBio – Instituto Chico Mendes, pertencente ao Ministério do Meio Ambiente. A criação do parque permitiu a implantação de projetos de preservação das riquezas naturais, como a flora e a fauna da região. Alguns mamíferos também são protegidos da extinção na área do parque, como o tatu-canastra, a onça-parda e o tamanduá--bandeira, além de algumas espécies de aves, como o gavião-pomba e a águia-cinzenta.

Chapada Diamantina

Fonte de pesquisa: *Atlas geográfico escolar.* 7. ed. Rio de Janeiro: IBGE, 2016. p. 170.

Paisagem da chapada Diamantina no município de Palmeiras, Bahia, em 2016.

Sub-regiões do Nordeste

Em razão da diversidade de características naturais de cada porção do Nordeste, essa região é dividida em quatro sub-regiões: Zona da Mata, Agreste, Sertão e Meio-Norte.

Conheça, a seguir, algumas das principais características dessas sub-regiões e suas localizações.

Zona da Mata

Por apresentar clima com elevadas temperaturas e períodos chuvosos, sua porção litorânea era originalmente coberta pela floresta Tropical, também chamada Mata Atlântica (por isso o nome Zona da Mata). Essa área recoberta pela floresta se estendia pela borda leste das serras e chapadas que margeiam a faixa litorânea. Atualmente, essas áreas de floresta foram desmatadas para dar lugar a áreas urbanas e grandes lavouras monocultoras.

Agreste

Área de transição entre a Zona da Mata e o Sertão. Apresenta trechos úmidos, onde se encontra a floresta Tropical, e trechos secos, onde predomina a Caatinga.

Fonte de pesquisa: Manoel Correia de Andrade. *A terra e o homem no Nordeste.* 7. ed. São Paulo: Cortez, 2005. p. 22.

Sertão

Predomina o clima semiárido, de elevadas temperaturas e seco, em razão dos curtos períodos chuvosos, entre dois e três meses no ano. A Caatinga, vegetação típica do Sertão, é formada por plantas adaptadas à pouca disponibilidade de água, como os cactos. No período de estiagem, os leitos de muitos rios do Sertão secam completamente.

Meio-Norte

Área de transição entre o Sertão, de clima semiárido, e a Amazônia, de clima equatorial quente e úmido. Por isso, apresenta vegetação variada, como Caatinga, Cerrado, floresta Amazônica e Mata dos Cocais.

1 De acordo com o mapa desta página, em qual das sub-regiões da Região Nordeste a Mata Atlântica é nativa?

2 Qual das sub-regiões encontra-se localizada entre o Meio-Norte e o Agreste?

Atividades

Organizando o conhecimento

1. Copie a tabela abaixo no caderno, complete-a com base nas informações do mapa da página **160** e calcule a densidade demográfica dos estados da Região Nordeste no ano de 2018.

Estado	População (hab.)	Área territorial (km²)	Densidade demográfica (hab./km²)
Maranhão		331 937	
Piauí	3 264 531		13
Ceará	9 075 649		61
Rio Grande do Norte		52 811	
Paraíba		56 468	
Pernambuco	9 496 294		96,8
Alagoas		27 848	
Sergipe	2 278 308		103,9
Bahia	14 812 617		26,2

IBGE. Disponível em: <www.ibge.gov.br>. Acesso em: 6 set. 2018.

2. Com base na tabela da questão **1**, responda:

   a) Qual é o estado com a maior área territorial da Região Nordeste? E o estado com a menor área?

   b) Qual estado possui a maior população?

   c) Qual é o estado com maior densidade demográfica?

   d) O estado mais populoso é o mais povoado? Justifique.

Conectando ideias

3. **Analise** os climogramas respondendo às questões que seguem.

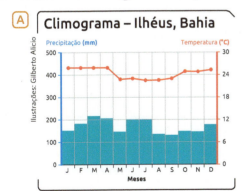

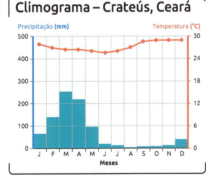

Fonte de pesquisa dos gráficos: Climatempo. *Climatologia*. Disponível em: <www.climatempo.com.br>. Acesso em: 30 jul. 2018.

   a) Qual dos climogramas representa clima mais chuvoso?

   b) Quais são os meses menos chuvosos no climograma da cidade de Crateús?

   c) Qual dos climogramas representa o clima semiárido e qual representa o clima tropical?

   d) Qual é a característica comum entre esses dois climas que atuam na Região Nordeste?

165

CAPÍTULO 17
A seca no Sertão do Nordeste

O clima semiárido do Sertão é o mais seco do país, com pluviosidade anual variando entre 300 milímetros (mm) e 1 000 mm. Em 50% do Sertão, os índices pluviométricos variam entre 500 mm e 750 mm.

Além de poucas, as chuvas no Sertão são mal distribuídas ao longo do ano. Em geral, as épocas mais chuvosas vão de dezembro a abril, no entanto, em determinadas áreas, os períodos de estiagem são mais prolongados, podendo permanecer até onze meses sem chover.

Quando as chuvas não caem na época prevista e o período de estiagem se prolonga de um ano para o outro, ocorre a seca.

As secas no Sertão estão associadas, entre outros motivos, às mudanças na circulação atmosférica, provocadas pelo aquecimento anormal das águas do oceano Pacífico, fenômeno conhecido como *El Niño*.

Observe o mapa da próxima página, que representa, de maneira simplificada, os efeitos do *El Niño* em diferentes lugares do mundo.

Na foto abaixo, vegetação de Caatinga no período de chuvas no município de Cerro Corá, Rio Grande do Norte, em 2018.

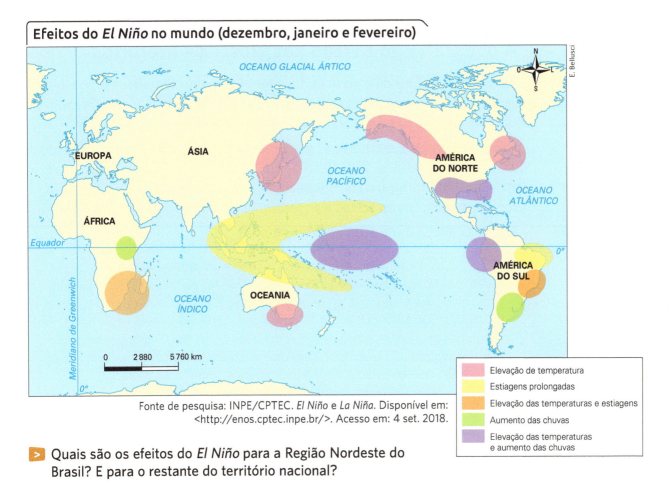

Fonte de pesquisa: INPE/CPTEC. *El Niño* e *La Niña*. Disponível em: <http://enos.cptec.inpe.br/>. Acesso em: 4 set. 2018.

> Quais são os efeitos do *El Niño* para a Região Nordeste do Brasil? E para o restante do território nacional?

Com o *El Niño*, uma zona de alta pressão atmosférica se estabelece sobre o Sertão, impedindo que as massas de ar úmidas, que vêm da Amazônia e do oceano Atlântico, cheguem à região.

As características do relevo nordestino também contribuem, em grande parte, para a escassez de chuvas no Sertão. As altitudes mais elevadas ao longo da faixa litorânea, principalmente as encostas íngremes do planalto da Borborema, que se estende desde o Rio Grande do Norte até Alagoas, funcionam como uma barreira aos ventos úmidos que sopram do oceano.

Ao se encontrarem com esse relevo, os ventos carregados de umidade se elevam, formando nuvens que dão origem a chuvas intensas e frequentes, chamadas chuvas orográficas. Assim, quando chegam ao interior do continente, os ventos já perderam a umidade e estão secos, o que dificulta a formação de nuvens e a ocorrência de chuvas.

Observe a ilustração ao lado e veja como o relevo exerce influência sobre o clima do Sertão.

Representação sem proporção de tamanho. Cores-fantasia.

Fonte de pesquisa: Francisco Mendonça; Inês Moresco Danni-Oliveira. *Climatologia*: noções básicas e climas do Brasil. São Paulo: Oficina de Textos, 2007. p. 72.

Geografia e Língua Portuguesa

A geografia do Sertão nos clássicos literários

Por meio da leitura de alguns textos literários, como romances e poesias, podemos conhecer melhor as características de determinado local ou região, como suas paisagens e seus aspectos naturais e culturais.

A Região Nordeste, em especial, já foi retratada em muitos clássicos da literatura brasileira, como no livro *Vidas Secas*, de Graciliano Ramos. Esse livro é considerado uma obra-prima ao descrever de maneira singular as características da seca, das paisagens do Sertão e as condições de vida da população sertaneja.

Agora, conheça um trecho da referida obra.

> [...] Olhou a caatinga amarela, que o poente avermelhava. Se a seca chegasse, não ficaria planta verde. Arrepiou-se. Chegaria, naturalmente. Sempre tinha sido assim, desde que ele se entendera. E antes de se entender, antes de nascer, sucedera o mesmo – anos bons misturados com anos ruins. A desgraça estava em caminho, talvez andasse perto. Nem valia a pena trabalhar. Ele marchando para casa, trepando a ladeira, espalhando seixos com as alpercatas – ela se avizinhando a galope, com vontade de matá-lo.
>
> Virou o rosto para fugir à curiosidade dos filhos, benzeu-se. Não queria morrer. Ainda tencionava correr mundo, ver terras, conhecer gente importante como seu Tomás da bolandeira. Era uma sorte ruim, mas Fabiano desejava brigar com ela, sentir-se com força para brigar com ela e vencê-la. Não queria morrer. Estava escondido no mato como tatu. Duro, lerdo como tatu. Mas um dia sairia da toca, andaria com a cabeça levantada, seria homem.
>
> – Um homem, Fabiano. [...]
>
> Graciliano Ramos. *Vidas Secas*. 84. ed. São Paulo: Record, 2002. p. 23-24.

1. Qual é o enfoque principal do trecho do texto apresentado?

2. Encontre no texto, depois anote no caderno, elementos que identificam características do Sertão nordestino em época de seca.

168

Atividades

Organizando o conhecimento

1. Justifique por que a frase a seguir apresenta erro de informação.

> As chuvas no Sertão são bem distribuídas ao longo do ano. Os períodos de estiagem raramente acontecem e quando ocorrem são curtos, não excedendo o tempo de um mês.

2. Escreva o nome do fenômeno, que ocorre no Sertão, referente ao período de estiagem que se prolonga de um ano para outro.

3. Explique como o relevo do litoral nordestino exerce influência direta sobre o clima do Sertão.

Conectando ideias

4. Leia a manchete de jornal a seguir. Depois, **responda** no caderno às questões propostas.

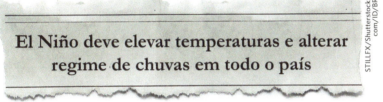

Ministério da Ciência, Tecnologia, Inovações e Comunicações, 29 ago. 2018. Disponível em: <http://www.mctic.gov.br/mctic/opencms/salaImprensa/noticias/arquivos/2018/08/El_Nino_deve_elevar_temperaturas_e_alterar_regime_de_chuvas_em_todo_o_pais.html>. Acesso em: 12 set. 2018.

a) De que maneira o fenômeno *El Niño* está associado à ocorrência das secas na região Nordeste?

b) Que outros fatores, além do *El Niño*, contribuem para a ocorrência das secas na Região Nordeste?

5. Observe o perfil topográfico a seguir e **responda** às questões abaixo.

Fonte de pesquisa: Gisele Girardi e Jussara Vaz Rosa. *Atlas geográfico do estudante*. São Paulo: FTD, 2016. p. 58.

a) Qual forma de relevo representada no perfil possui maior altitude?

b) Em qual faixa de altitude está localizada a serra do Cachimbo?

c) Quais rios mostrados no perfil estão localizados na faixa de altitude entre 0 e 200 metros de altitude?

169

CAPÍTULO 18

População da Região Nordeste

A população do Nordeste foi se formando com a miscigenação entre indígenas, negros africanos e brancos europeus. Essa mistura de diferentes grupos humanos é o que explica atualmente a heterogeneidade da população nordestina, principalmente em sua rica cultura.

A distribuição da população nordestina pelo território da região é irregular, fato que pode ser observado no mapa ao lado, sobretudo ao compararmos o litoral com as áreas do interior.

Note que na faixa que compreende a Zona da Mata, assim como o Agreste, é onde está concentrada a maior parte da população. Já as áreas do interior, localizadas nas sub-regiões do Sertão e no Meio-Norte, são menos povoadas.

Fonte de pesquisa: Graça Maria Lemos Ferreira. *Atlas geográfico*: espaço mundial. 4. ed. São Paulo: Moderna, 2013. p. 131.

As características naturais e socioeconômicas estão entre os aspectos que influenciam na irregular distribuição da população pelo território. No litoral estão os maiores centros urbanos e industriais, onde as oportunidades de emprego e acesso a serviços de saúde e lazer, entre outros, atraem a população. Todos os anos várias pessoas de outras partes do Nordeste, e também de outras regiões do país, têm se dirigido a essa área da região.

Vista de indústria de pneus na cidade de Feira de Santana, Bahia, em 2017.

Migração nordestina

Leia o depoimento a seguir.

> [...] Quando tinha uma temporada de seca como era a vida?
>
> [...] Nós saíamos à boca da noite e íamos, com 7 quilômetros de distância, num rio temporário que a seca já tinha esgotado toda a água. Cavava uma cacimba, um poço. A água fluía, a gente enchia o pote e voltava para casa. [...] Não era água doce, não. Era ruim a água. Então era difícil na época da seca. E trazíamos água para a gente, para lavar, para comer, para beber, para os animais. Senão morria tudo. [...]
>
> Veio para São Paulo aos 16 anos. Com quem foi, como foi, por quê?
>
> [...] Nós viemos com toda a família, [...] porque lá em Alagoas a sobrevivência também não estava boa. Então, com medo da fome, fugindo da seca, nós viemos para cá. Meu pai vendeu também uma gleba que nós tínhamos em Alagoas. [...].
>
> Inácio Pereira Gurgel. Criação da vida. *Museu da pessoa.* Disponível em: <www.museudapessoa.net/pt/conteudo/historia/criacao-da-vida-101449>. Acesso em: 10 set. 2018.

Baseado no texto, troque ideias com os colegas e com o professor sobre a relação entre a seca e os movimentos populacionais do Nordeste.

Além das mudanças ocasionadas na paisagem, a seca provoca consequências diretas sobre a vida da população que vive no Sertão. Durante o período mais prolongado de seca, a falta de água prejudica os agricultores, principalmente os pequenos proprietários rurais, que muitas vezes perdem seus rebanhos e suas lavouras, inclusive aquelas produzidas para o próprio consumo. Sem condições de sobreviver por meio do trabalho com a terra, muitas famílias abandonam o campo e migram para outras áreas, fugindo da seca.

Entre as décadas de 1950 e 1980, os migrantes nordestinos dirigiram-se principalmente para as cidades de São Paulo e Rio de Janeiro, em busca de trabalho nas fábricas, na construção civil, entre outros postos de trabalho.

Outras correntes migratórias também ocorreram nessa mesma época em direção a Brasília, durante e após a construção da nova capital federal, e para a Amazônia, nas novas áreas de fronteira agrícola.

Mais recentemente, grande parte dos trabalhadores que deixam o Sertão tem migrado para as grandes cidades da Região Nordeste, como Salvador, Recife e Fortaleza, que estão passando por um período de crescimento econômico, como veremos mais adiante. Contudo, essa migração tem causado sérios problemas, como o inchaço populacional dessas cidades.

Desde os anos 2000, o Nordeste tem presenciado um movimento de retorno de migrantes nordestinos tanto para áreas do litoral da região quanto para áreas do interior, em direção a cidades importantes, como Campina Grande e Caruaru.

Retirantes nordestinos deixando sua terra natal por causa da seca, no Ceará, em 1958.

Ampliando fronteiras

Manifestações culturais no Nordeste

As manifestações culturais fazem parte da identidade cultural de um povo ou de uma região, pois expressam as tradições, entre elas as festas, os alimentos típicos e o artesanato. Essas manifestações também contam um pouco da trajetória da população, do lugar em que vivem, de seu cotidiano e dos valores que cultivam.

Observe a seguir os principais aspectos de algumas das expressões culturais da Região Nordeste.

Garrafinha de areia.

A riqueza do **artesanato** nordestino encanta os turistas e o faz conhecido e admirado em todo o Brasil.

Grande parte do artesanato regional é produzida com matérias-primas da fauna e da flora local, como a areia colorida, o barro, o couro, a madeira, a casca do coco e a palha da juta.

São exemplos desses trabalhos as famosas garrafinhas de areia, as esculturas, os cestos de palha e as peças de renda.

A **Festa de São João** foi trazida ao Nordeste pelos jesuítas europeus e tornou-se popular na região. Com o tempo, a tradição de festas juninas se espalhou pelo Brasil. No entanto, sua manifestação mais expressiva ainda é no Nordeste.

As festas realizadas em Caruaru, Pernambuco, e em Campina Grande, Paraíba, atraem milhares de pessoas todos os anos.

A festa reúne quadrilha, fogueira, *shows*, comidas típicas, entre outros elementos juninos tradicionais.

O **Carnaval** é considerado a maior manifestação da cultura popular brasileira. Essa festa mistura elementos das culturas africana, indígena e europeia.

No Nordeste, ele é comemorado de diversas maneiras, todas elas com características muito próprias. Na Bahia, por exemplo, a festa acontece com muita dança embalada pelos tambores e outros instrumentos que dão ritmo ao **axé-*music***.

1. Você já conhecia ou havia participado de alguma dessas manifestações culturais? Conhece outra expressão cultural característica da Região Nordeste? Compartilhe essas informações com os colegas.

2. O que podemos saber sobre um povo ao conhecer um pouco sobre as suas expressões e manifestações culturais? Essas informações são importantes? Por quê?

3. Quais são as manifestações culturais do lugar onde você vive? Dividam-se em grupos e pesquisem sobre algumas delas. Depois, organizem essas informações para apresentá-las à turma. Durante a apresentação, procurem explicitar o que cada manifestação revela sobre a identidade cultural da sua região.

A **culinária** nordestina é bem conhecida em todo o Brasil. Ela mistura características da culinária típica dos indígenas, dos africanos e dos colonizadores europeus.

São exemplos: acarajé, caruru, vatapá, tapioca, moqueca, carne de sol, cuscuz, mungunzá, queijo de coalho e rapadura.

Caruru.

Em Recife, a festa é embalada pelo ritmo do **frevo**, uma dança individual, de ritmo rápido, em que o dançarino utiliza uma sombrinha colorida.

Os habitantes da Zona da Mata, em Pernambuco, comemoram o Carnaval com o **Maracatu** rural, uma manifestação marcada por cantos acompanhados pelo ritmo de instrumentos como bombo, clarinete e trompete.

O personagem que mais chama a atenção nessa manifestação é o **Caboclo da Lança**. Ele se apresenta com roupa e cabelos coloridos, além de usar uma lança enfeitada com fitas.

Em Olinda, a festa é realizada com o acompanhamento dos típicos **bonecos gigantes**.

Muitas vezes, esses bonecos representam grandes artistas ou personalidades nacionais e internacionais.

▌ Seca: um problema climático?

Nas épocas em que a seca atinge o Sertão nordestino, acompanhamos algumas ações desenvolvidas pelo governo, como programas assistenciais, abertura de frentes de trabalho para a construção de açudes ou estradas e a distribuição de água em caminhões-pipa, como mostra a foto abaixo.

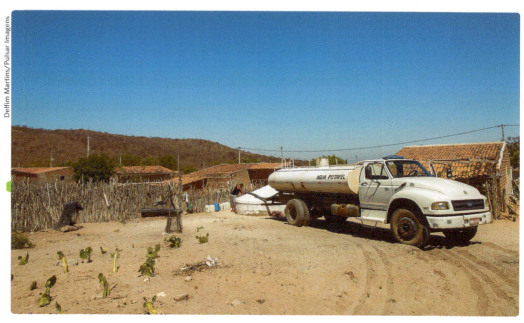

Na foto, distribuição de água de um caminhão-pipa em domicílio do município de Floresta, Pernambuco, em 2016.

De certo modo, essas ações contribuem para amenizar os danos causados pela seca à população, mas não resolvem o problema, porque são apenas medidas paliativas para conter os efeitos imediatos desse fenômeno natural. Entretanto, sempre que ocorre uma nova seca, essas ações são colocadas em prática, porque, na falta de alternativas, a escassez de água continuará atingindo diretamente a população que vive no Sertão.

Outro problema é que muitas medidas de combate às secas beneficiam apenas uma parte da população local, formada por lideranças políticas e grandes fazendeiros, que tiram proveito da situação. Muitos dos representantes públicos, eleitos para desenvolver projetos relacionados às secas, acabam distribuindo as respectivas verbas de acordo com os seus interesses. Eles favorecem preferencialmente pequena parte de seus eleitores, que conseguem acesso facilitado à distribuição de água.

Além disso, muitas vezes, as verbas são desviadas para a construção de açudes ou para a perfuração de poços nas propriedades dos próprios políticos ou de fazendeiros, que conseguem ampliar ainda mais o controle sobre o acesso à água.

Essa manipulação política em relação às verbas de combate à seca ficou conhecida como "indústria da seca".

▌ **Paliativa:** atitudes e medidas que servem para minimizar, temporariamente, os efeitos ou danos causados por fenômenos naturais, por exemplo.

> Será que ações como as citadas nesta página são suficientes para acabar definitivamente com o problema que a seca gera à população? Converse sobre isso com os colegas e o professor.

Cisterna

No Sertão, uma das atitudes adotadas por moradores para lidar com os efeitos da seca é a construção de cisternas, um tipo de reservatório usado para captar e armazenar água da chuva, que auxilia os moradores durante os longos períodos de estiagem.

Essa alternativa representa uma atitude de prudência, tanto por parte dos moradores quanto dos órgãos públicos e privados que apoiam financeiramente essa prática. Infelizmente, esse recurso não chega a locais onde não há o devido apoio de prefeituras, órgãos estaduais ou mesmo de ONGs, e onde os moradores do Sertão nordestino não têm condições financeiras para construir uma cisterna.

Isso não significa que essas pessoas não sejam prudentes. Outras ações, como a perfuração de poços e o cuidado com os açudes, também fazem parte de iniciativas cautelosas e prudentes de muitos nordestinos.

Leia o depoimento de um nordestino que construiu uma cisterna em sua casa.

Embora seja mais evidente no Sertão nordestino, a escassez de água é um problema que pode atingir outras regiões do Brasil. Portanto, pensar em formas de economizar água é uma atitude prudente para todos nós, independentemente da região em que moramos. Pensando nisso, reúnam-se em duplas e conversem sobre esse assunto.

> "Melhorou demais, demais mesmo. Antes água salobra, às vezes dava até dor de barriga nas pessoas. Hoje em dia, não. Hoje em dia é agua limpa de qualidade", conta o agricultor Francisco Linhares.
>
> A última chuva caiu no mês de julho. Foi o suficiente para encher a cisterna de 16 mil litros. Já se passaram quase cinco meses e ainda tem muita água por lá. [...]"

Nordeste dá exemplos de convivência com a escassez de água. *G1*. Disponível em: <http://g1.globo.com/jornal-nacional/noticia/2014/11/nordeste-da-exemplos-de-convivencia-com-escassez-de-agua.html>. Acesso em: 6 set. 2018.

Açude: represamento da água, formando um lago.

Salobra: característica da água que possui alguns sais ou outras substâncias dissolvidas que são desagradáveis ao paladar.

Moradia com cisterna no município de Santaluz, Bahia, em 2018.

A transposição do rio São Francisco

Entre as ações promovidas pelo governo federal para combater os efeitos da seca está o projeto que prevê a transposição das águas do rio São Francisco. Ele consiste em bombear parte das águas do rio até as áreas do interior do Sertão nordestino.

Leia o texto a seguir e conheça um pouco mais sobre a transposição das águas do rio São Francisco.

> O Projeto de Integração do Rio São Francisco levará água para 12 milhões de pessoas nos estados de Pernambuco, Paraíba, Ceará e Rio Grande do Norte. Serão contemplados 390 municípios.
>
> O empreendimento hídrico é composto por dois eixos de transferência de água: Norte, com 260 quilômetros de extensão; e Leste, com 217 quilômetros. As estruturas captam a água do Rio São Francisco, no interior de Pernambuco, para abastecer adutoras e ramais que vão perenizar rios e açudes existentes na região.
>
> Ao longo dos dois eixos – Norte e Leste –, 294 comunidades rurais também serão beneficiadas. Com apoio financeiro da União, os governos estaduais vão construir sistemas de distribuição de água para contemplar os 78 mil habitantes nessas localidades.
>
> [...]
>
> BRASIL. Ministério da Integração Nacional. *Água para 12 milhões de pessoas*. Disponível em: <http://www.mi.gov.br/web/projeto-sao-francisco/agua-para-12-milhoes-de-pessoas>. Acesso em: 11 set. 2018.

A inauguração do Eixo Leste da transposição em 2017 levou água do São Francisco a municípios do Pernambuco e da Paraíba.

Alguns criticam a transposição do rio São Francisco alegando que, entre os problemas decorrentes do projeto estão a erosão de vários trechos do rio e a diminuição da quantidade de água utilizada para geração de energia nas hidrelétricas.

Veja no mapa abaixo o projeto de transposição do rio São Francisco.

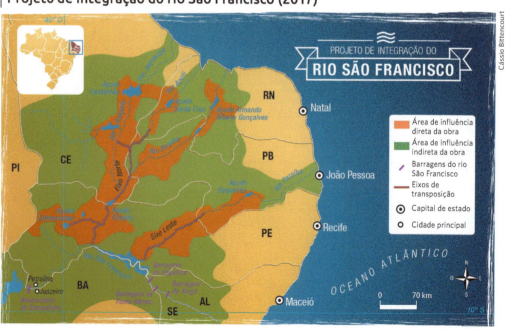

Projeto de integração do rio São Francisco (2017)

Fontes de pesquisa: BRASIL. Ministério da Integração Nacional. *Projeto de integração do rio São Francisco*. Disponível em: <http://www.mi.gov.br/documents/47109/4116809/Mapa_metas_final.jpg/3bc5d6cb-fd97-4e44-a299-e27d26833f56?t=1483559259913>. Nelson Bacic Olic. Água para quem? *Mundo: Geografia e Política internacional*. Ano 13, n.3, maio 2005. p.5. Disponível em: <www.clubemundo.com.br/pages/pdf/2005/mundo0305.pdf>. Acessos em: 4 out. 2018.

176

Atividades

Organizando o conhecimento

1. De acordo com o que você estudou, explique como está distribuída a população pelo território da Região Nordeste.

2. Quais são as influências na vida dos nordestinos que vivem sob os efeitos da seca?

3. Quais cidades brasileiras mais receberam nordestinos entre as décadas de 1950 e 1980?

4. Cite algumas ações desenvolvidas pelo governo para amenizar os danos causados pela seca à população nordestina.

Conectando ideias

5. Leia e **analise** a frase a seguir.

> A seca é uma questão social, política, muito mais do que problema climático.
>
> Celso Furtado. A seca social. *Carta Capital*, São Paulo/Rio de Janeiro, Confiança, ano 3, n. 74, p. 174, 1998.

- **Escreva um texto**, no caderno, **explicando** a mensagem dessa frase em relação à chamada "indústria da seca".

6. Leia as informações abaixo, que apresenta pontos de vista diferentes em relação à obra de transposição do rio São Francisco.

A FAVOR

[...] Sem alternativas

Algumas alternativas para o combate à seca já são utilizadas no Nordeste. São as cisternas, poços, açudes e adutoras.

Mas segundo o Ministério da Integração Nacional, nenhuma delas trata do problema com eficácia, funcionando apenas temporariamente. Para o governo federal, nos açudes há perda excessiva de água; a captação por meio de poços não serve a todo tipo de terreno; e as cisternas não resultam em avanço econômico significativo.

CONTRA

[...] Alternativas eficazes

Apesar da necessidade de água no semiárido, todos os estados do Nordeste possuem potencial hídrico suficiente para sua população [...] Os críticos da transposição alegam que as soluções propostas e já em andamento são viáveis, tais como a captação e dessalinização de águas subterrâneas, a construção de adutoras, a construção de açudes, poços, cisternas, o reúso de água, todas dependentes apenas de recursos hídricos locais.

Felipe Lavignatti. Projeto São Francisco. *Estadão*. Disponível em: <http://www.estadao.com.br/ext/especial/extraonline/especiais/saofrancisco/>. Acesso em: 5 set. 2018.

Depois da leitura, **debata** o assunto com os colegas de sala. Para isso, dividam-se em dois grupos: o primeiro defenderá as ideias favoráveis à transposição do rio São Francisco, e o segundo defenderá as ideias contrárias ao projeto. Em seguida, **produzam** um texto coletivo **apresentando** as conclusões a que vocês chegaram.

CAPÍTULO 19

Economia do Nordeste

Agropecuária

O crescimento econômico da Região Nordeste nas últimas décadas vem sendo impulsionado, principalmente, pelo surgimento de áreas com expressivo dinamismo econômico. Essas áreas vêm reaquecendo os mais diversos setores da economia nordestina.

Muitas áreas do Nordeste, inclusive aquelas localizadas em pleno Sertão, vêm se tornando importantes polos de produção agrícola, com lavouras irrigadas que produzem frutas, como melão, maçã, mamão, manga, caju e uva, além de café, soja e arroz. Já no Meio-Norte, principalmente no oeste da Bahia e sul do Piauí e do Maranhão, técnicas modernas de cultivo, com o emprego de maquinários agrícolas, fertilizantes e adubos, estão promovendo elevada produção de grãos, como a soja. Veja a foto abaixo.

Como boa parte dessas produções destina-se ao mercado externo, sobretudo para Estados Unidos e Europa, as exportações garantem uma importante fonte de receita para os estados nordestinos.

> Compare o mapa ao lado com o mapa da página 164 e identifique as sub-regiões do Nordeste onde está a maior concentração de agricultura irrigada no Nordeste.

Agricultura irrigada na Região Nordeste (2012)

Fonte de pesquisa: Brasil. Ministério da Integração Nacional. *Concentração da área irrigada nos municípios brasileiros*. Disponível em: <www.integracao.gov.br/image/image_gallery?uuid=8fbd12ed-dbcb-4689-9bd1-831f12a6d21f&groupId=10157&t=1354567876444>. Acesso em: 4 set. 2018.

A foto abaixo mostra uma lavoura de milho, irrigada por pivô central, em propriedade rural no município de Mucugê, Bahia, em 2016.

Na Zona da Mata, destacam-se os grandes latifúndios monocultores de cana-de-açúcar. Já no Agreste, no Meio-Norte e no Sertão encontramos, sobretudo, a produção agrícola de feijão, mandioca, milho e algodão.

No Sertão, as pequenas lavouras voltadas geralmente para o consumo próprio costumam ser praticadas em áreas de brejos, onde a umidade possibilita o cultivo de gêneros agrícolas. A maior parte da atividade agrícola desenvolvida na região do Sertão nordestino utiliza técnicas tradicionais de cultivo. Veja a foto abaixo.

Agricultores plantando cebola em propriedade rural no município de Cabrobó, Pernambuco, em 2018.

A pecuária, destinada principalmente à produção de leite e derivados, é uma atividade de grande importância para a economia da Região Nordeste. No Sertão, ela é muito expressiva, e normalmente é praticada de modo extensivo em grandes latifúndios.

A Região Nordeste concentra 93% da criação de caprinos no Brasil. Esses animais se caracterizam pela resistência ao clima semiárido da região.

Ao lado, criação de caprinos em propriedade rural no município de Poções, Bahia, em 2016.

179

Indústria

Muitas empresas têm se instalado na Região Nordeste, atraídas pelos incentivos fiscais concedidos pelos estados ou municípios e pelo menor custo da mão de obra, se compararmos com os salários pagos nas áreas mais industrializadas de outras regiões do país, como a Sudeste. Entre essas empresas estão as que atuam em setores mais tradicionais, como o alimentício e o de vestuário (têxtil e calçados), e também as mais avançadas tecnologicamente, como as de informática, petroquímica e automobilística.

Também estão presentes na Região Nordeste indústrias extrativas minerais e de recursos energéticos fósseis, voltadas sobretudo para minerais, como chumbo, cobre, cloreto de sódio e petróleo.

A Zona da Mata é a região onde está localizada grande parte das indústrias da Região Nordeste, por exemplo, o Distrito Industrial de Ilhéus, na Bahia, e o Complexo Industrial Portuário de Suape, em Pernambuco. Além da presença de um importante mercado consumidor, essa sub-região conta com uma rede de transporte, composta por rodovias, ferrovias, portos e aeroportos.

> **Incentivos fiscais:** benefícios, como impostos baixos ou isenção deles, doação de terrenos, entre outros, que estimulam empresas a investirem no local.

Na foto, vista do Complexo Industrial Portuário de Suape, no município de Ipojuca, Pernambuco, em 2015.

▶ **Aprenda mais**

No *site* da Superintendência do Desenvolvimento do Nordeste (Sudene) é possível encontrar diversas informações acerca da economia da Região Nordeste, como projetos de desenvolvimento sustentável de base econômica regional.

Sudene. Disponível em: <http://linkte.me/qh144>. Acesso em: 5 set. 2018.

180

Turismo

Outro setor que vem impulsionando o crescimento econômico da região é o turismo, uma das atividades que mais geram renda e emprego para a população local. O setor turístico é desenvolvido em vários municípios da região, principalmente ao longo do litoral nordestino. Isso atrai um número cada vez maior de visitantes e estimula a construção de grandes complexos turísticos, como mostra a foto abaixo.

Observe o mapa ao lado e verifique onde se localizam as áreas de maior dinamismo econômico do Nordeste.

1. Observe novamente o mapa das sub-regiões do Nordeste, na página **164**, e responda em qual sub-região do Nordeste estão localizados os principais polos turísticos.

2. Identifique no mapa três tipos de indústrias instaladas na Região Nordeste.

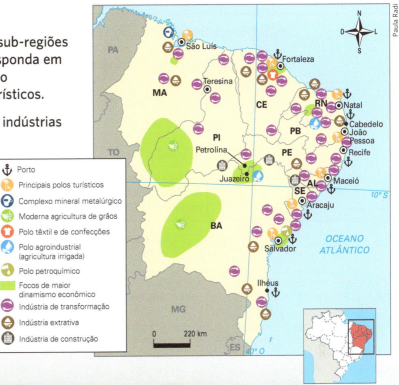

Focos de dinamismo econômico do Nordeste (2013)

Fontes de pesquisa: Nelson Bacic Olic. O Nordeste nos 40 anos da Sudene. *Clube Mundo*, São Paulo: Pangea, ano 8, out. 2000. p. 4. Disponível em: <http://www.clubemundo.com.br/web/pd/2000/mundo06000.pdf>. Acesso em: 4 set. 2018. Maria Elena Simielli. *Geoatlas*. 34. ed. São Paulo: Ática, 2013. p. 126-130.

Paisagem da praia da Barra do Itariri, no município de Conde, Bahia, em 2018.

Atividades

▍Organizando o conhecimento

1. De acordo com o que você estudou, **escreva** os principais fatores que contribuem para que muitas áreas do Nordeste estejam se tornando importantes polos de produção agrícola.

2. Caracterize a atividade pecuária nordestina.

3. Cite os principais fatores que têm atraído muitas empresas para a Região Nordeste.

4. Dê exemplos de indústrias instaladas no Nordeste.

5. Quais aspectos têm feito a Região Nordeste ganhar expressivo dinamismo econômico?

▍Conectando ideias

6. **Observe** o gráfico abaixo. Depois, **responda** no caderno às questões a seguir.

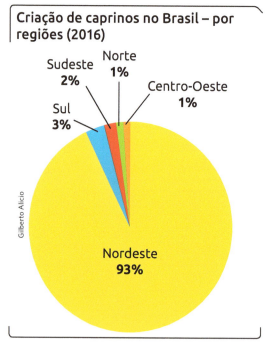

Fonte de pesquisa: IBGE. *Produção da Pecuária Municipal 2016*. Disponível em: <https://www.ibge.gov.br/estatisticas-novoportal/economicas/agricultura-e-pecuaria/9107-producao-da-pecuaria-municipal.html?=&t=resultados>. Acesso em: 24 ago. 2018.

a) Qual é a principal informação representada neste gráfico?

b) De acordo com o gráfico, qual região brasileira se destaca na criação de caprinos?

c) Qual a relação entre o clima semiárido e a criação de caprinos no Nordeste?

7. A Região Nordeste vem se destacando nas últimas décadas pelo seu crescimento econômico, fruto da exploração de suas múltiplas potencialidades. **Observe** nas fotos da página seguinte exemplos dessa potencialidade e, em seguida, **responda** no caderno às questões propostas.

Vista de indústria automobilística na cidade de Camaçari, Bahia, em 2017.

Vista da praia de Coqueirinho, no município de Conde, Paraíba, em 2017.

a) Quais setores da economia nordestina estão representados nas fotos **A** e **B**?

b) De acordo com o que você estudou, **explique** de que maneira as atividades mostradas nessas imagens têm contribuído para o crescimento econômico da Região Nordeste.

Verificando rota

- Os tipos de clima que atuam nessa região apresentam elevadas temperaturas. O clima semiárido influencia o desenvolvimento da vegetação da Caatinga, e o clima equatorial favorece o da Mata dos Cocais.

- Em razão da diversidade de características naturais de cada porção do Nordeste, essa região é dividida em quatro sub-regiões: a Zona da Mata, o Agreste, o Sertão e o Meio-Norte.

- Um aspecto marcante do Nordeste é a ocorrência da seca, um fenômeno natural que influencia intensamente a transformação das paisagens dessa região. Além disso, os efeitos desse fenômeno afetam de maneira significativa grande parte da população que vive no Sertão.

- Durante o período da seca, algumas ações são desenvolvidas pelo governo com o objetivo de amenizar os efeitos da estiagem prolongada. Porém, essas ações, geralmente, são paliativas, privilegiam alguns grupos e acabam impulsionando a chamada "indústria da seca".

- A população do Nordeste está irregularmente distribuída pelo território da região, de maneira que as maiores concentrações populacionais estão nas sub-regiões da Zona da Mata e do Agreste.

- Muitas áreas do Nordeste vêm se tornando importantes polos de produção agrícola, com lavouras irrigadas e uso de técnicas modernas de cultivo.

- Muitas empresas têm sido atraídas para o Nordeste, principalmente pelos incentivos fiscais e pelos baixos custos de mão de obra.

- O turismo vem impulsionando o crescimento econômico do Nordeste, pois cada vez mais gera renda e emprego para a população local.

UNIDADE 6

Região Sudeste

Capítulos desta unidade
- **Capítulo 20 -** Aspectos naturais da Região Sudeste
- **Capítulo 21 -** A população da Região Sudeste
- **Capítulo 22 -** Economia da Região Sudeste

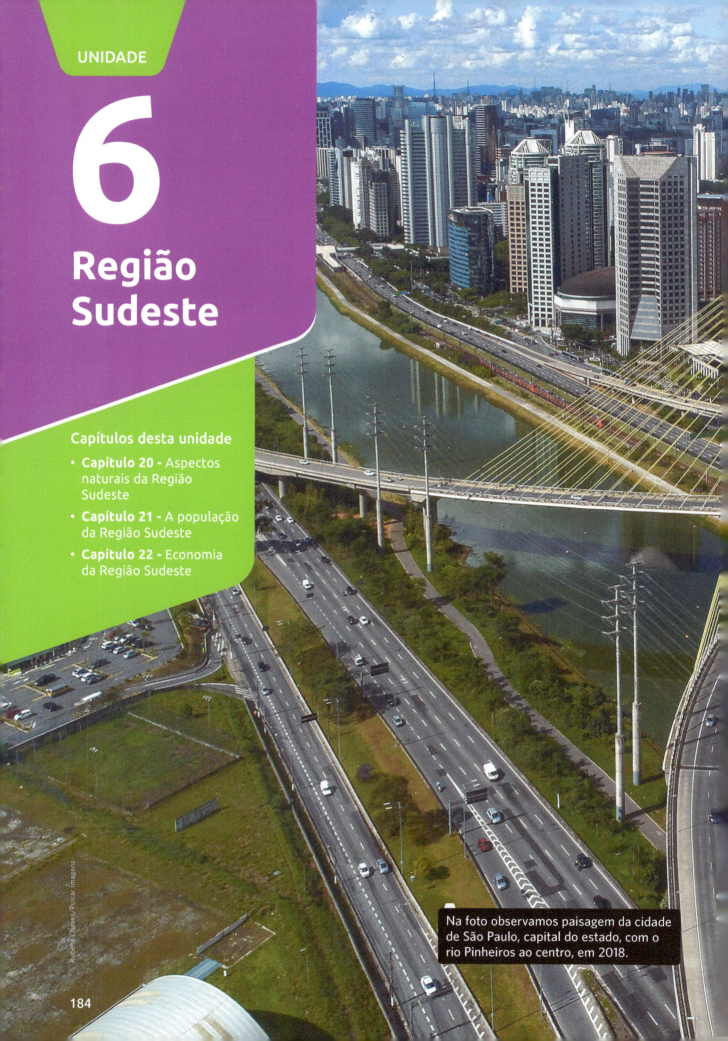

Na foto observamos paisagem da cidade de São Paulo, capital do estado, com o rio Pinheiros ao centro, em 2018.

Iniciando rota

1. Qual característica marcante das áreas urbanas da Região Sudeste a foto mostra?
2. O que você conhece sobre as atividades econômicas desenvolvidas na Região Sudeste?
3. Quais outros aspectos dessa região você conhece? Conte aos colegas.

CAPÍTULO 20
Aspectos naturais da Região Sudeste

A Região Sudeste é composta por quatro estados e corresponde a 11% de todo o território nacional, com extensão de aproximadamente 925 mil km².

Ao longo do tempo, muitas áreas da Mata Atlântica foram devastadas pelo avanço das áreas urbanas e de atividades econômicas, sobretudo a agropecuária. Desse modo, atualmente, a Região Sudeste apresenta alguns fragmentos dessa vegetação.

Nessa região, o relevo de planaltos é predominante e há também uma rede hidrográfica abundante, que será tratada nas páginas posteriores.

Observe no mapa os estados que compõem a Região Sudeste, assim como a população total e a extensão territorial de cada um deles. Veja as informações a seguir.

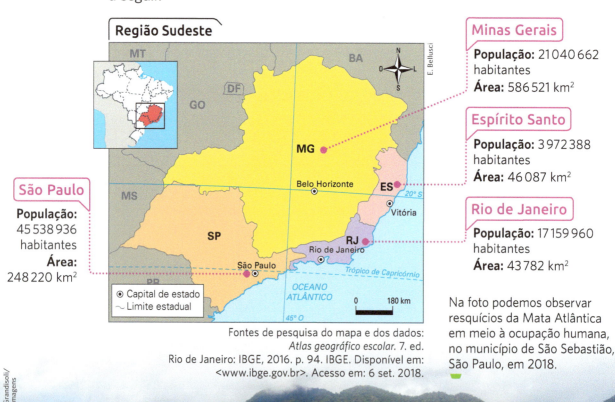

Região Sudeste

São Paulo
População: 45 538 936 habitantes
Área: 248 220 km²

Minas Gerais
População: 21 040 662 habitantes
Área: 586 521 km²

Espírito Santo
População: 3 972 388 habitantes
Área: 46 087 km²

Rio de Janeiro
População: 17 159 960 habitantes
Área: 43 782 km²

Fontes de pesquisa do mapa e dos dados: *Atlas geográfico escolar*. 7. ed. Rio de Janeiro: IBGE, 2016. p. 94. IBGE. Disponível em: <www.ibge.gov.br>. Acesso em: 6 set. 2018.

Na foto podemos observar resquícios da Mata Atlântica em meio à ocupação humana, no município de São Sebastião, São Paulo, em 2018.

Clima e vegetação

A maior parte da Região Sudeste recebe influência do clima tropical típico. Nas áreas que apresentam esse clima, encontra-se a vegetação de Cerrado, que é mais adaptada ao clima, com temperaturas elevadas e verões chuvosos.

Contudo, as formações vegetais que mais se destacam no território da Região Sudeste são o Cerrado e a Mata Atlântica. Conforme podemos observar nos mapas abaixo, a vegetação de Mata Atlântica originalmente se estendia por áreas de clima mais úmido, com chuvas distribuídas durante o ano. Por isso, é mais frequente nas áreas de influência do clima tropical úmido e do clima subtropical, fazendo-se também presente em algumas áreas de transição para o clima tropical típico.

Em toda a faixa costeira da Região Sudeste predominam as formações vegetais litorâneas, como o mangue, e, em uma área menor, ao sul do estado de Minas Gerais, é possível encontrar vegetação de Campos.

Observe os mapas a seguir.

Fonte de pesquisa: Ercilia Torres Steinke. *Climatologia fácil*. São Paulo: Oficina de Textos, 2012. p. 18.

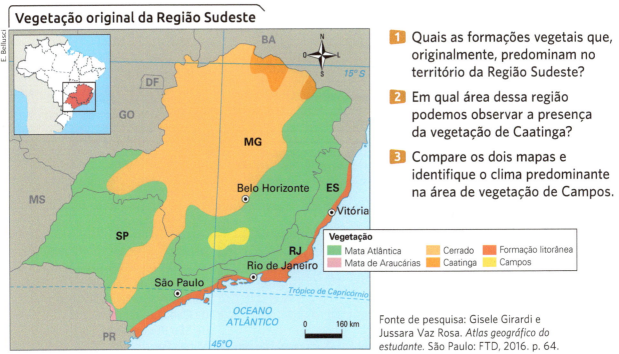

Fonte de pesquisa: Gisele Girardi e Jussara Vaz Rosa. *Atlas geográfico do estudante*. São Paulo: FTD, 2016. p. 64.

1. Quais as formações vegetais que, originalmente, predominam no território da Região Sudeste?

2. Em qual área dessa região podemos observar a presença da vegetação de Caatinga?

3. Compare os dois mapas e identifique o clima predominante na área de vegetação de Campos.

Geografia em representações

Os climogramas e a vegetação

Como sabemos, existem diferentes tipos de clima, sendo alguns com temperaturas mais baixas e poucas chuvas, outros com elevadas temperaturas e chuvosos. Essa variedade de tipos climáticos proporciona a existência de diversas formações vegetais, pois, de acordo com as temperaturas e umidade típicas de um clima, encontramos uma cobertura vegetal que mais bem se adaptou a esse ambiente.

Podemos representar a temperatura e a quantidade de chuvas de determinado lugar ao longo de um ano por meio dos climogramas. De modo geral, suas informações permitem elaborar hipóteses sobre a formação vegetal predominante no lugar.

O climograma do município de Belo Horizonte, no estado de Minas Gerais, por exemplo, apresenta as características do clima tropical típico, ou seja, com temperaturas elevadas ao longo do ano, chuvas abundantes no verão e estiagem no inverno. Veja abaixo o climograma de Belo Horizonte.

Com base na análise das informações do climograma podemos identificar que o Cerrado é a formação vegetal que mais bem se adapta às características descritas para o clima tropical típico onde está localizado o município de Belo Horizonte. Isso porque esse tipo de vegetação se desenvolve originalmente nas regiões de clima quente, que apresentam uma estação mais seca (de maio a setembro) e outra mais chuvosa (de outubro a abril), informações que podemos verificar no climograma de Belo Horizonte. Observe o climograma e a foto.

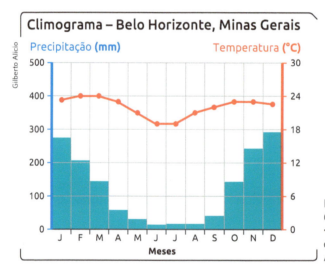

Fonte de pesquisa: Climatempo. *Climatologia*. Disponível em: <www.climatempo.com.br/climatologia/107/belohorizonte-mg>. Acesso em: 6 set. 2018.

Vegetação de Cerrado no Parque Nacional da Serra da Canastra no município de São Roque de Minas, Minas Gerais, em 2018.

Agora, observe abaixo os climogramas dos municípios de Gameleiras, no estado de Minas Gerais, e do Rio de Janeiro, capital do estado.

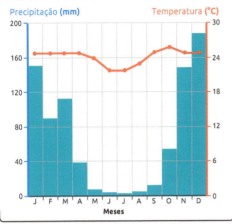

Climograma – Gameleiras, Minas Gerais – Área de clima semiárido

Fonte de pesquisa: Climatempo. *Climatologia*. Disponível em: <www.climatempo.com.br/climatologia/3756/gameleiras-mg>. Acesso em: 6 set. 2018.

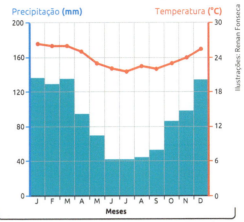

Climograma – Rio de Janeiro, Rio de Janeiro – Área de clima tropical úmido

Fonte de pesquisa: Climatempo. *Climatologia*. Disponível em: <www.climatempo.com.br/climatologia/321/riodejaneiro-rj>. Acesso em: 6 set. 2018.

- Com base na análise das informações dos climogramas acima, observe as formações vegetais mostradas nas foto e identifique qual delas se adapta melhor às características climáticas de cada um dos locais representados (Gameleiras e Rio de Janeiro).

Caatinga

A vegetação de Caatinga é adaptada ao clima quente e seco. Muitas de suas plantas são capazes de armazenar água em seu interior e perder as folhas nos períodos mais secos como forma de evitar a perda de água, mas, no período chuvoso, florescem e frutificam. A foto ao lado mostra área de Caatinga no município de Gameleiras, Minas Gerais, em 2015.

Mata Atlântica

A vegetação de Mata Atlântica é característica de regiões de clima quente e úmido. A ocorrência de temperaturas altas e chuvas abundantes o ano todo permite o desenvolvimento de grande variedade de plantas. Na foto vemos parte da formação vegetal de Mata Atlântica na Reserva Ecológica de Guapiaçu (REGUA) no município do Rio de Janeiro, capital do estado, em 2017.

Mata Atlântica

A Mata Atlântica originalmente esteve presente em uma extensa área do território nacional. Ela se estendia em uma faixa contínua de norte a sul, desde o Rio Grande do Norte até o Rio Grande do Sul, avançando pelo interior até os estados de Goiás e Mato Grosso do Sul.

Atualmente a Mata Atlântica não passa de alguns resquícios, presentes principalmente na faixa mais próxima ao litoral das regiões Sul e Sudeste, na serra do Mar. De acordo com a ONG SOS Mata Atlântica, atualmente existe apenas 8,5% da vegetação original da Mata Atlântica no território brasileiro. Observe o mapa.

Mata Atlântica: vegetação remanescente (2016)

Fonte de pesquisa: Fundação SOS Mata Atlântica. *Atlas dos remanescentes florestais da Mata Atlântica 2016-2017*. Disponível em: <http://mapas.sosma.org.br>. Acesso em: 28 ago. 2018.

A devastação da Mata Atlântica

A Mata Atlântica foi a primeira floresta brasileira a ser intensamente alterada pela ação humana. O processo de devastação dessa floresta teve início no século XVI, com a exploração do pau-brasil, árvore característica dessa formação vegetal. A partir do século XVII, o cultivo de vastas áreas de cana-de-açúcar na Região Nordeste também substituiu a mata por plantações que atendiam à produção dos engenhos.

Em meados do século XIX, o crescimento das áreas urbanas e a ampliação das atividades econômicas intensificaram a devastação da Mata Atlântica. Na Região Sudeste, onde o processo de urbanização e industrialização, como veremos mais adiante, ocorreu de forma intensa, o desmatamento da Mata Atlântica aconteceu na mesma intensidade.

Com o intuito de preservar as áreas remanescentes da Mata Atlântica, diversas ONGs, criadas a partir do final da década de 1980, quando a Constituição Brasileira declarou a Mata Atlântica um Patrimônio Nacional, passaram a lutar pela preservação ambiental e a criar parques para viabilizá-la.

Paisagem da Mata Atlântica no Parque Nacional do Caparaó, um dos parques de preservação dos remanescentes dessa vegetação no município de Iúna, Espírito Santo, em 2018.

Relevo e hidrografia

O relevo da Região Sudeste é formado principalmente por áreas de planaltos que apresentam, em geral, altitudes superiores a 500 m. As áreas de maiores altitudes estão localizadas a leste, próximas ao litoral, entre os estados de São Paulo, Rio de Janeiro e Minas Gerais. Destacam-se nessa região o pico da Bandeira, com 2 891 m, a Pedra da Mina, com 2 798 m de altitude, e o Pico das Agulhas Negras, com 2 790 m de altitude. Observe o mapa.

Nas áreas de serras nasce a maior parte dos rios da Região Sudeste, os quais fluem em direção ao interior por causa da elevação do relevo.

As características do relevo, predominantemente alto, favorecem a presença de rios de planaltos, ou seja, com cachoeiras ou quedas-d'água. Isso confere um grande potencial hidrelétrico aos rios da região, que vêm sendo bastante utilizados para a produção de energia elétrica.

Além do uso para a produção de energia elétrica, os rios da Região Sudeste também são utilizados como via de transporte, pesca e irrigação. Entre os rios, destacam-se o Paraná, Tietê, Paraíba do Sul, Doce e São Francisco.

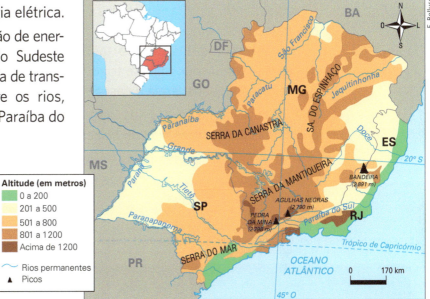

Relevo e hidrografia da Região Sudeste

Fontes de pesquisa: *Atlas geográfico escolar*. 7. ed. Rio de Janeiro: IBGE, 2016. p. 88. Inde. Disponível em: <www.inde.gov.br/noticias-inde/8530-geociencias-ibge-reve-as-altitudes-de-sete-pontos-culminantes.html>. Acesso em: 28 ago. 2018.

1. De acordo com o mapa, qual rio possui vários afluentes e está localizado entre os estados de São Paulo e Mato Grosso do Sul?

2. Qual rio nasce no estado de Minas Gerais e flui em direção à Região Nordeste, sendo bastante importante para essa região?

Vista de uma área da serra da Mantiqueira no estado de São Paulo, em 2017.

Hidrovia Tietê-Paraná

A hidrovia Tietê-Paraná, uma das mais importantes hidrovias de nosso país, está localizada na Região Sudeste. Ela é formada pelo rio Tietê, que percorre o estado de São Paulo, e pelo rio Paraná, que estabelece a divisa entre o Brasil e o Paraguai e ainda delimita os estados do Paraná, Mato Grosso do Sul, São Paulo, Minas Gerais e Goiás. Embora alguns de seus trechos apresentem desníveis em razão do relevo, a construção de eclusas possibilita que ela se torne navegável.

De grande importância econômica regional e nacional, ela é uma das principais vias de circulação de mercadorias, como produtos agrícolas, interligando cinco estados brasileiros: Goiás, Minas Gerais, Mato Grosso do Sul, Paraná e São Paulo. Essa hidrovia ainda integra o Brasil a alguns países da América do Sul, como Paraguai, Bolívia, Argentina e Uruguai.

Anualmente, são transportadas cerca de 6,5 milhões de toneladas de cargas pelos 1700 quilômetros de águas navegáveis desse sistema hidroviário. Os principais produtos transportados sobre essa hidrovia são grãos e farelo de cereais, como soja, milho e trigo, além de mandioca, carvão, cana-de-açúcar, celulose, adubos, areia e cascalho.

A hidrovia conta com vários terminais hidroviários que fazem a interligação das cargas para outras vias de transporte, como a rodoviária e a ferroviária.

As represas formadas pelas barragens das hidrelétricas da hidrovia Tietê-Paraná também atraem pessoas em busca de lazer e de esportes náuticos, como a pesca esportiva.

Eclusas: pequenos canais construídos para possibilitar a subida e a descida de embarcações em trechos onde os rios apresentam desníveis, comuns em rios de planalto.

Transporte de cana-de-açúcar na hidrovia Tietê-Paraná, em Bariri, São Paulo, em 2016. As barcaças que formam os comboios de carga sobre a hidrovia podem atingir 197 metros de comprimento e 22 metros de largura, podendo transportar de uma só vez 6 600 toneladas.

Atividades

Organizando o conhecimento

1. Qual o tipo de clima e formações vegetais predominantes na Região Sudeste?

2. Qual forma de relevo é predominante na Região Sudeste?

3. Qual característica do relevo proporciona o grande potencial para geração de energia elétrica dos rios da Região Sudeste?

4. Tendo como base as informações da página **186**, responda.
   a) Qual estado possui a maior população?
   b) Qual é o estado que possui a menor área?

Conectando ideias

5. **Observe** a imagem abaixo, que mostra uma campanha publicitária produzida pela ONG SOS Mata Atlântica. Em seguida, **responda** às questões no caderno.

Cartaz da campanha *A floresta nunca morre sozinha*, promovida pela SOS Mata Atlântica, em 2017.

As marcas apresentadas são utilizadas para fins estritamente didáticos, portanto não representam divulgação de qualquer tipo de produto ou empresa.

   a) **Aponte** o significado do anúncio publicitário acima.
   b) **Explique** esta frase: "O desmatamento da Mata Atlântica corria ao mesmo ritmo do crescimento econômico da Região Sudeste".
   c) **Comente** como as ONGs podem contribuir para preservar as áreas remanescentes da Mata Atlântica.

6. Segundo a Confederação Nacional do Transporte (CNT), a hidrovia Tietê-Paraná, junto com as outras hidrovias no Brasil, têm 42 mil quilômetros de extensão, sendo consideradas as vias mais econômicas para o transporte de carga no Brasil. **Pesquise** em livros, revistas e na internet informações sobre as principais hidrovias brasileiras, qual a sua importância econômica em relação aos produtos transportados e as interligações que fazem com outros estados. **Apresente** para os colegas as informações encontradas, **expondo** os benefícios dessas hidrovias para o Brasil.

CAPÍTULO 21

A população da Região Sudeste

Até meados do século XVII a população dos estados que hoje compõem a Região Sudeste era formada, em sua maioria, por povos indígenas. A presença da população não indígena se restringia à estreita faixa litorânea, delimitada pela serra do Mar.

A ocupação do interior dessa região foi impulsionada pelo desenvolvimento da mineração e da cafeicultura, atividades econômicas que atraíram um grande número de pessoas de outras regiões brasileiras e também de outros países.

Vamos conhecer um pouco mais sobre essas atividades econômicas e a influência de cada uma delas no processo de ocupação da Região Sudeste.

▶ A mineração e o povoamento do interior

A exploração do ouro no estado de Minas Gerais, ao final do século XVII e início do século XVIII, propiciou a formação de diversas vilas, que com o passar do tempo tornaram-se núcleos urbanos devido ao intenso aumento da população.

Atualmente, algumas cidades formadas pelo desenvolvimento da mineração em Minas Gerais são conhecidas como cidades históricas, entre elas a antiga Vila Rica, atual cidade de Ouro Preto.

O aumento da quantidade de vilas, assim como o crescimento populacional de cada uma delas, efetivou a ocupação dessa região em meados do século XVIII. Tanto que em 1763 a capital do Brasil foi transferida de Salvador para a cidade do Rio de Janeiro, com o objetivo de ficar mais próxima do centro econômico e populacional do país.

A imagem da tela retrata a mineração de diamantes com trabalho escravo, em Diamantina, Minas Gerais, no século XVIII. Anônimo (escola portuguesa). *Modo de minerar e retirar diamantes*. Desenho aquarelado, 17,5 cm x 22 cm. Arquivo Histórico Ultramarino, Lisboa, Portugal.

A cafeicultura e a população

A partir da segunda metade do século XVIII a atividade mineradora desenvolvida na Região Sudeste começou a declinar, abrindo espaço para a agricultura, sobretudo o cultivo de café. No final do século XIX e início do século XX, a cafeicultura já se tornava a principal atividade econômica do país, sendo a Região Sudeste a maior produtora.

A partir do início do século XX, a cafeicultura, associada à entrada de imigrantes no território brasileiro e às elevadas taxas de natalidade, proporcionou um intenso crescimento da população na Região Sudeste.

A cafeicultura atraiu trabalhadores vindos de diversas regiões brasileiras, além de uma grande quantidade de imigrantes, principalmente italianos, espanhóis e portugueses.

A maior parte desses estrangeiros se dirigiu para a porção oeste da Região Sudeste, onde a cafeicultura em expansão empregava a mão de obra dos colonos, como eram chamados esses imigrantes. Observe o gráfico e a foto abaixo.

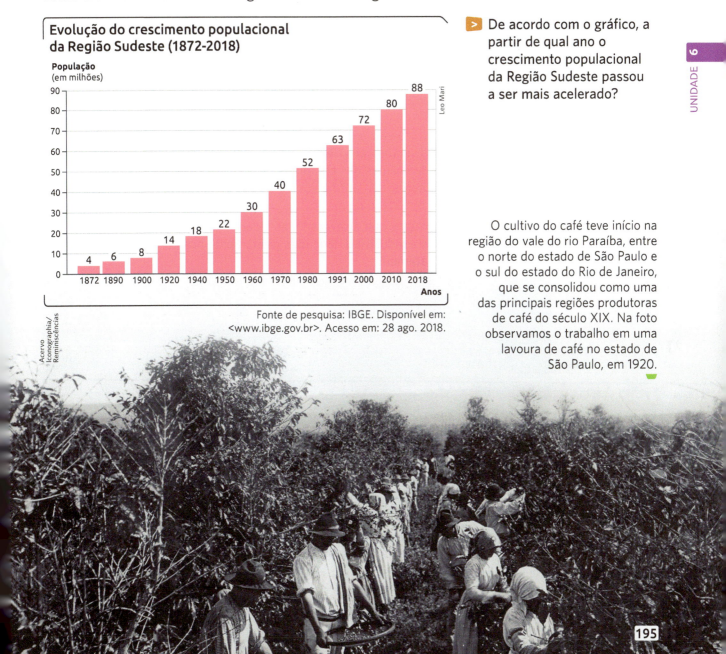

Evolução do crescimento populacional da Região Sudeste (1872-2018)

População (em milhões)

Ano	População
1872	4
1890	6
1900	8
1920	14
1940	18
1950	22
1960	30
1970	40
1980	52
1991	63
2000	72
2010	80
2018	88

Fonte de pesquisa: IBGE. Disponível em: <www.ibge.gov.br>. Acesso em: 28 ago. 2018.

> De acordo com o gráfico, a partir de qual ano o crescimento populacional da Região Sudeste passou a ser mais acelerado?

O cultivo do café teve início na região do vale do rio Paraíba, entre o norte do estado de São Paulo e o sul do estado do Rio de Janeiro, que se consolidou como uma das principais regiões produtoras de café do século XIX. Na foto observamos o trabalho em uma lavoura de café no estado de São Paulo, em 1920.

A população atual da Região Sudeste

A Região Sudeste é a mais urbanizada e também a mais populosa do Brasil, com aproximadamente 85,3 milhões de habitantes, que representam cerca de 42% da população brasileira.

Conforme estudaremos mais adiante, o processo de industrialização brasileira iniciado na Região Sudeste causou um intenso crescimento da população urbana nessa região. Atualmente, de cada 100 pessoas que vivem na Região Sudeste, 93 estão na área urbana e 7 na área rural.

Tanto na Região Sudeste quanto em outras regiões brasileiras, o rápido crescimento das áreas urbanas sem o adequado planejamento acarretou intensa transformação das paisagens naturais. Como é possível observar nas fotos a seguir, isso acabou gerando uma série de impactos ambientais. Vamos conhecer alguns deles.

A foto mostra uma paisagem da cidade de Campinas, São Paulo, uma das metrópoles dessa região, em 2017.

Os grandes centros urbanos e industriais estão cada vez mais sujeitos aos efeitos nocivos de diversos tipos de poluição. A emissão excessiva de fuligens e gases tóxicos, provenientes das chaminés de fábricas e dos escapamentos de veículos automotores, aumenta a concentração de poluentes na atmosfera, comprometendo a qualidade do ar.

Parte dos rios e córregos que atravessam as cidades também é poluída por esgotos domésticos e industriais, lançados diretamente nos cursos de água, sem receber nenhum tratamento.

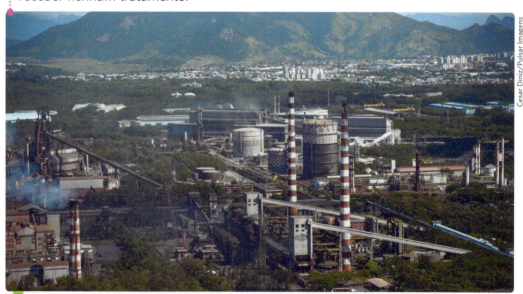

Na foto, indústria siderúrgica localizada no Complexo Portuário de Tubarão, Espírito Santo, em 2016.

Outro problema que gera impactos ambientais é o descarte inadequado de resíduos sólidos (lixo), principalmente nas cidades que não dispõem de um sistema de coleta regular. Desse modo, eles acabam sendo jogados em lugares impróprios, acumulando-se em <u>terrenos baldios</u> e às margens de rios e córregos. Além de facilitar a proliferação de doenças, esses resíduos podem provocar o entupimento dos bueiros e galerias pluviais, dificultando o escoamento das águas dos rios e córregos, o que contribui para a ocorrência de enchentes e alagamentos.

Terreno baldio: áreas sem construções, lavouras ou outros tipos de uso.

Na foto, acúmulo de lixo nas margens de uma rodovia da cidade de Cabo Frio, Rio de Janeiro, em 2018.

O rápido crescimento das cidades não foi acompanhado por políticas públicas efetivas voltadas para serviços urbanos básicos, como ampliação de sistemas de transportes, abastecimento de água e coleta de lixo e esgoto.

Com o passar do tempo, diversos problemas surgiram em várias cidades, como o aumento das áreas de periferia e a formação de favelas.

Nessas áreas, de modo geral, as moradias são precárias e não contam com saneamento básico, tampouco rede elétrica, deixando os moradores suscetíveis às más condições de vida, a diversos tipos de doenças e ainda à ocorrência de deslizamentos de terras em áreas ocupadas irregularmente, como as encostas de morros.

Na foto, moradias na encosta do morro Dois Irmãos, na cidade do Rio de Janeiro, capital do estado, em 2017.

197

A revitalização das favelas

Em várias grandes cidades do Brasil, sobretudo na Região Sudeste, como São Paulo, Rio de Janeiro, Vitória e Belo Horizonte, vive parte da população de baixa renda não possui condições financeiras para adquirir uma moradia em locais com acesso à infraestrutura – como água encanada, coleta de lixo, iluminação pública e atendimento à saúde.

As favelas surgem em áreas normalmente públicas e inapropriadas para a habitação, como encostas de morros, margens de córregos e sob pontes e viadutos, localizadas, geralmente, nas periferias das cidades. Seus moradores, em sua maioria, não dispõem de serviços públicos essenciais, como rede de água e esgoto, coleta de lixo, energia elétrica e iluminação pública.

Com o objetivo de amenizar a precariedade das favelas, o poder público tem implantado programas para a revitalização de algumas delas. Ele desenvolve ações para solucionar não apenas a carência dos serviços públicos essenciais, mas também regularizar a situação das propriedades ocupadas, o que resulta em mais qualidade de vida aos moradores das comunidades.

Veja a seguir benfeitorias proporcionadas a algumas favelas por meio de programas de revitalização.

Na foto, favela Santa Marta, localizada na cidade do Rio de Janeiro, capital do estado, em 2016.

Moradias

Antes
As moradias eram consideradas precárias, frágeis e vulneráveis às condições atmosféricas por serem feitas de madeira, pedaços de papelão e plásticos. A insalubridade causada pela elevada umidade e a falta de iluminação nas habitações favoreciam a proliferação de diversos tipos de doenças.

Depois
A construção de casas de alvenaria proporcionou maior proteção aos moradores contra chuvas e ventos. Por serem mais resistentes e construídas com maior distância umas das outras, as residências tornaram-se mais arejadas, melhorando a entrada de luz e umidade e reduzindo o aparecimento de doenças.

Pavimentação

Antes

A falta de ruas pavimentadas e calçadas dificultava a circulação pela favela, que em sua maior parte é formada por becos e vielas. A falta de espaço também impedia o acesso e o deslocamento de carros e veículos maiores, como ambulâncias e caminhões de lixo.

Depois

As ruas foram pavimentadas e ampliadas. Além disso, becos e vielas abriram espaço para a construção de novas ruas e calçadas, favorecendo a circulação de pessoas e o acesso de ambulâncias e de caminhões de lixo.

Água tratada

Antes

As moradias precárias não eram ligadas à rede de água e esgoto. As casas eram abastecidas por tubulações clandestinas e o esgoto era despejado a céu aberto, circunstâncias que traziam sérios riscos à saúde da população.

Depois

O abastecimento de água foi regularizado e o esgoto canalizado, impedindo a poluição dos recursos hídricos. Com isso, a favela tornou-se uma área sadia e limpa, oferecendo condições adequadas e melhor qualidade de vida aos moradores.

Energia elétrica

Antes

A energia elétrica era obtida por meio de ligações clandestinas, feitas com material velho e inadequado, oferecendo riscos à população.

Depois

A implantação de rede oficial de energia elétrica possibilitou a instalação de postes de iluminação pública, que, entre outros benefícios, trouxe segurança para as pessoas que transitam por locais pouco iluminados.

Espaços de lazer

Antes

Muitas famílias viviam em moradias precárias localizadas nas encostas de morros ou em fundos de vale. Além de estarem sujeitas a deslizamento de terras e alagamentos, elas corriam risco de morte.

Depois

Prédios foram construídos em locais seguros para abrigar moradores que vivem em áreas de risco. No lugar das antigas moradias foram construídas praças, proporcionando espaços de lazer às pessoas e evitando a construção de novas casas em locais de risco.

1. Em sua opinião, quais as principais dificuldades que os moradores de áreas de favela passam em seu dia a dia?

2. Você conhece algum projeto de revitalização de áreas onde existem moradias precárias no município onde mora? Essa revitalização proporcionou melhor qualidade de vida aos moradores? Justifique sua resposta.

Parque Sitiê: um exemplo de criatividade

Durante muitos anos moradores da favela do Vidigal, no Rio de Janeiro, conviveram com uma área de depósito irregular de lixo localizada em meio à comunidade. Nesse lugar eram depositados restos de materiais de construção, eletrodomésticos descartados, lixo doméstico, entre outros materiais.

Em 2006, dois moradores do Vidigal, utilizando a criatividade, iniciaram um movimento de limpeza e reorganização do espaço ocupado por um lixão. Com a ajuda de outras pessoas da comunidade, eles conseguiram remover os entulhos acumulados no local em um período de seis anos aproximadamente. A partir disso passaram a cultivar diversos tipos de plantas, transformando esse espaço em um ambiente saudável e agradável aos moradores locais.

A **criatividade** é uma qualidade que nos possibilita inovar, criar e inventar soluções para diferentes situações do dia a dia. Impulsionados por essa capacidade, os moradores do Vidigal criaram o Parque Sitiê, nome do local onde antes estava localizado o lixão.

O parque possui 8500 m² e é visitado por muitas pessoas do Brasil e do mundo. O espaço continua sendo cuidado por pessoas da comunidade e ainda conta com a ajuda de vários profissionais, como arquitetos e *designers*.

1. Converse com os colegas de sala e identifiquem situações vividas por vocês que foram solucionadas por meio do uso da criatividade.

2. Identifiquem outras situações que na opinião de vocês poderiam ser solucionadas por meio da criatividade.

Parque Sitiê, no município do Rio de Janeiro, capital do estado, em 2015.

Atividades

Organizando o conhecimento

1. De acordo com o que você estudou, a ocupação do interior da Região Sudeste foi impulsionada pelo desenvolvimento de quais atividades econômicas?

2. Por que atualmente muitas cidades históricas da Região Sudeste possuem nomes relacionados a minerais?

3. Leia a afirmação a seguir.

> A Região Sudeste é populosa e urbanizada.

- Você concorda com essa afirmação? Por quê?

4. Cite, pelo menos, três exemplos de impactos ambientais causados pelo rápido crescimento das áreas urbanas da Região Sudeste.

Conectando ideias

5. **Leia** e **interprete** o texto e **observe** a foto abaixo. Depois, **responda** às questões que seguem.

> [...] a partir de 1870 o problema da mão de obra se agravou. [...]
>
> O governo se viu na contingência de incentivar a vinda de estrangeiros, a única solução para garantir a produção de seu mais importante produto econômico. Particularmente a província de São Paulo investiu somas imensas para introduzir o trabalho estrangeiro no país. O governo brasileiro pagava a passagem para o Brasil, hospedagem e viagem até o local de destino. [...]
>
> Ana Luiza Martins. *Império do café*: a grande lavoura no Brasil, 1850 a 1890. São Paulo: Atual, 1990. p. 12-13. (História em Movimento).

Na foto ao lado, família de imigrantes italianos se prepara para embarcar em direção ao Brasil, em 1910.

a) **Explique** o que a foto e o texto estão retratando.

b) **Cite** os principais grupos de imigrantes que vieram para o Brasil para trabalhar nas lavouras de café.

c) **Relacione** a Região Sudeste com o desenvolvimento da cafeicultura no Brasil.

d) Além da imigração, **aponte** outros fatores que, a partir da década de 1950, contribuíram para o crescimento acelerado da população da Região Sudeste.

CAPÍTULO 22

Economia da Região Sudeste

A Região Sudeste se destaca por ser a mais industrializada e economicamente desenvolvida do país, tanto pela geração de uma importante parcela do Produto Interno Bruto (PIB) brasileiro (gráfico) quanto pela expressiva concentração da atividade industrial (mapa).

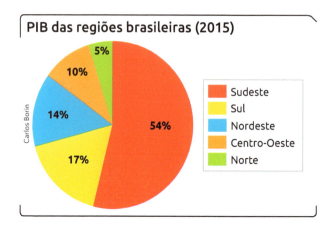

PIB das regiões brasileiras (2015)
- Sudeste: 54%
- Sul: 17%
- Nordeste: 14%
- Centro-Oeste: 10%
- Norte: 5%

Produto Interno Bruto (PIB): indicador econômico que expressa o valor de toda a riqueza gerada dentro das fronteiras de um país, ou seja, indica o valor de todos os bens e serviços produzidos durante um determinado período.

Fonte de pesquisa: IBGE. *Produto Interno Bruto dos Municípios*. Disponível em: <https://sidra.ibge.gov.br/tabela/5938#resultado>. Acesso em: 28 ago. 2018.

Distribuição dos estabelecimentos industriais no Brasil (2013)

Número de empresas:
- Menos de 1 000
- 1 001 a 5 000
- 5 001 a 10 000
- Acima de 10 000

Fonte de pesquisa: *Atlas geográfico escolar*. 7. ed. Rio de Janeiro: IBGE, 2016. p. 136.

1 Compare as informações do gráfico com as do mapa. Qual a relação entre a geração do PIB e a distribuição das indústrias?

2 Com os colegas, identifiquem de que maneira a atividade industrial está distribuída no estado onde moram.

202

A atividade industrial

O desenvolvimento da atividade industrial no Sudeste caracterizou-se pela formação de um diversificado e vasto parque industrial, apresentando indústrias de base, como siderúrgicas e petroquímicas; de bens intermediários, como as de autopeças; de materiais de transporte e máquinas industriais, que fabricam máquinas e equipamentos para outras indústrias; de bens de consumo duráveis, que são as automobilísticas e de aparelhos eletroeletrônicos, além de indústrias de bens não duráveis, como as alimentícias e de produtos de higiene e limpeza. Veja o mapa abaixo.

Embora o Sudeste seja uma região bastante industrializada, a atividade industrial não está distribuída de maneira homogênea entre os estados que a compõem. As maiores concentrações industriais estão localizadas em seus grandes centros urbanos, sobretudo nas regiões metropolitanas de São Paulo, Rio de Janeiro e Belo Horizonte. Nessas cidades também estão localizadas as grandes empresas nacionais e multinacionais, as sedes, no Brasil, dos grandes bancos internacionais e instituições financeiras, como as bolsas de valores. Além disso, concentram as principais universidades e possuem os mais avançados laboratórios e centros de pesquisa, responsáveis pelo desenvolvimento de inovações tecnológicas produzidas no país. Isso explica por que no Sudeste estão instaladas indústrias de alta tecnologia, como as de informática, eletrônica, telecomunicações, aeroespacial e farmacêutica.

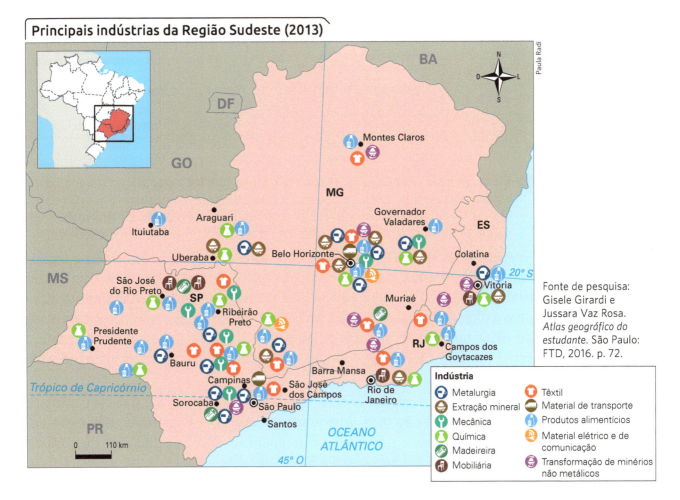

Principais indústrias da Região Sudeste (2013)

Fonte de pesquisa: Gisele Girardi e Jussara Vaz Rosa. *Atlas geográfico do estudante*. São Paulo: FTD, 2016. p. 72.

Indústria e a população urbana

O processo de industrialização provocou grandes transformações na organização do espaço geográfico da Região Sudeste. Observe o mapa a seguir.

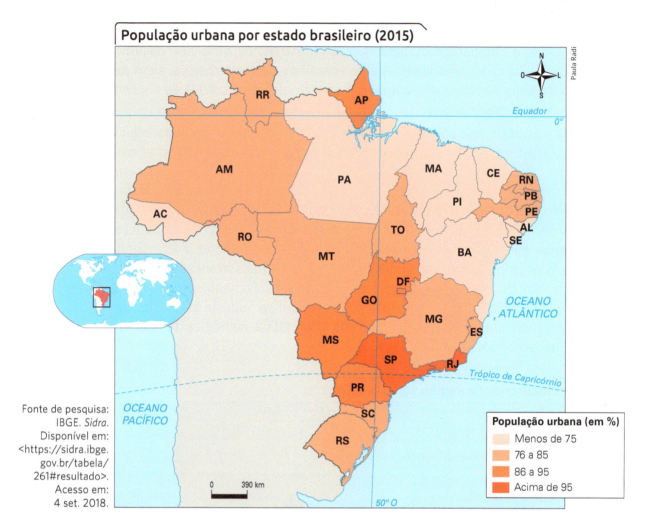

Fonte de pesquisa: IBGE. Sidra. Disponível em: <https://sidra.ibge.gov.br/tabela/261#resultado>. Acesso em: 4 set. 2018.

> Compare as informações do mapa acima, que mostra a população urbana nos estados brasileiros, com o mapa da página 202, que mostra a distribuição da atividade industrial no país. Depois, converse com os colegas e o professor sobre o que se conclui dessa comparação no que se refere à Região Sudeste.

A expansão da atividade industrial fez que a Região Sudeste tivesse um expressivo aumento na população urbana. Isso ocorreu porque, à medida que as indústrias se multiplicavam, um grande contingente de trabalhadores era atraído em direção aos centros urbanos que se industrializavam. A partir da década de 1950, um grande número de nordestinos se dirigiu especialmente para o estado de São Paulo, que já se destacava como o estado mais industrializado do país.

Dessa forma, podemos concluir que a industrialização do Sudeste contribuiu para torná-la a região mais urbanizada do país, pois, ocorrendo de maneira desigual e concentrada, estimulou o crescimento de grandes cidades e metrópoles, como São Paulo, Rio de Janeiro e Belo Horizonte.

A descentralização da atividade industrial

Até o final do século XX, a atividade industrial brasileira esteve concentrada sobretudo no eixo formado pelas cidades localizadas entre as capitais de São Paulo e do Rio de Janeiro.

A partir desse período, algumas indústrias passaram a transferir suas unidades de produção para outras áreas da própria Região Sudeste, como o estado de Minas Gerais e o interior do estado de São Paulo. Algumas delas também se instalaram nas demais regiões do Brasil, principalmente nos estados das regiões Sul, Centro-Oeste e Nordeste.

Esse processo de **descentralização** espacial da atividade industrial foi desencadeado por uma série de fatores, como incentivos fiscais ofertados por estados de outras regiões, diminuição dos custos com transporte e mão de obra, diminuição das despesas imobiliárias e principalmente redução dos encargos tributários.

▶ **Aprenda mais**

O livro *Cidades brasileiras: do passado ao presente* apresenta diversas informações sobre a formação das cidades brasileiras e também sobre o processo de urbanização em nosso país. Ao longo do livro são abordados temas como problemas ambientais nas áreas urbanas e moradias precárias nas grandes cidades do país.

Rosicler Martins Rodrigues. *Cidades brasileiras*: do passado ao presente. 3. ed. São Paulo: Moderna, 2013.

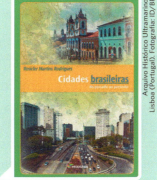

Área industrial da cidade de Ipatinga, Minas Gerais, em 2018.

Setor terciário

Como vimos anteriormente, segundo os dados do IBGE, a Região Sudeste é responsável por aproximadamente 54% do PIB brasileiro, sendo que mais da metade de toda a riqueza gerada pelo PIB de seus quatros estados é proveniente do setor terciário. Veja as imagens a seguir.

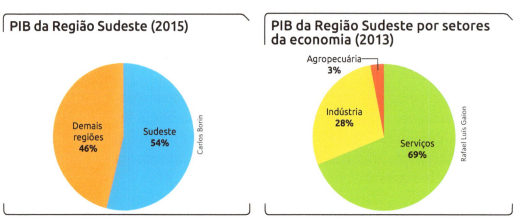

Fontes de pesquisa dos gráficos: IBGE. *Produto Interno Bruto dos Municípios*. Disponível em: <https://sidra.ibge.gov.br/tabela/5938#resultado>. IBGE. *Contas Regionais do Brasil 2010-2013*. Disponível em: <http://biblioteca.ibge.gov.br/visualizacao/livros/liv94952.pdf>. Acessos em: 11 set. 2018.

As atividades de maior destaque desenvolvidas pelo setor terciário no Sudeste estão relacionadas ao comércio varejista e principalmente ao atacadista.

Na Região Sudeste, as empresas prestadoras de serviços localizam-se principalmente nos grandes centros urbanos dos estados de São Paulo e Rio de Janeiro. Algumas dessas empresas são repartições públicas, bancos e instituições de ensino. A B3, bolsa de valores brasileira, por exemplo, está situada na cidade de São Paulo, que é considerada o centro financeiro do Brasil.

Segundo dados do IBGE, em 2015, a Região Sudeste também se destacava por empregar 59% de toda a população brasileira ocupada no setor terciário. Veja na imagem a seguir dados de pessoas empregadas no setor terciário no Sudeste em relação ao resto do país.

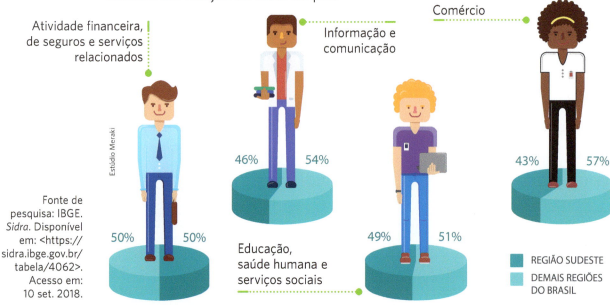

Fonte de pesquisa: IBGE. *Sidra*. Disponível em: <https://sidra.ibge.gov.br/tabela/4062>. Acesso em: 10 set. 2018.

Agropecuária

Em muitas propriedades rurais da Região Sudeste a atividade agropecuária é considerada moderna, apresentando elevada produtividade. Essa característica foi adquirida e impulsionada pela própria industrialização da região, que, ao acelerar o processo de modernização do campo (assunto já estudado na unidade 3), fez aumentar sensivelmente a produtividade das lavouras e criações, como as de gado bovino e suíno. Esse processo de modernização ocorreu mediante o uso crescente de máquinas e equipamentos agrícolas nas propriedades rurais, assim como pela expansão do crédito, das agroindústrias e das cooperativas agrícolas na região.

Além das grandes propriedades rurais monocultoras presentes nessa região, existem também as médias e pequenas propriedades, que contribuem para a diversificação da produção agropecuária e são fundamentais para atender o abastecimento do mercado interno. Observe o mapa a seguir.

1. De acordo com o mapa, descreva a distribuição de cana-de-açúcar na Região Sudeste.

2. Quais criações caracterizam a pecuária desenvolvida nos estados do Rio de Janeiro e Espírito Santo?

Os produtos agrícolas voltados para o mercado externo de maior destaque na Região Sudeste são a laranja e o café. Já produtos agrícolas, como cana-de-açúcar, tomate, abacate e amendoim, produzidos nessa região são destinados ao consumo interno do país.

De acordo com dados de 2017 do IBGE, o estado de Minas Gerais é responsável por aproximadamente 27% de toda a produção leiteira do país. Na foto, criação de gado leiteiro no município de Marmelópolis, Minas Gerais, em 2017.

207

Extrativismo

A Região Sudeste apresenta uma expressiva atividade extrativa. Isso acontece porque no subsolo dessa região há minerais que podem ser explorados comercialmente, como ferro, urânio, níquel, chumbo, cobre, cromo, fósforo e zinco, além de pedras preciosas como o diamante. A presença da intensa atividade extrativa na região propiciou a instalação de várias siderúrgicas nessa parte do território brasileiro. Observe no mapa.

> De acordo com o mapa, podemos afirmar que o estado de Minas se destaca na exploração de pedras preciosas? Por quê?

Fonte de pesquisa: Gisele Girardi e Jussara Vaz Rosa. *Atlas geográfico do estudante*. São Paulo: FTD, 2016. p. 78.

O minério de ferro de grande destaque na região é extraído principalmente da região do **quadrilátero ferrífero**, no estado de Minas Gerais, formado pelas cidades de Sabará, Congonhas, Ouro Preto, Itabira, entre outras.

Esse minério é utilizado, sobretudo, em siderúrgicas localizadas nos estados de Minas Gerais, São Paulo e Rio de Janeiro, onde é transformado em ligas de aço, que posteriormente serão utilizadas na fabricação de inúmeros produtos, como automóveis e eletrodomésticos.

Grande parte do minério de ferro extraído na Região Sudeste também é destinada à exportação. Para isso, o material extraído em Minas Gerais é transportado por meio de estrada de ferro até o porto de Tubarão, no Espírito Santo. Os principais destinos desses produtos são China e Japão.

Área de extração de minério de ferro no município de Belo Horizonte, Minas Gerais, em 2018.

208

Na Região Sudeste, o petróleo é extraído principalmente do subsolo marinho, em especial da Bacia de Campos, uma das maiores reservas de petróleo do país, localizada entre os estados do Rio de Janeiro e do Espírito Santo.

A Região Sudeste é responsável pela maior parte do petróleo extraído no país, destinado, principalmente, ao refino para produção de combustíveis e derivados voltados para o consumo interno.

Plataforma de petróleo no Rio de Janeiro, capital do estado, em 2017.

A camada do pré-sal

O petróleo extraído da camada pré-sal é encontrado em águas profundas e a distâncias ainda maiores do assoalho oceânico. Isso porque, segundo os geólogos, essa camada, que abriga o petróleo, se formou antes da camada de sal depositada na crosta terrestre. Veja a localização da camada do pré-sal na ilustração.

O petróleo encontrado no pré-sal é considerado de excelente qualidade e com grande valor comercial. No Brasil, estudos apontam que essa camada se estende desde o litoral da Região Nordeste até o litoral da Região Sul.

No entanto, ela vem sendo explorada nas bacias de extração da Região Sudeste, principalmente na Bacia de Campos, no Rio de Janeiro, e na Bacia de Santos, em São Paulo, apresentando uma capacidade produtiva bastante elevada em relação às camadas mais superiores de petróleo.

Fonte de pesquisa: Petrobras. Disponível em: <www.petrobras.com.br/pt/nossas-atividades/areas-de-atuacao/exploracao-e-producao-de-petroleo-e-gas/pre-sal/>. Acesso em: 6 set. 2018.

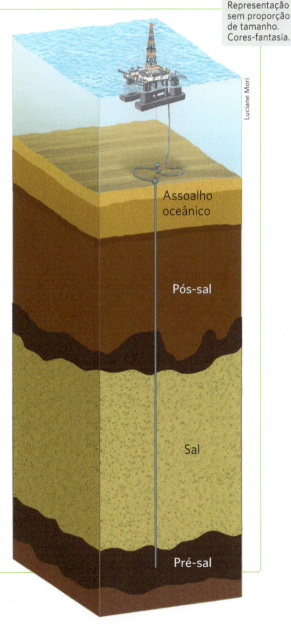

Ampliando fronteiras

Extrativismo e meio ambiente: o desastre em Mariana

A mineração é uma atividade voltada para a extração de matérias-primas de origem mineral, como minério de ferro, chumbo, ouro e carvão mineral.

Essa atividade extrativista faz parte da história e até mesmo do nome do estado de Minas Gerais. Nos dias de hoje, ela ainda é uma das atividades econômicas mais importantes do estado. Porém, em 2015, ela também foi a responsável por um acontecimento considerado um dos maiores desastres ambientais do Brasil.

Observe a seguir o esquema que explica como foi essa catástrofe no município de Mariana, em Minas Gerais.

Representação sem proporção de tamanho. Cores-fantasia.

ACESSE O RECURSO DIGITAL

[1] No dia 5 de novembro de 2015, em Minas Gerais, a barragem Fundão, pertencente a uma mineradora brasileira, se rompeu, liberando rejeitos da produção de minério de ferro para outra barragem, chamada Santarém, que transbordou.

[2] Devido ao rompimento e transbordamento das barragens, uma grande quantidade de lama atingiu Bento Rodrigues, distrito do município de Mariana, em Minas Gerais.

Além desse distrito, outras seis localidades do município de Mariana foram atingidas, incluindo áreas rurais e importantes rios.

Barragem do Fundão

Barragem de Santarém

Mariana

[3] Por meio de análises químicas, pesquisadores encontraram na lama um alto teor de ferro e mercúrio, o que tornaria a água consumida pela população prejudicial à saúde.

Barragem do Fundão   Barragem de Santarém

Bárbara Sarzi

210

Fonte de pesquisa: *Atlas geográfico escolar*. 7. ed. Rio de Janeiro: IBGE, 2016. p. 171.

Moradias atingidas pela lama devido ao rompimento da barragem, no município de Mariana, Minas Gerais, em 2015.

 4 O distrito de Bento Rodrigues foi devastado pela avalanche de lama que destruiu a maioria dos imóveis. Moradores afirmam que nenhum sinal de alerta foi emitido.

 5 A lama, contaminada por ferro e mercúrio, atingiu o rio Doce, e o abastecimento de água teve que ser interrompido em municípios do estado de Minas Gerais e do Espírito Santo.

 6 A lama contaminada seguiu o curso do rio Doce até desembocar no mar, no dia 22 de novembro de 2015. Nesse percurso causou um enorme dano ambiental, matando grande parte das plantas e animais localizados no rio e nas proximidades dele.

1. De acordo com o que você leu nestas páginas, quais foram as consequências do desastre ocorrido no município de Mariana?

2. Os elementos extraídos por meio da mineração são importantes para a produção de materiais utilizados no dia a dia das pessoas. O minério de ferro, por exemplo, é a matéria-prima do aço, usado em cabos de energia, máquinas, veículos de transporte, entre outros inúmeros produtos. No entanto, a mineração causa impactos ao meio ambiente. Qual é o seu posicionamento sobre essa atividade econômica? Você defende que ela seja estimulada, devido a sua importância, ou acredita que a preservação do meio ambiente deve ser priorizada?

3. Além de problemas ambientais, o desastre ocorrido em Mariana devastou a vida de várias pessoas das regiões atingidas. Para saber mais sobre esse acontecimento, organizem-se em grupos para pesquisar o que aconteceu com as pessoas que viviam nas regiões atingidas e o que foi feito para ajudá-las após o desastre.

Depois, apresentem as informações obtidas ao restante da turma e conversem sobre elas.

211

Atividades

Organizando o conhecimento

1. Escreva como se caracteriza o parque industrial da Região Sudeste.

2. Reescreva as frases a seguir no caderno, completando-as corretamente com as palavras encontradas no quadro abaixo.

> moderna / índices de produtividade • minerais / pedras preciosas
> industrializada / desenvolvida • PIB brasileiro / setor terciário

a) A Região Sudeste se destaca por ser a mais ■ e economicamente ■ do país.

b) O Sudeste é responsável pela maior parte do ■, sendo que mais da metade de toda essa riqueza é proveniente do ■ de seus quatro estados.

c) A atividade agropecuária desenvolvida em muitas propriedades rurais do Sudeste é considerada ■, apresentando elevados ■.

d) A atividade extrativa desenvolvida na Região Sudeste é marcada pela presença em seu subsolo dos mais variados tipos de ■, além de ■.

3. Cite dois fatores que contribuíram para a descentralização da atividade industrial na Região Sudeste.

Conectando ideias

4. **Observe** o gráfico abaixo, que apresenta os dez municípios brasileiros que mais geraram riquezas no Brasil em 2015. Depois, **responda** à questão a seguir no caderno.

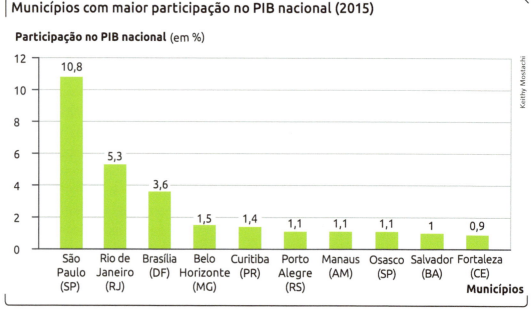

Municípios com maior participação no PIB nacional (2015)

Fonte de pesquisa: IBGE. Disponível em: <ftp://ftp.ibge.gov.br/Pib_Municipios/2015/xls/>. Acesso em: 6 set. 2018.

- Com base nas informações apresentadas no gráfico, podemos afirmar que o Sudeste destaca-se por ser a região que mais gera riqueza para o país? **Explique** a sua resposta.

5. Leia a manchete de jornal a seguir.

Mineração garante postos de trabalho em Minas Gerais

Mineração garante postos de trabalho em Minas Gerais. *Hoje em Dia*. Disponível em: <https://www.hojeemdia.com.br/primeiro-plano/minera%C3%A7%C3%A3o-garante-postos-de-trabalho-em-minas-gerais-1.608319>. Acesso em: 13 out. 2018.

a) Qual atividade econômica da Região Sudeste é citada na manchete de jornal?

b) Qual a relação entre a mineração no estado de Minas Gerais e a região do quadrilátero ferrífero?

Verificando rota

- A maior parte da Região Sudeste recebe influência do clima tropical típico. Sua vegetação encontra-se distribuída por áreas de relevo bastante ondulado e rios encachoeirados.
- A hidrovia Tietê-Paraná é uma importante via de transporte para a Região Sudeste e para o Brasil.
- A ocupação do interior dessa região foi impulsionada pelo desenvolvimento da mineração e da cafeicultura.
- A Região Sudeste é a mais populosa e também a mais urbanizada do Brasil.
- O rápido crescimento das cidades do Sudeste gerou uma série de problemas ambientais e urbanos.
- A criatividade é uma qualidade que nos possibilita inovar, criar e inventar soluções para diferentes situações do dia a dia.
- A Região Sudeste é a mais industrializada e economicamente desenvolvida do país.
- A descentralização industrial foi desencadeada, entre outros fatores, pelos incentivos fiscais ofertados por estados de outras regiões.
- Mais da metade de toda a riqueza gerada pelo PIB dos estados do Sudeste é proveniente do setor terciário.
- O processo de produção agrícola da Região Sudeste é considerado moderno e bastante produtivo.
- Os principais produtos do extrativismo da Região Sudeste são o petróleo e os minérios de ferro e manganês.

UNIDADE

7

Região Sul

Capítulos desta unidade

- **Capítulo 23** - Aspectos naturais da Região Sul
- **Capítulo 24** - A população da Região Sul
- **Capítulo 25** - Economia da Região Sul

A foto retrata o cânion Fortaleza, localizado no Parque Nacional da Serra Geral, no município de Cambará do Sul, no Rio Grande do Sul, em 2016.

Iniciando rota

1. Quais aspectos naturais da Região Sul do Brasil você conhece?
2. O que você sabe sobre a presença de imigrantes no processo de colonização da Região Sul?
3. Quais outros aspectos dessa região você conhece?

CAPÍTULO 23
Aspectos naturais da Região Sul

A Região Sul, a menor das cinco regiões brasileiras, é composta por três estados e corresponde a 7% de todo o território nacional, com extensão de aproximadamente 577 mil km².

O clima subtropical, predominante nessa região, apresenta chuvas bem distribuídas ao longo do ano e temperaturas mais baixas que em outras partes do país, sobretudo no inverno. Sua vegetação é mais adaptada às baixas temperaturas, como os Campos e a Mata de Araucárias.

Observe no mapa os estados que compõem a Região Sul, assim como a população total e a extensão territorial de cada um deles. Veja as informações a seguir.

Paraná
População: 11 348 937 habitantes
Área: 199 308 km²

Santa Catarina
População: 7 075 494 habitantes
Área: 95 738 mil km²

Rio Grande do Sul
População: 11 329 605 habitantes
Área: 281 738 km²

Em algumas áreas da Região Sul onde predomina o clima subtropical pode nevar nos períodos de outono e inverno. Na foto abaixo, observamos uma paisagem com neve em Bom Jardim da Serra, Santa Catarina, em 2016.

Fontes de pesquisa do mapa e dos dados: *Atlas geográfico escolar.* 7. ed. Rio de Janeiro: IBGE, 2016. p. 90. IBGE. Disponível em: <www.ibge.com.br>. Acesso em: 12 set. 2018.

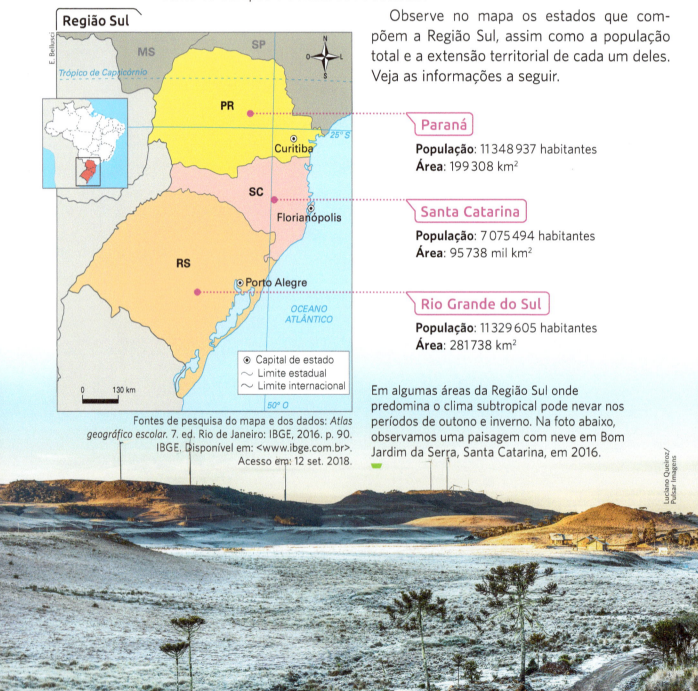

Clima e vegetação

Quase toda a Região Sul está localizada na zona temperada sul, entre o trópico de Capricórnio e o círculo polar Antártico. Por causa do clima subtropical, a região possui chuvas bem distribuídas durante o ano e recebe influência das massas de ar que vêm das áreas mais frias, localizadas ao sul do planeta. Essa influência é refletida nas temperaturas mais baixas, com média em torno de 18 °C, se comparadas às registradas nos demais climas atuantes no território brasileiro.

Apenas no norte da região predomina o clima tropical típico, caracterizado por temperaturas elevadas ao longo do ano, com maior volume de chuvas no verão e estiagem no inverno.

A Mata de Araucárias é adaptada às temperaturas mais baixas e originalmente é a vegetação predominante na Região Sul. No entanto, essa vegetação sofreu forte devastação com o crescimento das atividades econômicas, principalmente dos cultivos agrícolas, e com o crescimento das áreas urbanas. Já os Campos, também adaptados às baixas temperaturas, são bastante aproveitados para áreas de pastagens e predominam no sul do Rio Grande do Sul.

A região também possui áreas preservadas cobertas por vegetação de Mata Atlântica em locais de transição climática, onde as temperaturas são um pouco mais elevadas. Observe os mapas a seguir sobre o clima e a vegetação da Região Sul.

Fonte de pesquisa: Ercilia Torres Steinke. *Climatologia fácil*. São Paulo: Oficina de Textos, 2012. p. 18.

Fonte de pesquisa: Maria Elena Simielli. *Geoatlas*. 34. ed. São Paulo: Ática, 2013. p. 120.

1 Quais climas atuam na Região Sul? Em que áreas da região eles atuam?

2 Nessa região, em qual estado predomina a vegetação de campos?

3 Compare os dois mapas e identifique qual o clima predominante na área de ocorrência da vegetação de Mata de Araucárias.

Geografia em representações

Das imagens de satélite aos mapas meteorológicos

Ficamos sabendo se o dia será ensolarado ou chuvoso e se as temperaturas permanecerão mais elevadas ou mais baixas por meio da previsão do tempo atmosférico.

A propósito, você sabe qual é a previsão do tempo para hoje? E para amanhã? Essas previsões são fornecidas diariamente pelos serviços de meteorologia, por meio dos quais cientistas e técnicos estudam os fenômenos naturais e monitoram a variação do tempo atmosférico, com base em informações obtidas em estações meteorológicas.

Além dessas estações, a previsão do tempo também é feita com a ajuda de satélites, que fazem o monitoramento das condições atmosféricas enquanto orbitam a Terra. Com base nas imagens fornecidas por esses satélites, é possível identificar, por exemplo, a formação de nuvens, as grandes tempestades, o deslocamento das massas de ar, a aproximação de frentes frias, etc. Depois, essas informações são reunidas e utilizadas na elaboração de mapas do tempo.

A imagem abaixo foi obtida pelo satélite meteorológico GOES-16, no dia 4 de setembro de 2018. Ela mostra as condições atmosféricas sobre a América do Sul. Veja como interpretar as informações que aparecem na imagem.

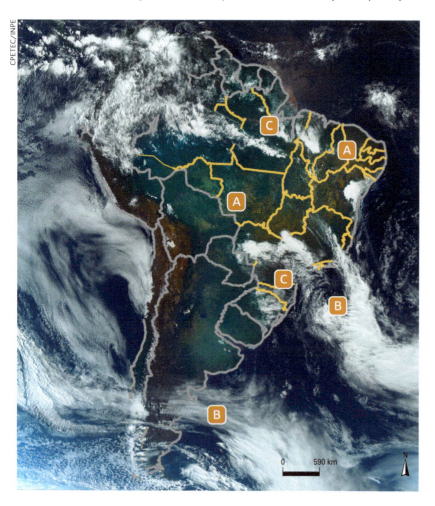

A As áreas em verde indicam ausência de nuvens e pouca nebulosidade no céu.

B As manchas esbranquiçadas mais densas mostram massas de ar frio, com nuvens carregadas de umidade.

C As áreas levemente esbranquiçadas mostram nuvens, principalmente em parte das regiões Norte e Sudeste do Brasil, indicando possibilidade de chuvas no decorrer do dia.

Estações meteorológicas

As estações meteorológicas são locais onde se coletam dados sobre a temperatura, a umidade do ar, a direção e a velocidade dos ventos, etc. Elas podem ser encontradas em terra, em navios, aviões e balões.

Equipamentos que fazem parte de uma estação meteorológica, em Rio Claro, Rio de Janeiro, em 2015.

Como você acabou de aprender, as imagens captadas pelos satélites meteorológicos fornecem grande parte das informações que são utilizadas na elaboração dos mapas de previsão do tempo atmosférico, também chamados **mapas meteorológicos**. Esses mapas podem ser vistos em jornais e em programas de televisão, mostrando as condições atmosféricas de determinado município, estado ou país.

Os mapas meteorológicos fornecem informações simplificadas sobre o tempo, como as temperaturas registradas, a ocorrência de chuvas, a presença ou não de nuvens, as frentes quentes ou frias de ar, etc.

Para entender como interpretar essas informações, observe o mapa a seguir, elaborado com base na imagem de satélite apresentada na página anterior.

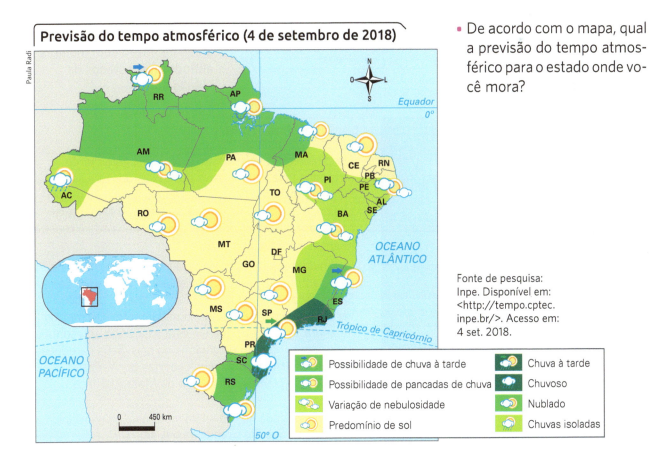

- De acordo com o mapa, qual a previsão do tempo atmosférico para o estado onde você mora?

Fonte de pesquisa: Inpe. Disponível em: <http://tempo.cptec.inpe.br/>. Acesso em: 4 set. 2018.

219

Relevo e hidrografia

As áreas menos elevadas do relevo da Região Sul, que variam de 0 a 500 metros, localizam-se ao norte do Paraná e ao sul do Rio Grande do Sul. As áreas de maior altitude, entre 500 e 1200 metros, estão localizadas em toda a área central da Região Sul, onde é encontrada a serra Geral e um trecho da serra do Mar. Observe no mapa.

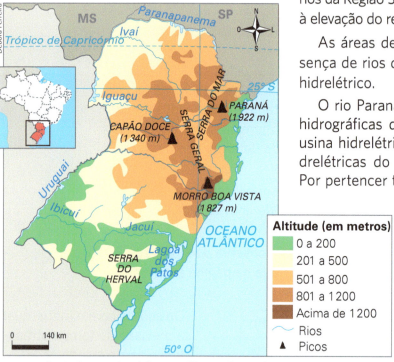

Fonte de pesquisa: *Atlas geográfico escolar*. 7. ed. Rio de Janeiro: IBGE, 2016. p. 88.

Assim como na Região Sudeste, a maior parte dos rios da Região Sul nasce nas áreas serranas e, devido à elevação do relevo, flui em direção ao interior.

As áreas de serras também favorecem a presença de rios de planaltos, com grande potencial hidrelétrico.

O rio Paraná forma uma das principais bacias hidrográficas da região, e nele está localizada a usina hidrelétrica de Itaipu, uma das maiores hidrelétricas do mundo em produção de energia. Por pertencer tanto ao Brasil quanto ao Paraguai, a Itaipu é considerada uma empresa binacional e gera energia elétrica para os dois países.

O rio Uruguai forma outra importante bacia hidrográfica da Região Sul.

> Onde estão localizadas as áreas de relevo com maiores altitudes nos estados da Região Sul?

Cânion Itaimbezinho

Os cânions são vales muito profundos, geralmente formados pela ação erosiva das águas dos rios ao longo de milhões de anos. Durante a formação de um cânion, o processo de erosão desgasta lentamente as rochas menos resistentes do terreno, deixando à mostra imensas paredes abruptas.

O cânion Itaimbezinho, localizado no Parque Nacional de Aparados da Serra, na divisa entre os estados de Santa Catarina e Rio Grande do Sul, possui paredões verticais que chegam a aproximadamente 700 metros de altura. A área em que ele está localizado apresenta a maior concentração de cânions do país. Seus paredões abruptos formam paisagens cobertas por várias espécies de plantas, sobretudo da Mata Atlântica.

Cachoeira localizada no cânion Itaimbezinho, no município de Cambará do Sul, Rio Grande do Sul, em 2018.

Atividades

Organizando o conhecimento

1. Compare os dois mapas da página **217** e identifique qual o clima predominante nas áreas de ocorrência de vegetação de Campos.

2. Caracterize o relevo da Região Sul.

3. Qual a relação entre o relevo da Região Sul e sua produção de energia elétrica?

4. Relacione as afirmações a seguir e escreva no caderno a resposta correta.

   A Estações meteorológicas.
   B Imagens de satélite.
   C Mapas de previsão do tempo.

   I Permitem identificar a formação de nuvens, grandes tempestades, massas de ar e frentes frias.
   II Produzidos com base em imagens de satélite, também chamados de mapas meteorológicos
   III Locais onde se coletam dados de temperatura, umidade do ar, direção dos ventos, etc.

Conectando ideias

5. **Observe** o climograma a seguir e **responda** às questões abaixo.

   a) De acordo com o climograma, quais são os meses mais chuvosos e os mais secos em São Joaquim? E quais sãos os meses mais frios e os meses mais quentes do ano?

   b) De acordo com o climograma, **identifique** qual dos climas da Região Sul atua no município de São Joaquim.

   c) **Explique** como você chegou à resposta anterior.

   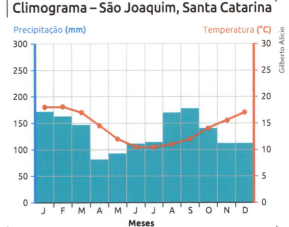

   Fonte de pesquisa: Climatempo. *Climatologia*. Disponível em: <www.climatempo.com.br/climatologia/383/saojoaquim-sc>. Acesso em: 12 set. 2018.

6. Imagine que você é um agricultor que pretende se mudar para a Região Sul do Brasil com o objetivo de cultivar lavoura de café. Sabendo que o café é uma cultura com pouca tolerância às baixas temperaturas, **identifique** a área da Região Sul para onde você procuraria se mudar, tendo como base o mapa da página **217**. **Justifique** a sua resposta.

Café.

221

CAPÍTULO 24

A população da Região Sul

A Região Sul, ao longo dos três séculos da colonização brasileira, esteve ocupada, principalmente, por povos indígenas que viviam em pequenos povoados próximos ao litoral e em locais do interior. A ocupação da Região Sul por povos não indígenas ganhou força a partir do século XIX, com a vinda de alguns grupos de imigrantes europeus para o Brasil, incentivados pelos programas de imigração do governo brasileiro.

Uma particularidade dos imigrantes é que praticavam a policultura nas pequenas e médias propriedades onde se instalavam, diferentemente do que ocorreu com a colonização das demais regiões brasileiras, em que a maior parte dos imigrantes trabalhava nas grandes propriedades monocultoras.

Entre os principais grupos de imigrantes europeus que se dirigiram para a Região Sul do Brasil estavam, inicialmente, os alemães, italianos e eslavos, poloneses, ucranianos e russos, e, posteriormente, os japoneses.

Veja no mapa a seguir as áreas na Região Sul ocupadas por esses imigrantes durante o século XIX. Na página seguinte, conheça algumas características dessa ocupação.

> **Policultura:** cultivo de produtos agrícolas diversos.

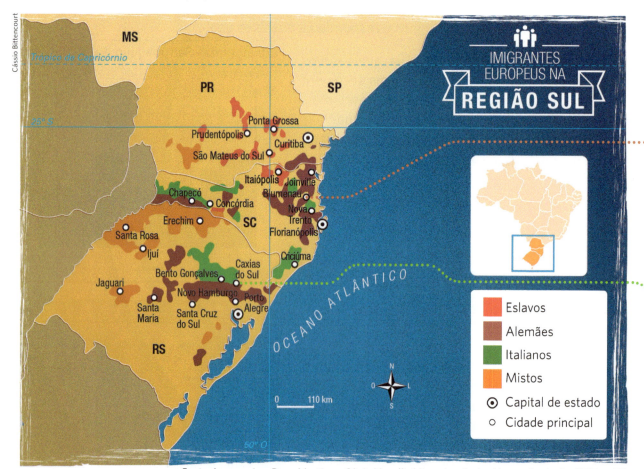

Fonte de pesquisa: Dora Martins e Sônia Vanalli. *Migrantes*. Porto Alegre: Contexto, 1997. p. 78.

222

A imigração japonesa

A imigração japonesa foi significativa no norte do Paraná. Em meados do século XX, essa porção da Região Sul recebeu os primeiros grupos de imigrantes japoneses vindos, principalmente, das fazendas de café do oeste paulista. Cidades paranaenses, como Assaí e Uraí, surgiram desses núcleos de colonização. Em um segundo momento, o Paraná recebeu imigrantes vindos do Japão, que se fixaram, sobretudo, na região conhecida como Norte Novo, nas cidades de Londrina e Maringá.

Em 1908, o navio Kasato Maru trouxe a bordo, depois de 51 dias de viagem, os primeiros imigrantes japoneses para o Brasil.

Os alemães foram os primeiros grupos de imigrantes europeus a se estabelecerem no Brasil. Em 1824, fundaram a primeira colônia alemã, na região de São Leopoldo, no Rio Grande do Sul. Em seguida, novas colônias surgiram, entre elas a de Novo Hamburgo, também no Rio Grande do Sul, Joinville, Blumenau e Brusque, em Santa Catarina.

Na foto, observamos um grupo de imigrantes alemães em 1880, no município de Blumenau, Santa Catarina.

▶ **Aprenda mais**

O filme *Gaijin: caminhos da liberdade* narra a história dos imigrantes japoneses que, no início do século XX, decidem vir para o Brasil trabalhar nas lavouras de café, na busca de uma vida melhor.

Gaijin: caminhos da liberdade. Direção: Tizuka Yamasaki. Brasil, 1980 (112 min).

Os imigrantes italianos também vieram em grande número para o Brasil. No país, estabeleceram colônias que deram origem a cidades do Rio Grande do Sul, como Caxias do Sul, Garibaldi e Bento Gonçalves, e de Santa Catarina, como Urussanga, Lauro Müller e Criciúma.

Na foto, imigrantes italianos, no município de Caxias do Sul, Rio Grande do Sul, no início do século XX.

Migrando da Região Sul

A dinâmica populacional da Região Sul passou por modificações ao longo do tempo. Entre as décadas de 1970 e 1980, conforme estudamos na unidade **2**, muitos sulistas deixaram a Região Sul do Brasil em busca de melhores condições de vida e de trabalho em outras regiões do país, principalmente no Centro-Oeste.

Essas regiões receberam grande número de habitantes, que desenvolveram atividades relacionadas à agricultura e pecuária. Atualmente, essas atividades tornaram-se muito importantes para a economia dessas regiões.

O Paraguai também foi destino de muitos migrantes que se mudaram, principalmente, da Região Sul na década de 1970. Naquele período, a expansão agrícola e a consequente oferta de terras a preços acessíveis no país vizinho atraíram muitos moradores do Sul do Brasil.

Esses migrantes brasileiros ficaram conhecidos como "brasiguaios", e, embora nos últimos anos muitos já tenham retornado ao Brasil, ainda é grande o número de brasileiros vivendo no Paraguai.

Migração interna e migração externa

Ao falarmos sobre população, é muito comum escutarmos o termo migrações populacionais. **Migração** corresponde ao movimento ou deslocamento que uma população realiza de um lugar para outro, que pode ser entre países, regiões, estados, municípios, etc.

Quando a migração acontece dentro de um mesmo país, dizemos que ocorreu uma **migração interna**. Já quando a migração se dá entre diferentes países, é chamada de **migração externa**.

Os motivos pelos quais as pessoas migram são diversos, entre eles trabalho, estudos, guerras, catástrofes naturais, entre outros.

O município de Alta Floresta, localizado no estado do Mato Grosso, recebeu, na década de 1970, um grande número de migrantes vindos da Região Sul do país. Na foto, observamos uma paisagem desse município, em 2018.

Danubio Ferreira/Futura Press

Mudanças no sentido da migração

Até o início de 1980, o número de estrangeiros que o Brasil recebia era muito maior que o número de brasileiros que deixava o país para viver no exterior. No entanto, a partir dessa década, ocorreu um movimento inverso da migração internacional, ou seja, muito mais pessoas têm saído do nosso país para viver em outros países.

Atualmente, segundo dados oficiais do Ministério das Relações Exteriores, existem aproximadamente 3 milhões de brasileiros vivendo fora do Brasil.

Grande parte desses brasileiros deixa o país em busca de oportunidades de trabalho e melhores rendimentos. Observe a seguir os países que registram maiores números de imigrantes brasileiros.

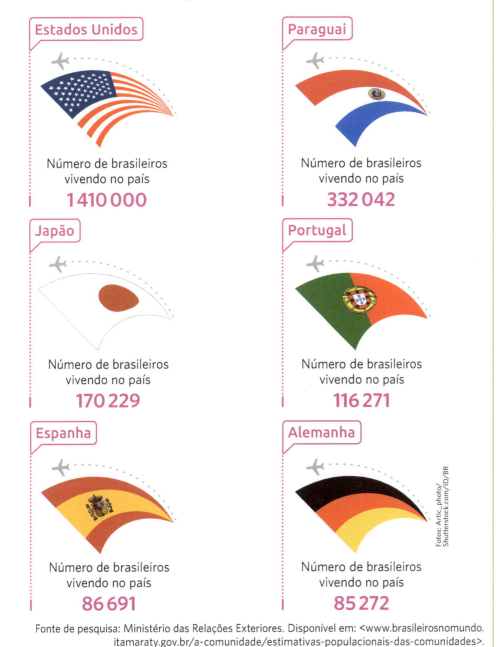

Estados Unidos
Número de brasileiros vivendo no país
1 410 000

Paraguai
Número de brasileiros vivendo no país
332 042

Japão
Número de brasileiros vivendo no país
170 229

Portugal
Número de brasileiros vivendo no país
116 271

Espanha
Número de brasileiros vivendo no país
86 691

Alemanha
Número de brasileiros vivendo no país
85 272

Fotos: Artic_photo/Shutterstock.com/ID/BR

Fonte de pesquisa: Ministério das Relações Exteriores. Disponível em: <www.brasileirosnomundo.itamaraty.gov.br/a-comunidade/estimativas-populacionais-das-comunidades>. Acesso em: 12 set. 2018.

Geografia e História

Peabiru: um caminho repleto de história

Conforme estudamos, antes da chegada dos colonizadores à terras que hoje formam o Brasil, nosso território era habitado por vários povos indígenas.

Para se deslocarem entre a vegetação e os rios, em busca de caça e coleta de alimentos, por exemplo, os indígenas construíram vários caminhos que interligavam diferentes porções do território.

O caminho do Peabiru, que atravessa o continente americano na sua parte sul, ou seja, do oceano Atlântico até próximo ao oceano Pacífico, constitui um desses caminhos. De acordo com pesquisas baseadas em relatos históricos e escavações arqueológicas, esse caminho consiste em um sistema de trilhas construído por povos indígenas há mais de 1200 anos. Leia o texto a seguir.

> [...] Também chamado de Peabiyu, Piabuiu, Caminho de São Tomé ou Sumé, este sistema de trilhas, anterior à chegada dos portugueses, facilitou a conquista e exploração do Sul do país durante o período colonial, e vem despertando grande interesse turístico e histórico em nossos dias. [...] Com uma largura média de um metro e profundidade de quarenta centímetros, era forrado por vegetação rasteira, impedindo o crescimento de grandes arbustos e evitando o fechamento natural das vias.
>
> Seu trajeto total é calculado atualmente em cerca de 3 mil quilômetros, cujas trilhas passavam pelos estados brasileiros de Santa Catarina, São Paulo, Paraná e Mato Grosso do Sul e atingiam o centro-norte do Paraguai. [...]
>
> Johnni Langer. Caminhos ancestrais. *Nossa História*.
> São Paulo: Vera Cruz, ano 2, n. 22, p. 20-21, ago. 2005.

O mapa a seguir mostra o caminho do Peabiru segundo pesquisas históricas.

Fonte de pesquisa: Johnni Langer. Caminhos ancestrais. *Nossa História*, São Paulo, Vera Cruz, ano 2, n. 22, ago. 2005. p. 21.

Alguns pesquisadores afirmam que não se sabe ao certo qual o real motivo que levou nossos ancestrais a construírem o caminho de Peabiru. Algumas teorias garantem que o caminho foi construído por indígenas guaranis que habitavam essa área do continente. Já outras teorias asseguram que os incas, povos indígenas que habitavam a região do Peru, tenham sido os autores da rota, pois por meio dela buscavam expandir seu Império.

Atualmente poucos trechos do caminho do Peabiru estão preservados; alguns podem ser observados nos municípios de Campina da Lagoa e Pitanga, ambos localizados no estado do Paraná. Na proximidade do caminho há diversos sítios arqueológicos com remanescentes de habitações utilizadas por indígenas durante as viagens por Peabiru.

Grande parte das trilhas que formam o caminho já foi destruída pela expansão da atividade humana, sobretudo da agricultura na Região Sul.

Na foto observamos um trecho do caminho do Peabiru localizado no município de Fênix, Paraná, em 2012.

Atualmente, diversos pesquisadores se dedicam a descobrir onde se localizam, quem foram seus autores e, principalmente, os motivos que levaram à construção dos vários caminhos históricos presentes no território brasileiro.

Com mais dois colegas, realizem uma pesquisa em livros e na internet sobre outro caminho histórico presente no território brasileiro. Durante a busca, pesquisem o local do caminho, quem o construiu, qual foi a data da sua construção e, principalmente, para que era utilizado.

Depois da pesquisa, elaborem um cartaz apresentando as informações pesquisadas, entre elas um mapa localizando no território brasileiro o caminho pesquisado.

População atual

De acordo com o IBGE, em 2018, a população da Região Sul apresentava mais de 29 milhões de pessoas, o que faz desta a terceira região mais populosa do Brasil, com densidade demográfica de aproximadamente 52 hab./km^2.

Essa região apresenta uma elevada taxa de urbanização. Veja no gráfico que aproximadamente 86% da população vive em áreas urbanas.

As maiores aglomerações urbanas da Região Sul estão localizadas nas proximidades de Porto Alegre, capital do Rio Grande do Sul, e Curitiba, capital do Paraná. Juntas, essas duas cidades somam mais de 3,3 milhões de habitantes, correspondendo a cerca de 11% da população de toda a região.

Florianópolis, capital de Santa Catarina, possui aproximadamente 493 mil habitantes, no entanto, a maior concentração populacional do estado está na cidade de Joinville, com mais de 583 mil habitantes. Isso se deve ao grande parque industrial da cidade, que atrai um número maior de trabalhadores.

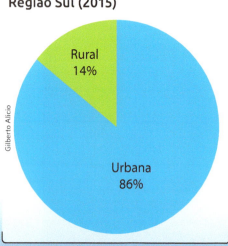

População rural e urbana da Região Sul (2015)
Rural 14%
Urbana 86%

Fonte de pesquisa: IBGE. *Sidra*. Disponível em: <https://sidra.ibge.gov.br/tabela/261>. Acesso em: 12 set. 2018.

As transformações no campo, como a mecanização das propriedades agropecuárias e a concentração de terras, fizeram que muitas pessoas migrassem da área rural em busca de trabalho nas cidades nas últimas décadas. Esse fato contribuiu significativamente para a elevada taxa de urbanização da Região Sul.

Na foto observamos parte da cidade de Joinville, Santa Catarina, em 2018.

A qualidade de vida na Região Sul

Observe os gráficos a seguir, que apresentam informações que nos revelam aspectos da qualidade de vida da Região Sul.

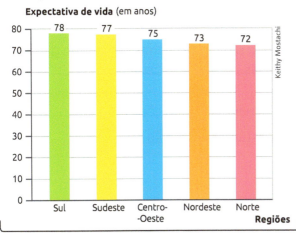

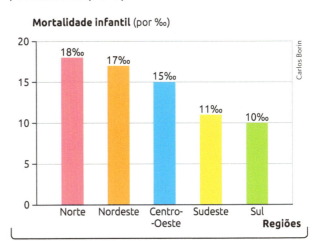

Fonte de pesquisa dos gráficos: IBGE. *Síntese dos indicadores sociais 2016*. Disponível em: <https://www.ibge.gov.br/estatisticas-novoportal/sociais/populacao/9221-sintese-de-indicadores-sociais.html?edicao=9222&t=resultados>. Acesso em: 9 ago. 2018.

1 De acordo com os gráficos, qual é a expectativa de vida ao nascer na Região Sul?

2 Qual a taxa de mortalidade infantil da Região Sul?

3 Com base nas informações apresentadas nos gráficos, o que podemos concluir sobre a qualidade de vida na Região Sul quando comparada com as demais regiões do Brasil?

Conforme podemos perceber, a Região Sul apresenta melhores indicadores de expectativa de vida e mortalidade infantil que as demais regiões do país. Isso indica que essa região, de modo geral, proporciona uma boa qualidade de vida aos seus habitantes.

Contudo, é importante verificar que, apesar das elevadas taxas que avaliam a qualidade de vida, como as mostradas nos gráficos acima, a Região Sul, assim como outras regiões brasileiras, também apresenta problemas socioeconômicos.

O êxodo rural nas últimas décadas refletiu no crescimento desordenado das áreas urbanas, sobretudo das periferias das grandes e médias cidades da região. Nessas áreas, assim como em outras regiões do país, muitas populações convivem com problemas relacionados à falta de saneamento básico, educação e saúde.

Na foto observamos uma área da periferia da cidade de Porto Alegre, Rio Grande do Sul, em 2016.

229

Atividades

▌ Organizando o conhecimento

1. Em que período se iniciou a ocupação da Região Sul por povos não indígenas? Como ela ocorreu?

2. Quais são as duas maiores aglomerações urbanas localizadas na Região Sul?

3. Explique a diferença entre migração interna e migração externa.

4. Escreva um pequeno texto no caderno sobre a mudança no sentido da migração brasileira, utilizando as expressões do quadro abaixo.

> migração internacional • melhores condições de vida
> nacionalidade • costumes • Região Sul

5. O que é o caminho do Peabiru?

▌ Conectando ideias

6. **Observe** o mapa da página **222** e a foto a seguir. Depois, de acordo com o que você estudou, **responda** ao que se pede.

▌ Festa típica alemã realizada em Blumenau, Santa Catarina, em 2017.

a) **Identifique** qual aspecto da colonização ocorrida na Região Sul é retratado na foto.

b) **Aponte** os principais povos imigrantes que participaram da colonização da Região Sul.

c) **Cite** o nome de três cidades que surgiram de colônias de imigrantes na Região Sul.

d) **Comente** de que maneira os imigrantes praticavam a agricultura na Região Sul.

7. **Observe** o mapa a seguir e **responda** às questões no caderno.

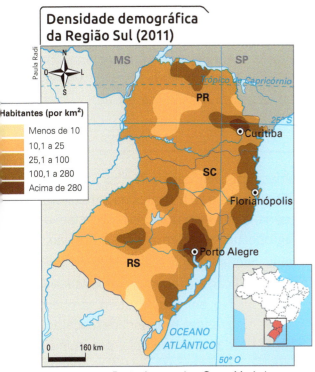

Fonte de pesquisa: Graça Maria Lemos Ferreira. *Atlas geográfico*: espaço mundial. 4. ed. São Paulo: Moderna, 2013. p. 131.

a) Com base no mapa, **identifique** as capitais que apresentam as maiores concentrações populacionais da Região Sul.

b) De acordo com o mapa, onde estão localizadas as áreas mais povoadas da Região Sul?

c) **Relacione** a distribuição da população sobre o território da Região Sul e o modo como ocorreu a sua ocupação.

d) **Comente** se a frase a seguir está correta ou não.

> A população da Região Sul é praticamente urbana.

8. **Leia** as manchetes de jornais a seguir.

Brasiguaios com títulos de terra são forçados a deixar área no Paraguai

Globo, 19 maio 2014. Disponível em: <http://g1.globo.com/economia/agronegocios/noticia/2014/05/brasileiros-que-moram-ha-anos-no-paraguai-sao-expulsos-das-terras.html>. Acesso em: 13 set. 2018.

Brasileiros que moram há anos no Paraguai são expulsos da terra.

G1, 19 maio 2014. Disponível em: <http://g1.globo.com/pr/oeste-sudoeste/noticia/2014/05/brasiguaios-com-titulos-de-terra-sao-forcados-deixar-area-no-paraguai.html>. Acesso em: 13 set. 2018.

a) **Explique** quem são os "brasiguaios".

b) **Pesquise** sobre a situação dos brasiguaios atualmente. **Procure** saber sobre a questão da legalização de suas terras, os conflitos pela posse de terras e também a migração de retorno para o Brasil. Depois, **produza** um texto com as informações coletadas.

231

CAPÍTULO 25

Economia da Região Sul

De acordo com dados publicados pelo IBGE em 2015, a Região Sul se destaca na economia brasileira por apresentar o segundo maior PIB nacional. Ela também é considerada a segunda região mais industrializada do país. Vamos estudar a seguir as atividades econômicas desenvolvidas nessa região.

Agropecuária

Grande parte das atividades agropecuárias desenvolvidas na Região Sul é considerada moderna. Há uso de tratores, colheitadeiras e fertilizantes na agricultura, e rações, medicamentos e vacinas na pecuária, o que vem proporcionando elevado nível de produtividade nas atividades agropecuárias desenvolvidas na região.

A Região Sul também apresenta muitas pequenas e médias propriedades rurais de base familiar, responsáveis por diversificar a produção agropecuária. No entanto, existem também grandes propriedades localizadas, por exemplo, em municípios como Lages (SC), Londrina, Maringá e Guarapuava (PR) e na Campanha Gaúcha (RS). Observe a seguir o mapa da produção agropecuária dessa região.

> Descreva a atividade agropecuária desenvolvida no sudoeste da Região Sul.

Agropecuária da Região Sul (2011)

E. Bellusci

Produtos agropecuários: Arroz, Aveia, Banana, Café, Cana-de-açúcar, Cevada, Erva-mate, Feijão, Laranja, Maçã, Mandioca, Milho, Pêssego, Soja, Tabaco, Tomate, Trigo, Uva, Aves, Bovinos, Ovinos, Suínos

Fonte de pesquisa: Gisele Girardi e Jussara Vaz Rosa. *Atlas geográfico do estudante*. São Paulo: FTD, 2011. p. 54.

232

As características do clima subtropical contribuem para o cultivo de diversas lavouras na Região Sul. A ocorrência de chuvas bem distribuídas ao longo do ano e as baixas temperaturas favorecem o desenvolvimento das culturas de trigo, aveia, cevada, milho, uva e maçã.

A atividade pecuária na Região Sul é bastante expressiva. De acordo com dados do IBGE, em 2016, ela foi responsável por 50% da criação de suínos e pela maior parte da criação de aves do país. A criação de bovinos também é significativa, sendo destinada, principalmente, para a produção de leite, o que corresponde a 37% da produção nacional. O Rio Grande do Sul é o segundo maior criador de ovinos do Brasil, obtendo dessa criação carne, lã e couro.

Grande parte da produção agropecuária da Região Sul está ligada às agroindústrias. Muitas delas, como as do setor de laticínios, de frigoríficos, de óleos vegetais e as vinícolas, instalaram-se nas proximidades de áreas rurais, com o objetivo de obter as matérias-primas mais facilmente e dinamizar sua produção.

Com isso, parte significativa da atividade agropecuária na Região Sul tem se desenvolvido por meio de um sistema de parceria entre os produtores rurais e as agroindústrias, principalmente os frigoríficos e as indústrias de laticínios. Nesse sistema, conhecido como **sistema de integração**, cabe aos criadores o crescimento saudável dos animais até o período do abate. Já as agroindústrias são responsáveis por oferecer assistência técnica aos criadores, dando a eles, por exemplo, a ração, os medicamentos para os animais e assumindo os gastos com veterinários. Além disso, cabe às agroindústrias a compra total da produção. Esse sistema integrado trouxe bons resultados tanto para os produtores quanto para as agroindústrias.

A avicultura e a suinocultura são atividades expressivas nos estados do Paraná e Santa Catarina, o que tem atraído grandes frigoríficos para o campo. Na foto, frigorífico em Chapecó, Santa Catarina, em 2017.

A foto retrata um rebanho de ovinos no município São Miguel das Missões, Rio Grande do Sul, em 2016, uma das atividades de maior destaque na Região Sul.

Indústria

A Região Sul possui um parque industrial diversificado, conforme podemos observar no mapa, contando com a presença de indústrias metalúrgicas, mecânicas, químicas, de bebidas, têxteis e alimentícias.

Um fator importante que impulsionou a industrialização da Região Sul foi o processo de desconcentração industrial ocorrido no país. Conforme já estudamos, nas últimas décadas, muitas indústrias se dirigiram para outros estados, fora da Região Sudeste.

Os governos dos estados da Região Sul passaram a oferecer uma série de benefícios para promover a vinda de indústrias para a região, como isenção de impostos, redução dos custos com infraestrutura e empréstimos bancários. Além disso, a região é favorecida por sua localização no território brasileiro. Por situar-se na fronteira entre os países-membros do Mercosul, muitas indústrias foram instaladas na região com o objetivo de estreitar suas relações comerciais com os países do bloco.

As áreas com os maiores polos industriais estão nas regiões metropolitanas de Porto Alegre e Curitiba. No entanto, as cidades catarinenses de Blumenau e Brusque, as paranaenses Londrina, Maringá e Cianorte, e as gaúchas Santa Maria, Caxias do Sul e Pelotas também se destacam.

Fontes de pesquisa: Gisele Girardi e Jussara Vaz Rosa. *Atlas geográfico do estudante*. São Paulo: FTD, 2016. p. 72. *Atlas geográfico escolar*. 7. ed. Rio de Janeiro: IBGE, 2016. p. 137.

> **Mercosul:** bloco econômico que possui como países-membros Brasil, Argentina, Uruguai, Paraguai e Venezuela. Um bloco econômico procura, entre seus principais objetivos, facilitar os fluxos e a circulação de mercadorias e de capitais entre os países-membros.

> Observe o mapa e, em seguida, descreva a distribuição das indústrias tendo como referência as porções leste e oeste do território da Região Sul.

Área industrial localizada na cidade de Londrina, Paraná, em 2018.

234

Extrativismo

Em relação à atividade extrativa, a Região Sul se destaca por deter as maiores reservas de carvão mineral do Brasil. Embora o Rio Grande do Sul possua as maiores delas, a produção de carvão mineral nesse estado é inferior à produção de Santa Catarina em razão da baixa qualidade que apresenta. O carvão catarinense libera menos resíduos durante a queima, por isso é preferido pelas indústrias siderúrgicas.

Nos últimos anos, tem-se manifestado uma preocupação maior com a exploração do carvão mineral na Região Sul, principalmente em relação aos impactos socioambientais causados por ela.

Na Região Sul também se extraem do subsolo alguns minerais muito utilizados para a fabricação de joias ou objetos de arte, conhecidos como pedras preciosas. A ametista, por exemplo, pode ser encontrada na divisa entre o Rio Grande do Sul e Santa Catarina, e a ágata, na porção mais central do Rio Grande do Sul.

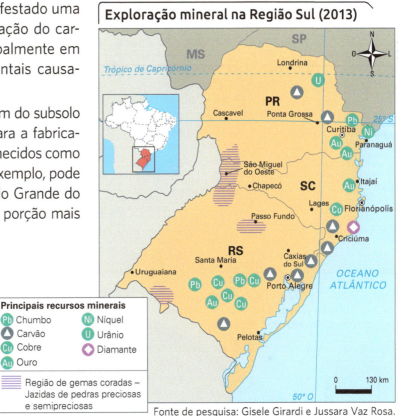

Fonte de pesquisa: Gisele Girardi e Jussara Vaz Rosa. *Atlas geográfico do estudante*. São Paulo: FTD, 2016. p. 78.

1 De acordo com o mapa, em quais áreas da Região Sul predominam as regiões de jazidas de pedras preciosas e semipreciosas?

Turismo

Entre as atividades do setor de serviços da Região Sul, o turismo tem se destacado. Todos os anos, a região atrai turistas que procuram paisagens naturais, como praias, serras e cânions, além das Cataratas do Iguaçu. Outra grande procura é por cidades históricas, sobretudo as marcadas pela presença da cultura e dos costumes dos povos imigrantes, com construções de casas no estilo europeu e manifestações culturais como festas, comidas e roupas típicas.

2 Faça uma pesquisa na internet e verifique como o relevo e a hidrografia podem atrair muitos turistas para a Região Sul, ao transformar as paisagens como as encontradas nas Cataratas do Iguaçu.

Pessoas observando as Cataratas do Iguaçu, em 2017.

235

Ampliando fronteiras

A usina de Itaipu

A hidrelétrica de Itaipu é uma usina binacional, ou seja, pertence a dois países: Brasil e Paraguai. Ela está localizada na fronteira entre esses países, no rio Paraná.

A usina foi construída entre 1974 e 1981 e representou um marco decisivo no desenvolvimento energético do Brasil e do Paraguai. Atualmente, Itaipu é a segunda maior hidrelétrica do mundo em capacidade instalada de produção, a qual pode chegar a 14 000 megawatts. A primeira é a Usina de Três Gargantas, na China, que tem capacidade de produção de 22 400 megawatts.

A seguir, conheça um pouco sobre o funcionamento da hidrelétrica de Itaipu.

1 A **barragem** tem a função de represar as águas do rio Paraná, formando um reservatório. Ela também proporciona um desnível de 120 metros no terreno. Com essa altura, a água adquire força suficiente para girar as turbinas.

2 Por meio do **vertedouro**, é possível controlar o nível da água do reservatório, onde um sistema de comportas permite o escoamento da água para o leito do rio.

3 Na **casa de força** localizam-se os principais equipamentos da hidrelétrica, como a turbina e o gerador. São eles os responsáveis pela produção da energia elétrica.

4 O **reservatório** da usina de Itaipu foi construído com o represamento do rio Paraná.

5 Parte da água do reservatório passa por tubulações chamadas **condutos** até chegar à turbina.

6 O fluxo da água gira a **turbina** que move o gerador.

7 A energia gerada pela usina chega até a **rede de distribuição**, que a transmite por meio de linhas de energia para indústrias, comércio e residências.

Fonte de pesquisa: Itaipu Binacional. Disponível em: <www.itaipu.gov.br/energia/comparacoes>. Acesso em: 8 ago. 2018.

Representação sem proporção de tamanho. Cores-fantasia.

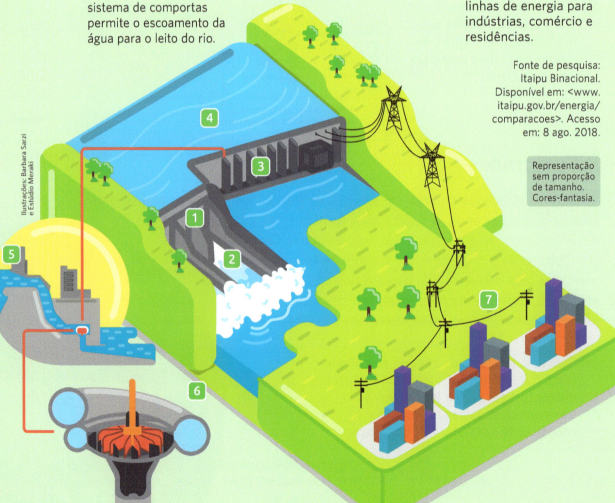

Ilustrações: Barbara Sarzi e Estúdio Meraki

As grandezas de Itaipu

- O volume total de concreto utilizado na construção da usina seria suficiente para construir 210 estádios de futebol como o Maracanã, no Rio de Janeiro.

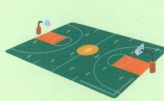
- O represamento da água do rio Paraná para formação do reservatório alagou uma área de 1350 km², valor equivalente ao tamanho de 3,2 milhões de quadras de basquete.

- O ferro e o aço utilizados permitiriam a construção de 380 torres, como a Torre Eiffel, em Paris, na França.

- O alagamento da área causou o deslocamento de 40 mil pessoas que viviam em propriedades rurais nesse local.

- A vazão máxima do vertedouro da Itaipu (62,2 mil metros cúbicos de água por segundo) corresponde a 40 vezes a vazão média das Cataratas do Iguaçu.

- O reservatório de água encobriu 650 km² de floresta nativa, e 13 mil espécies de animais foram deslocadas de seu hábitat e levadas para outras áreas.

- A altura da barragem principal (196 metros) equivale à altura de um prédio de 65 andares.

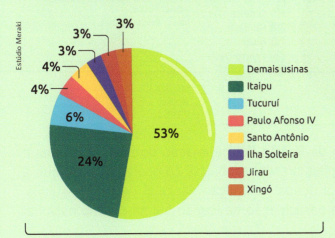

Produção das principais hidrelétricas do Brasil (2018)

- Demais usinas: 53%
- Itaipu: 24%
- Tucuruí: 6%
- Paulo Afonso IV: 4%
- Santo Antônio: 4%
- Ilha Solteira: 3%
- Jirau: 3%
- Xingó: 3%

Fonte de pesquisa: Brasil. Agência Nacional de Energia Elétrica. Disponível em: <http://www2.aneel.gov.br/aplicacoes/capacidadebrasil/energiaassegurada.asp>. Acesso em: 10 ago. 2018.

1. O que mais chamou a sua atenção a respeito da hidrelétrica de Itaipu? Converse com os colegas.

2. De acordo com o gráfico, a Itaipu é importante para a geração de energia hidrelétrica em nosso país? Justifique sua resposta.

3. Embora as usinas hidrelétricas sejam consideradas formas limpas de produção de energia, a construção delas provoca impactos sociais e ambientais, como vimos nas informações a respeito de Itaipu. Converse com os colegas sobre essa contradição.

4. Que outras formas de produção de energia elétrica existem em nosso país? Quais desses tipos de produção causam menos impactos ambientais? Pesquise sobre o assunto e organize as informações para apresentá-las a toda a turma.

Atividades

Organizando o conhecimento

1. De acordo com o que você estudou, destaque as principais características da atividade agropecuária desenvolvida na Região Sul.

2. No que consiste o sistema integrado de produção?

3. Cite alguns dos principais tipos de indústrias presentes na Região Sul.

4. Qual estado da Região Sul apresenta a maior produção de carvão mineral?

5. De acordo com o que você estudou, descreva o turismo da Região Sul.

Conectando ideias

6. **Observe** os gráficos a seguir, que mostram a participação das regiões brasileiras nas criações de bovinos, suínos e aves, em 2016. Depois, **responda** às questões.

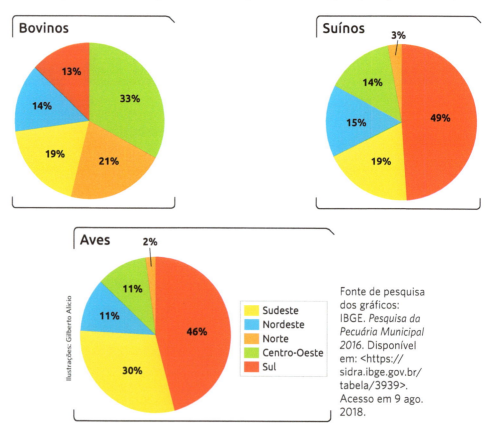

Fonte de pesquisa dos gráficos: IBGE. *Pesquisa da Pecuária Municipal 2016*. Disponível em: <https://sidra.ibge.gov.br/tabela/3939>. Acesso em 9 ago. 2018.

a) **Compare** a participação da Região Sul na criação de bovinos, suínos e aves com as demais regiões brasileiras. Nessa comparação, **verifique** a posição que a Região Sul ocupa na criação nacional de aves e suínos. **Observe** também qual a participação da Região Sul na criação nacional de bovinos.

b) **Explique** a que conclusão você pode chegar sobre a produtividade pecuária desenvolvida na Região Sul com base na comparação que realizou.

7. Leia a manchete a seguir.

[Região] Sul aumenta participação no valor de vendas da indústria nacional

Jornal do Comércio, 24 jun. 2015. Disponível em: <https://www.jornaldocomercio.com/site/noticia.php?codn=200394>. Acesso em: 13 set. 2018.

- Baseado na manchete e no que foi apresentado neste capítulo, **elabore** um texto descrevendo a atividade industrial na Região Sul.

8. Observe a foto e **responda** às questões a seguir no caderno.

a) Qual atividade econômica está retratada na foto?

b) Como essa atividade econômica se caracteriza na Região Sul?

c) **Cite** outros recursos minerais explorados na Região Sul.

Exploração de carvão mineral em Treviso, Santa Catarina, em 2016.

Verificando rota

- A Região Sul é formada por três estados e é a região menos extensa do país. Tem predomínio de clima subtropical, áreas preservadas da Mata Atlântica, relevo com altitudes variadas e presença de rios com grande potencial hidrelétrico.

- As imagens de satélites também são utilizadas para a elaboração de mapas do tempo atmosférico, conhecidos como mapas meteorológicos.

- A ocupação da Região Sul por povos não indígenas ganhou força a partir do século XIX, com a chegada de grupos de imigrantes europeus incentivados pelos programas de imigração do governo.

- O caminho do Peabiru atravessa o continente americano na sua porção sul, fazendo a ligação entre o oceano Atlântico e as áreas próximas ao oceano Pacífico.

- A maior parte da população da Região Sul vive em áreas urbanas. Embora essa região ofereça boa qualidade de vida à sua população, ela também possui problemas sociais.

- A economia da Região Sul é marcada pela moderna atividade agropecuária, por um parque industrial bastante diversificado, pela extração de carvão mineral e pela forte atividade turística.

UNIDADE 8
Região Centro-Oeste

Capítulos desta unidade
- **Capítulo 26** - Aspectos naturais da região Centro-Oeste
- **Capítulo 27** - A população da região Centro-Oeste
- **Capítulo 28** - Economia da Região Centro-Oeste

A foto retrata uma área do Pantanal no município de Poconé, Mato Grosso, em 2017.

Iniciando rota

1. Descreva os elementos naturais do Pantanal que podem ser observados na foto.
2. O que você sabe sobre a agropecuária desenvolvida na Região Centro-Oeste?
3. Quais outros aspectos dessa região você conhece?

CAPÍTULO 26

Aspectos naturais da Região Centro-Oeste

A Região Centro-Oeste é formada por três estados e o Distrito Federal, ou seja, por quatro unidades da federação. O Centro-Oeste é a região que possui a segunda maior extensão territorial do Brasil, e sua área corresponde a 19% de todo o território nacional, com aproximadamente 1,6 milhão de km².

Nessa região predomina o clima tropical típico. Sua vegetação é bastante diversificada, com a predominância de Cerrado. Seu relevo tem predomínio de planaltos, com a presença de importantes rios, como o rio Paraná e o rio Paraguai.

Observe no mapa as unidades da federação que compõem a Região Centro-Oeste, assim como a população e a extensão territorial de cada uma delas. Veja as informações a seguir.

Fontes de pesquisa do mapa e dos dados: *Atlas geográfico escolar*. 7. ed. Rio de Janeiro: IBGE, 2016. p. 90. IBGE. Disponível em: <www.ibge.gov.br>. Acesso em: 14 set. 2018.

Mato Grosso
População: 3 441 998 habitantes
Área: 903 202 km²

Distrito Federal
População: 2 974 703 habitantes
Área: 5 780 km²

Goiás
População: 6 921 161 habitantes
Área: 340 106 km²

Mato Grosso do Sul
População: 2 748 023 habitantes
Área: 357 146 km²

Na foto observamos parte da cidade de Cuiabá, Mato Grosso, em 2018.

Clima e vegetação

O clima da Região Centro-Oeste apresenta temperaturas elevadas praticamente o ano todo, característica do clima tropical típico. Em algumas áreas mais secas, atuam características climáticas do clima semiárido. Na parte norte do estado do Mato Grosso, predomina o clima equatorial, com temperaturas também elevadas mas com maior pluviosidade.

Na área onde ocorre o clima equatorial, a vegetação predominante é a floresta Amazônica. Contudo, a maior parte do território da Região Centro-Oeste era originalmente coberta por vegetação de Cerrado.

A vegetação original da Região Centro-Oeste vem sofrendo forte devastação com o crescimento das atividades econômicas, principalmente com o avanço da agropecuária em direção ao norte do país, sobre áreas de Cerrado e floresta Amazônica.

Observe os mapas a seguir.

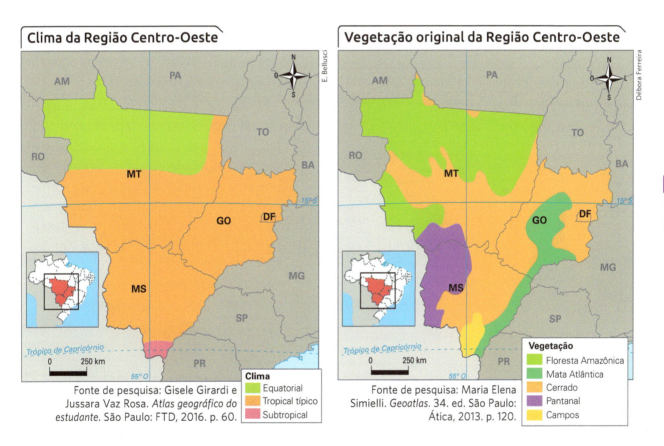

1. Qual é o clima predominante na Região Centro-Oeste? Descreva a extensão de sua atuação.

2. Em quais estados da Região Centro-Oeste há predominância da vegetação de Cerrado?

3. Compare os dois mapas e identifique o clima predominante na área de ocorrência do Pantanal.

Degradação do Cerrado

O Cerrado brasileiro, originalmente, ocupava aproximadamente 22% do território brasileiro. Sua extensão ficava atrás, apenas, da floresta Amazônica. O Cerrado ocupava áreas das regiões Norte, Nordeste, Sudeste e, sobretudo, da Região Centro-Oeste.

No entanto, nas últimas décadas a produção agrícola do Centro-Oeste vem sendo ampliada com a expansão da fronteira agrícola nos estados de Goiás, Mato Grosso e Mato Grosso do Sul, onde extensas áreas de Cerrado já cederam lugar a grandes lavouras monocultoras altamente mecanizadas, sobretudo de soja, milho e cana-de-açúcar.

Essa expansão é favorecida, entre outros fatores, pelas próprias características naturais da região (solo profundo, relevo plano, clima com temperaturas elevadas) e também pelo uso de diferentes técnicas de cultivo, como a aplicação de adubos e fertilizantes no solo, além da prática da irrigação.

Com o interesse cada vez maior na ampliação das lavouras, a vegetação de Cerrado está passando por um intenso processo de degradação. Extensas áreas dessa vegetação nativa estão sendo queimadas ou derrubadas, desde a década de 1970, abrindo espaço para as lavouras. Veja o mapa ao lado.

Em conjunto com o crescimento agrícola na região, outros fatores, como o crescimento das cidades e o desenvolvimento da atividade pecuária, também favorecem a degradação do Cerrado e prejudicam as populações que sobrevivem dos recursos naturais extraídos dessa vegetação, como indígenas e ribeirinhos.

> Ribeirinho: povo que vive à beira dos rios e, na maioria das vezes, extrai deles seu sustento.

Remanescentes do Cerrado no Brasil (2011)

Fonte de pesquisa: Instituto Sociedade, População e Natureza. Disponível em: <http://www.ispn.org.br/o-cerrado/o-cerrado-esta-desaparecendo/>. IBAMA. *Projeto de Monitoramento do Desmatamento dos Biomas Brasileiros por Satélite.* Disponível em: <http://siscom.ibama.gov.br/monitora_biomas/PMDBBS%20-%20CERRADO.html>. Acessos em: 4 out. 2018.

Área de desmatamento do Cerrado para plantio de lavoura, no município de Canarana, Mato Grosso, em 2018.

244

Relevo e hidrografia

O relevo da Região Centro-Oeste tem predominância de altitudes que variam de 200 a 500 metros. As áreas mais baixas, conforme podemos observar no mapa a seguir, estão localizadas, principalmente, na planície do Pantanal, para onde fluem vários rios dessa região. As áreas mais elevadas, superiores a 800 metros de altitude, localizam-se, em sua maioria, no estado de Goiás, onde ocorre a formação do planalto Central. Observe no mapa.

A maioria das nascentes dos rios da Região Centro-Oeste se encontra em sua área central e também nas áreas mais elevadas, percorrendo seus estados em direção às demais regiões do Brasil. Por esse motivo é conhecida como divisor de águas do território brasileiro.

Os rios que percorrem a Região Centro-Oeste fazem parte de quatro importantes bacias hidrográficas do país, dos rios Paraguai, Paraná, Amazonas e Tocantins-Araguaia. De modo geral, essas bacias hidrográficas possuem grande potencial para a geração de energia hidrelétrica e também para a navegação.

Rios como o Teles Pires e o Xingu, localizados na parte norte do estado do Mato Grosso, na Região Centro-Oeste, fazem parte da bacia hidrográfica do Amazonas, que é a maior do mundo.

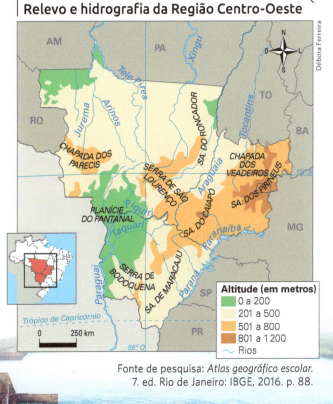

Fonte de pesquisa: *Atlas geográfico escolar.* 7. ed. Rio de Janeiro: IBGE, 2016. p. 88.

1. De acordo com o mapa, quais estados da Região Centro-Oeste são banhados por águas do rio Paraguai?

2. Qual a relação entre as nascentes dos rios que percorrem a Região Centro-Oeste e as altitudes do relevo?

Foto panorâmica da usina hidrelétrica Jupiá, localizada no rio Paraná, no município de Três Lagoas, Mato Grosso do Sul, em 2018.

Pantanal: importante riqueza natural

O Pantanal é uma planície inundável, ou seja, a maior parte de suas terras fica submersa durante o período de cheia dos rios, que dura aproximadamente seis meses, geralmente de novembro a abril. Essa planície se estende ao leste da Bolívia e norte do Paraguai, mas sua maior parte está localizada no Brasil, nas áreas oeste e sul dos estados de Mato Grosso e Mato Grosso do Sul.

As espécies vegetais e animais que se desenvolvem no Pantanal recebem influência da floresta Amazônica, do Cerrado e da Mata Atlântica, reunindo um conjunto de características únicas no mundo, como: plantas adaptadas aos longos períodos de cheias e exemplares exuberantes de espécies vegetais, como o ipê-roxo, presente nas áreas de maior altitude; grande variedade de peixes, aves e répteis, com destaque para os jacarés, que habitam as águas rasas dos alagados. Diante disso, no ano 2000, a região pantaneira foi declarada Patrimônio Natural da Humanidade pela Organização das Nações Unidas para a Educação, a Ciência e a Cultura (Unesco).

Apesar de estar menos degradado se comparado com a Mata Atlântica e o Cerrado, o Pantanal sofre a agressão do avanço das atividades econômicas, sobretudo da agropecuária, e também do crescimento das cidades e do aumento da atividade turística.

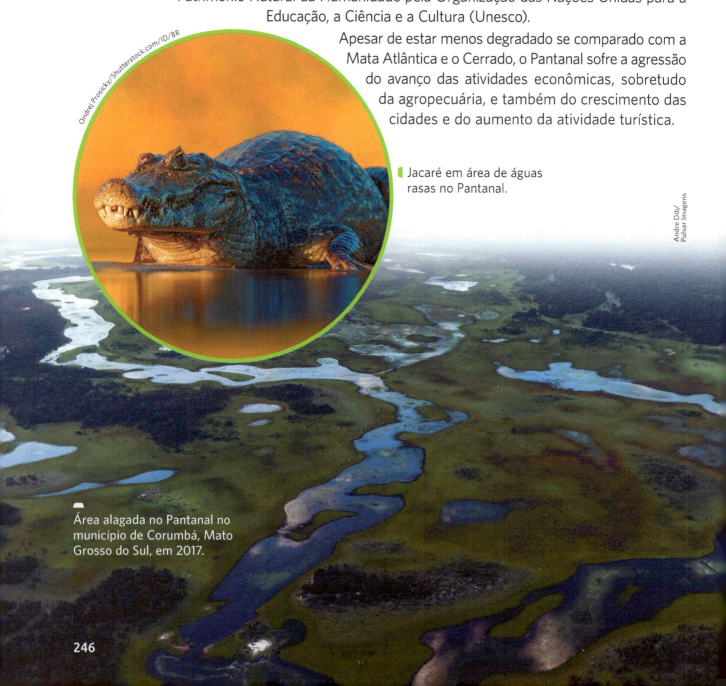

Jacaré em área de águas rasas no Pantanal.

Área alagada no Pantanal no município de Corumbá, Mato Grosso do Sul, em 2017.

Atividades

▌Organizando o conhecimento

1. Observe os mapas da página **243** e responda às questões a seguir.

   a) Identifique a vegetação que originalmente tem a maior ocorrência na Região Centro-Oeste e o clima que nela predomina.

   b) Por que a floresta Amazônica se desenvolve na parte norte da Região Centro--Oeste?

2. A Região Centro-Oeste é conhecida como o grande divisor de águas do território brasileiro. Observe as altitudes do relevo e a distribuição dos rios no mapa da página **245** e explique por que a região é conhecida dessa maneira.

3. Escolha um dos estados que compõem a Região Centro-Oeste e descreva as principais características dele, relacionando-as às informações a seguir.

   a) Área e população.   **b)** Clima e vegetação.   **c)** Relevo e hidrografia.

▌Conectando ideias

4. **Leia** e **interprete** o texto a seguir e **responda** às questões no caderno.

> [...] Depois da Amazônia, o Cerrado é o maior bioma da América do Sul. No Dia Mundial do Meio Ambiente, especialistas alertam para os danos irreversíveis que o intenso processo de degradação pode trazer não só para o bioma, mas também para a sociedade, ao pôr em risco a disponibilidade de água e a regulação do clima.
>
> O Cerrado se estende por mais de 2 milhões de quilômetros quadrados (Km^2) do território brasileiro, o que equivale a quase 24% do país. Contudo, a área com vegetação íntegra do bioma já foi reduzida a cerca de 20% de sua cobertura original
>
> [...]
>
> Débora Brito. Desmatamento e ocupação desordenada ameaçam conservação do Cerrado. *Agência Brasil*, Brasília, 5 jun. 2018. Disponível em: <http://agenciabrasil.ebc.com.br/geral/noticia/2018-06/desmatamento-e-ocupacao-desordenada-ameacam-conservacao-do-cerrado>. Acesso em: 20 set. 2018.

   a) **Identifique** o assunto que está sendo tratado no texto.

   b) De acordo com o texto, **aponte** as consequências da devastação do Cerrado.

   c) Com base no que você estudou, **descreva** as principais causas da degradação do Cerrado brasileiro.

5. A vegetação de Cerrado abriga a maior parte das espécies de tamanduá-bandeira. Esses mamíferos estão entre os animais ameaçados de extinção, e a principal causa disso é a destruição de seu hábitat.

   🔍 **Pesquise** em livros, revistas e na internet outras espécies ameaçadas de extinção que vivem em meio à vegetação de Cerrado. **Produza** um texto explicando as principais causas que as levaram a essa condição.

Vladimir Wrangel/Shutterstock.com/ID/BR

▌Tamanduá-bandeira.

UNIDADE 8

Ampliando fronteiras

O ecoturismo no Centro-Oeste

Escolher o destino de uma viagem tem muito a ver com os interesses de cada pessoa ou grupo: uns preferem praia, outros, o campo ou a dinâmica dos grandes centros urbanos, e há ainda os que gostam de lugares históricos, entre inúmeras outras possibilidades.

Um setor que tem crescido e conquistado muitos adeptos é o ecoturismo. Essa forma de turismo busca promover as paisagens naturais a atrações turísticas, contribuindo com o desenvolvimento econômico regional, procurando conservar o meio ambiente e até mesmo promovendo a consciência ambiental dos visitantes.

No Centro-Oeste, devido às paisagens naturais presentes na região, o ecoturismo tornou-se uma atividade muito desenvolvida. Conheça a seguir alguns destinos ecoturísticos da região e algumas atitudes que devem ser adotadas pelos visitantes.

Na região do **Pantanal**, que abrange parte dos estados do Mato Grosso e do Mato Grosso do Sul, os turistas podem contemplar a vida animal. Aves e jacarés disputam peixes nas lagoas e vários pássaros pousam nas árvores ao final do dia. Há também safáris para a observação de onças-pintadas, sendo muitos deles feitos de forma sustentável, sem interferir na vida dos seres vivos que habitam a região. A renda gerada por esses projetos, muitas vezes, é revertida para a própria conservação da fauna e da flora.

Safári: expedição ou viagem de aventura para a observação de animais silvestres.

É possível encontrar **turismo rural** em diversas fazendas da região Centro-Oeste. Nessas fazendas, o turista entra em contato com paisagens naturais e diversos animais. Também são comuns passeios a cavalo e caminhadas em direção a sítios arqueológicos, cachoeiras e grutas. Esse tipo de turismo gera renda para muitos pequenos proprietários e comunidades rurais.

Ilustrações: Bárbara Sarzi

1. Por que é importante adotar práticas sustentáveis de ecoturismo? Quais são os benefícios dessas práticas?

2. Quando o turismo em áreas naturais não é praticado de forma sustentável, o que você imagina que pode acontecer?

3. Dividam-se em grupos e pesquisem sobre o ecoturismo em um local da região onde vivem. Durante a pesquisa, procurem respostas para alguns questionamentos. O que mais chama a atenção nesse lugar? A visitação é feita de forma sustentável? O turismo provocou algum tipo de impacto nesse local?

   Depois, cada grupo deve apresentar as informações que obteve para o restante da turma.

O **município de Bonito**, no Mato Grosso do Sul, é considerado referência no turismo sustentável. Sua política consistente na conservação do meio ambiente permite o contato com rios de águas cristalinas, cachoeiras, grutas, lagos e corredeiras, sendo possível nadar ao lado dos peixes. Para conservar esses lugares, o número de visitantes é limitado e a legislação ambiental é aplicada com rigor. Além disso, a maioria dos passeios é feita sem automóvel, o que causa menos impacto ao meio ambiente.

O **Vale do Aporé**, também no Mato Grosso do Sul, é um destino que atrai turistas interessados no contato com a natureza. Suas cachoeiras, com quedas-d'água de 4 a 27 metros de altura, formam paisagens que podem oferecer muita diversão, principalmente para os apreciadores de atividades radicais, como rapel, boia *cross* e *jet ski*.

Durante os passeios, os visitantes são orientados a não tocar nos animais e nem retirar pedras e plantas do ambiente. Eles também devem guardar o lixo para descartá-lo em local adequado.

CAPÍTULO 27
A população da Região Centro-Oeste

Até o início do século XVIII a população do território onde atualmente se localizam os estados do Centro-Oeste era composta basicamente de povos indígenas. Desde então, a região passou a ser ocupada por maior número de pessoas com a descoberta de jazidas de ouro e pedras preciosas.

Essas riquezas foram encontradas por meio de expedições bandeirantes, ou seja, viagens de interesse particular feitas por desbravadores que partiam da antiga Vila de São Paulo em direção ao interior do território brasileiro, também conhecido na época como sertões. Desde meados do século XVII, expedições foram organizadas a fim de buscar riquezas e capturar indígenas para o trabalho escravo.

Por onde passavam, os bandeirantes estabeleciam pouso em lugares que se transformaram mais tarde em vilas e, posteriormente, em cidades, como Bom Jesus de Cuiabá, a atual Cuiabá, capital do Mato Grosso, fundada em 1719.

Com a ocupação dessa região, iniciava-se também a pecuária, que servia tanto para a alimentação dos trabalhadores como para o comércio, ganhando destaque econômico com o declínio da mineração, ao final do século XVIII.

François Louis de Castelnau. Vista de Mato Grosso, 1850. Litografia. 21 cm x 26 cm. In: Pedro Corrêa do Lago. *Iconografia brasileira*: coleção Itaú – Sala Alfredo Egydio de Souza Aranha. São Paulo: Itaú Cultural, 2001. p. 207.

Marechal Cândido Rondon

Ao final do século XIX, o militar mato-grossense Cândido Mariano da Silva Rondon comandou algumas das expedições realizadas pelo governo brasileiro para o reconhecimento do território e de áreas propícias ao povoamento.

O marechal mapeou áreas das regiões Centro-Oeste e Norte, defendendo os povos indígenas e levantando dados sobre as características naturais. Rondon também organizou a construção da primeira linha telegráfica da Região Centro-Oeste, entre Cuiabá e a região do Araguaia.

Estátua do Marechal Cândido Mariano da Silva Rondon, no Museu de Arte da cidade de Cuiabá, Mato Grosso, em 2014.

A intensificação do povoamento e a população atual

Até a década de 1940, vastas áreas pouco povoadas ainda podiam ser observadas na Região Centro-Oeste do país. O reduzido número de grandes vias de transporte ligando os pequenos núcleos urbanos da região com os estados localizados a leste do território brasileiro, principalmente os estados de Rio de Janeiro e São Paulo, maiores centros consumidores da época, contribuía para a baixa densidade demográfica.

Por esse motivo, a partir de meados do século XX, o governo brasileiro passou a criar uma série de projetos de colonização, entre eles a criação de colônias agrícolas, como forma de incentivar o aumento da produção agropecuária da região. Também foram construídas rodovias e ferrovias que possibilitavam o transporte da produção agropecuária para outras regiões, a chegada de produtos industrializados e também de pessoas para o Centro-Oeste.

Assim, a partir da década de 1950, a Região Centro-Oeste passou a ser o destino de muitos investidores que apostavam no desenvolvimento, principalmente, da agropecuária naquela região do território brasileiro. A fronteira agrícola passou dos estados do Sul e Sudeste para os estados do Centro-Oeste, seguindo em direção ao norte do país.

Com o avanço da fronteira agrícola, sobretudo nas décadas de 1970 e 1980, muitos migrantes partiram, principalmente da Região Sul do país, em busca de trabalho e melhores condições de vida.

Segundo dados do IBGE, em 2018, a Região Centro-Oeste possuía 16 milhões de habitantes, concentrados, em sua maioria, nas áreas urbanas, que receberam um grande contingente de trabalhadores expulsos do campo pela intensa concentração fundiária que ocorre na região.

Em foto de 2016, podemos observar o município de Sinop, localizado no Mato Grosso. O núcleo original do município foi o resultado de um loteamento iniciado em 1974 pela Sociedade Imobiliária Noroeste do Paraná (Sinop), incentivado pelos projetos de colonização do governo brasileiro.

A construção de Brasília

A expansão da fronteira econômica em direção ao interior do território brasileiro tornou-se mais efetiva quando teve início a construção da cidade de Brasília. A nova cidade inaugurada em 1960 atraiu milhares de pessoas, vindas principalmente das regiões Norte e Nordeste do Brasil, para trabalhar na construção das ruas, casas, prédios e outros estabelecimentos da capital federal.

Essa expansão da fronteira econômica foi muito importante, pois contribuiu para a maior integração econômica dos estados do Centro-Oeste com as regiões Sudeste e Sul.

Tal fato colaborou para o expressivo aumento populacional nessa região do país, até então pouco povoada. A população do estado de Goiás, por exemplo, saltou de 1,2 milhão de habitantes, em 1950, para aproximadamente 3,8 milhões, em 1980.

A transferência da capital federal da cidade do Rio de Janeiro para a área central do país proporcionou maior integração entre as regiões brasileiras e atraiu grandes investimentos financeiros para a Região Centro-Oeste.

Foto da construção da cidade de Brasília na década de 1950.

Vista de parte da cidade de Brasília, em 2018.

Irmãos Villas Bôas e o Parque Indígena do Xingu

Orlando (1914-2002), Cláudio (1916-1998) e Leonardo (1918-1961) Villas Bôas foram três irmãos paulistas que, no início da década de 1940, integraram as expedições de desbravamento do interior do Brasil, geralmente organizadas pelo governo federal.

Ao terem contato com os indígenas que habitavam aquela região, os irmãos se sensibilizaram com a ideia de proteger o território desses povos para que eles pudessem preservar as suas tradições.

Assim, os irmãos elaboraram um projeto de delimitação de uma área de proteção para os povos indígenas que ocupavam a região do rio Xingu e lutaram pelo reconhecimento nacional de sua política em defesa desses povos. Em 1961, conseguiram apoio do governo federal para que fosse criado o Parque Indígena do Xingu (PIX), localizado ao norte do estado do Mato Grosso. Atualmente, o parque conta com aproximadamente 16 etnias indígenas, que se distribuem em diversas aldeias.

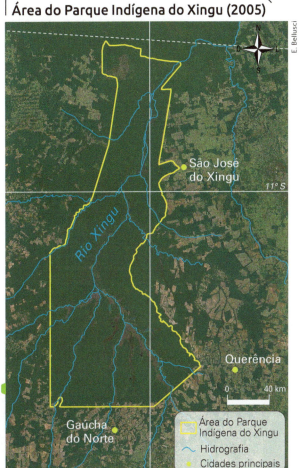

Imagem de satélite com área delimitada do Parque Indígena do Xingu no estado do Mato Grosso, em 2015.

Fonte de pesquisa: Orlando Villas Bôas. *História e causos*. São Paulo: FTD, 2005. p. 126.

Os irmãos Orlando, Cláudio e Leonardo Villas Bôas estabeleceram uma forte relação de amizade com os povos indígenas do Xingu e lutaram pela preservação de suas culturas. Na foto acima, Cláudio (à esquerda) e Orlando (à direita) em uma das expedições no Pará, em 1951.

▶ Aprenda mais

O filme *Xingu* narra a história da criação do Parque Indígena do Xingu. Além disso, relata fatos da vida dos irmãos Villas Bôas, mostrando os conflitos e as conquistas que obtiveram em seu trabalho como sertanistas, durante os vários anos em que se dedicaram à luta pela preservação da cultura e dos direitos dos povos indígenas.

Xingu. Direção de Cao Hamburger. Brasil, 2012 (116 min).

A integração do Centro-Oeste

Na década de 1950, o governo brasileiro passou a priorizar a construção de estradas buscando promover a integração entre as diversas áreas do território, sobretudo das regiões Centro-Oeste e Norte e as principais cidades na faixa leste do país e incentivar o processo de interiorização da ocupação do território. Desde então, o meio de transporte rodoviário passou a ser o mais utilizado no Brasil.

A construção de importantes rodovias, como a Belém-Brasília e a Cuiabá-Santarém, ao ampliar o fluxo de migrantes originários de diferentes lugares do país para essas regiões menos povoadas, promoveu a expansão de atividades econômicas, sobretudo a agricultura e a pecuária, e ampliou a formação e o crescimento de cidades.

Conheça um pouco mais sobre a rodovia Belém-Brasília a seguir.

A rodovia Belém-Brasília

A rodovia BR-153 é também conhecida como rodovia Belém-Brasília ou Transbrasiliana

Com aproximadamente 3 677 km de extensão, passa pelos estados do Rio Grande do Sul, Santa Catarina, Paraná, São Paulo, Minas Gerais, Goiás, Tocantins e Pará.

Devido a sua grande extensão, é considerada uma das principais rodovias responsáveis pela integração do território nacional e uma das mais importantes vias de acesso à região central do Brasil.

A foto acima mostra um trecho da rodovia Belém-Brasília, em Goiânia, em 2016.

A conservação das rodovias brasileiras

Leia o texto a seguir.

> **Condições das estradas brasileiras pioram em 2017, aponta pesquisa**
>
> *Pesquisa da Confederação Nacional do Transporte (CNT), revela que 61,8% das estradas do país estão em condições regular, ruim ou péssima.*
>
> [...]
>
> Chama a atenção a situação das estradas nos Estados de Mato Grosso, Mato Grosso do Sul e Pará, donos dos maiores rebanhos e áreas de plantio do País.
>
> [...]
>
> Condições das estradas brasileiras pioram em 2017, aponta pesquisa. *Estado de Minas*, Minas Gerais, 8 nov. 2017. Disponível em: <https://www.em.com.br/app/noticia/economia/2017/11/08/internas_economia,914997/condicao-das-estradas-piora-no-ultimo-ano.shtml>. Acesso em: 13 set. 2018.

1 Qual o assunto abordado no texto?

2 Qual a relação do assunto abordado no texto com a Região Centro-Oeste do país?

Com essa notícia, podemos perceber que diversos trechos de rodovias da Região Centro-Oeste apresentam situações bastante precárias. Além da ausência de pavimentação, as partes onde há asfalto apresentam buracos e rachaduras.

No entanto, essa situação não acontece somente nessa região do país. Conforme estudamos na unidade **1**, muitas rodovias brasileiras encontram-se em condições precárias.

As condições inadequadas de tráfego de muitas estradas brasileiras são reflexo da falta de investimento do governo em obras de melhoria.

A situação torna-se mais preocupante quando lembramos que a maior parte da circulação de mercadorias e de pessoas em nosso país ocorre por meio das rodovias, ou seja, nossa dependência do meio de transporte rodoviário é maior se comparada a outro tipo de transporte.

3 Como estão as condições das estradas e rodovias próximo do lugar onde você mora? Converse sobre isso com seus colegas.

Na foto observamos a precária condição de um trecho da rodovia GO-436 no município de Unaí, Goiás, em 2016.

A responsabilidade pelas rodovias

Você sabia que todos, nós cidadãos, temos o direito a rodovias e estradas em boas condições? Essas vias de transporte são consideradas bens públicos, e, por isso, cabe à administração pública (municipal, estadual ou federal) conservá-las.

Mas nós também temos a responsabilidade de preservar e fiscalizar as condições de uso dessas vias.

Responsabilidade é a obrigação que possuímos de responder pelas nossas próprias ações ou dos outros. Nesse caso, temos o comprometimento de praticar ações que conservem as rodovias e estradas, fiscalizando as irregularidades que podem acontecer. Atitudes responsáveis são aquelas ações preventivas em situações que impactam diretamente no trânsito ou na conservação das vias. Entre elas podemos citar: respeitar os limites de velocidade, não jogar lixo pela janela do carro, usar cinto de segurança, fazer ultrapassagens somente quando for permitido.

Outra atitude de responsabilidade que podemos adotar é ter conhecimento das condições das rodovias em nosso país. Para isso, o Departamento Nacional de Infraestrutura de Transportes (DNIT) oferece em seu *site* um sistema de pesquisa por meio do qual os cidadãos podem conhecer as condições das rodovias federais brasileiras. Veja, na imagem a seguir, a seção do *site* do DNIT onde podemos encontrar essas informações.

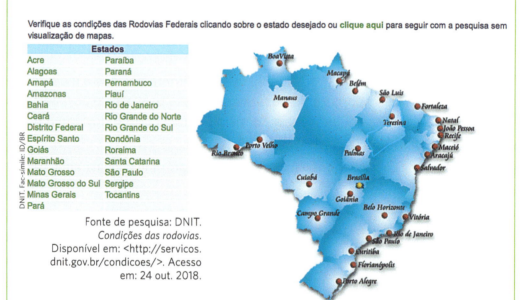

Fonte de pesquisa: DNIT. *Condições das rodovias*. Disponível em: <http://servicos.dnit.gov.br/condicoes/>. Acesso em: 24 out. 2018.

1. Você já passou por alguma rodovia? Como estava a conservação do trecho em que você transitou? Conte qual foi a sua impressão.

2. Como você está exercendo sua responsabilidade diante da conservação e fiscalização das rodovias por onde transita? Converse com seus colegas e verifiquem que atitudes vocês estão tomando para a conservação dessas vias.

Atividades

Organizando o conhecimento

1. Reescreva as frases a seguir no caderno, completando-as com as palavras do quadro abaixo.

> atividade pecuária • jazidas de ouro • expedições bandeirantes

   a) A ocupação da Região Centro-Oeste se tornou mais intensa com a descoberta de ■.

   b) As riquezas minerais da Região Centro-Oeste foram descobertas por ■ que partiam, em maioria, da Vila de São Paulo.

   c) A ■ se destacou economicamente na Região Centro-Oeste com o declínio da mineração.

2. De que maneira o Marechal Cândido Rondon contribuiu para o reconhecimento do território da Região Centro-Oeste?

3. Quais foram as ações do governo brasileiro para a intensificação do povoamento da Região Centro-Oeste?

4. De que maneira a expansão das rodovias, a partir de meados do século XX, interferiu na ocupação do interior do território brasileiro?

5. Qual a relação entre a construção de Brasília e o crescimento populacional do estado de Goiás?

Conectando ideias

6. **Observe** a foto a seguir e **responda** às questões no caderno.

Manifestação cultural de indígenas da etnia Kalapalo da aldeia Aiha, no Parque Indígena do Xingu, no município de Querência, Mato Grosso, em 2018.

   a) **Descreva** a relação entre o Parque Indígena do Xingu e os irmãos Villas Bôas.

   b) Com base no que mostra a foto acima e no que você estudou, **escreva** qual a importância da criação do Parque Indígena do Xingu.

257

7. Leia o texto e **observe** o gráfico abaixo. Depois, **responda** às questões a seguir.

No Brasil, para transportar mil toneladas de carga pelas rodovias se gastam aproximadamente 15 litros de combustível por quilômetro rodado. Nas ferrovias, o deslocamento dessa mesma carga por igual distância consome 6 litros e, nas hidrovias, apenas 4 litros.

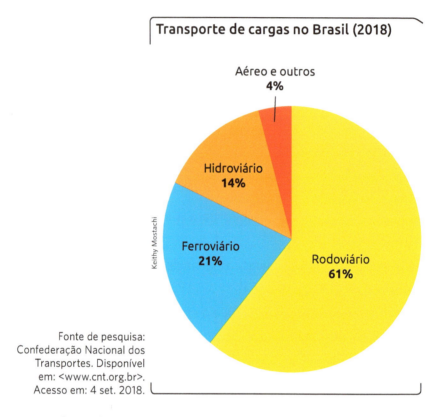

Fonte de pesquisa: Confederação Nacional dos Transportes. Disponível em: <www.cnt.org.br>. Acesso em: 4 set. 2018.

a) Qual o principal meio de transporte utilizado para o transporte de cargas no Brasil?

b) O transporte de cargas por rodovias apresenta melhor custo-benefício? **Justifique** sua resposta.

c) Leia as afirmações abaixo. Depois, verifique se elas estão corretas e justifique as que estão incorretas.

I) O transporte rodoviário deveria ser utilizado em nosso país apenas para pequenas distâncias.

II) Um sistema integrando rodovias, ferrovias e hidrovias poderia ser mais econômico e eficiente para o Brasil.

III) O meio de transporte aéreo representa a menor participação no transporte de cargas, apesar da maior agilidade e rapidez no deslocamento a longas distâncias. Por isso, sua participação deveria ser maior no Brasil.

IV) O transporte hidroviário deveria ser utilizado somente nos estados da Região Norte do Brasil, pois é inviável o transporte de cargas, com o uso de navios cargueiros e balsas, em outros estados do país.

CAPÍTULO
Economia da Região Centro-Oeste
28

A partir de 1970, a Região Centro-Oeste passou a desempenhar um papel importante na organização do espaço geográfico brasileiro.

A expansão da fronteira econômica para a Região Centro-Oeste promoveu o desenvolvimento das atividades econômicas na região, com destaque para a agropecuária. A seguir estudaremos com mais detalhes as características dessa atividade no Centro-Oeste do país.

Agropecuária

A atividade agropecuária do Centro-Oeste desempenha um papel expressivo na economia brasileira. Ela corresponde a aproximadamente 20% da produção nacional. Observe, no mapa, as principais criações e cultivos dessa região.

Algumas características naturais do Centro-Oeste do país contribuem para o desenvolvimento da agricultura na região. Entre elas está o relevo relativamente plano, o que facilita a utilização de maquinários como tratores e colheitadeiras. O clima é outro aspecto favorável, com temperaturas elevadas e chuvas distribuídas ao longo do ano.

Além disso, a elevada produção agropecuária na Região Centro-Oeste ocorre, em parte, devido às transformações ocorridas no campo a partir da segunda metade do século XX, quando o governo brasileiro passou a adotar medidas para promover o desenvolvimento regional. Entre essas medidas, houve o financiamento de pesquisas para aprimorar as técnicas empregadas tanto na agricultura quanto na pecuária.

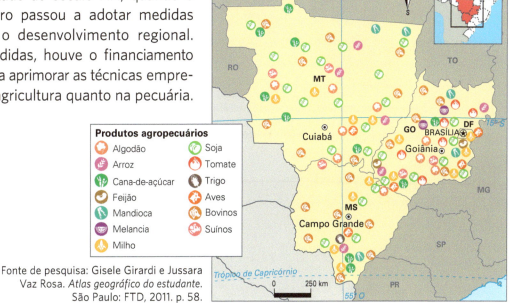

Fonte de pesquisa: Gisele Girardi e Jussara Vaz Rosa. *Atlas geográfico do estudante.* São Paulo: FTD, 2011. p. 58.

1. De acordo com o mapa, qual tipo de gênero agrícola predomina na Região Centro-Oeste?

2. Em relação ao tipo de criação, qual se destaca?

259

O desenvolvimento agropecuário da região também contou com a inserção de máquinas agrícolas modernas (colheitadeiras e semeadeiras), com a utilização de várias técnicas de manejo e com tratamentos específicos na criação animal, garantindo assim um produto final com qualidade, além da elevada produção.

A maior parte das áreas agricultáveis pertence às grandes propriedades rurais, constituídas por imensas lavouras monocultoras. Entre elas, destacam-se as lavouras de soja, milho, arroz, cana-de-açúcar e algodão.

Colheita mecanizada de milho, no município de Ponta Porã, Mato Grosso do Sul, em 2018.

Na pecuária, a bovinocultura é a criação que mais se destaca, constituindo o maior rebanho do país. Observe no gráfico os dados referentes a essa atividade. São cerca de 75 milhões de cabeças de gado criadas em vastas áreas de Cerrado, sendo a maior parte de forma extensiva para corte.

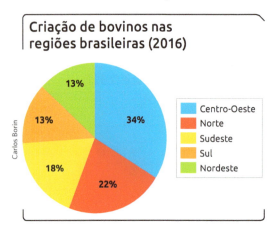

Criação de bovinos nas regiões brasileiras (2016)

- Centro-Oeste: 34%
- Norte: 22%
- Sudeste: 18%
- Sul: 13%
- Nordeste: 13%

Fonte de pesquisa: IBGE. *Sidra*. Disponível em: <https://sidra.ibge.gov.br/tabela/3939>. Acesso em: 29 ago. 2018.

A criação do gado bovino na região é destinada principalmente para o abastecimento do mercado nacional, sobretudo para o mercado consumidor da Região Sudeste. Porém, uma parcela significativa da produção de carne é direcionada para o mercado externo.

Outra criação de destaque é a de suínos, principalmente nos estados de Goiás e de Mato Grosso do Sul.

Criação de gado bovino em propriedade rural do município de Alta Floresta, Mato Grosso, em 2015.

Indústria

A Região Centro-Oeste é uma das menos industrializadas do Brasil. Assim como a Região Norte, o Centro-Oeste teve seu processo de ocupação tardio em relação às demais regiões. Apenas na década de 1950 essa região passou a receber a instalação de indústrias com base em incentivos fiscais e em investimentos do governo em vias de transporte para o escoamento da produção industrial.

A maior parcela das atividades industriais do Centro-Oeste é composta por agroindústrias. A expansão da agricultura e da pecuária na região vem promovendo a ampliação desse tipo de atividade industrial. Essas indústrias estão ligadas tanto ao beneficiamento de produtos agrícolas, transformando-os em alimentos e bebidas, quanto ao próprio trabalho nas lavouras, com a fabricação de maquinário e insumos cada vez mais modernos e que possibilitem o aumento da produtividade agrícola.

Entre as agroindústrias que se destacam no Centro-Oeste estão os frigoríficos e as beneficiadoras de soja, que produzem, sobretudo, óleo e ração para animais. Veja o mapa ao lado.

> De acordo com o mapa, identifique quais são as áreas de maior concentração industrial da Região Centro-Oeste.

Fontes de pesquisa: Gisele Girardi e Jussara Vaz Rosa. *Atlas geográfico do estudante*. São Paulo: FTD, 2016. p. 72. Leda Ísola e Vera Caldini. *Atlas geográfico Saraiva*. 4. ed. São Paulo: Saraiva, 2013. p. 53.

Grãos e óleo de soja.

Vista aérea de agroindústria voltada para o beneficiamento de milho e soja, localizada na área rural do município de Campo Novo do Parecis, Mato Grosso, em 2016.

Extrativismo

Na Região Centro-Oeste, a atividade extrativa iniciou-se com a garimpagem de ouro e diamante no século XVIII.

Atualmente, a maior parte do extrativismo mineral no Centro-Oeste é de minérios de ferro e manganês, que atendem principalmente às indústrias siderúrgicas localizadas nas proximidades da cidade de Corumbá, no estado do Mato Grosso do Sul.

A produção desses minerais também segue para exportação, sendo escoada tanto pelo rio Paraguai, com destino aos países da América Latina, quanto pelo rio Paraná, até alcançar os portos de Santos, em São Paulo, e Paranaguá, no Paraná.

A extração vegetal de madeira e borracha também sobressai, principalmente na área de floresta Amazônica, no norte do Mato Grosso.

1. Quais são os principais produtos da atividade extrativa da Região Centro-Oeste?

2. Em qual estado do Centro-Oeste existe a maior diversidade de produtos minerais?

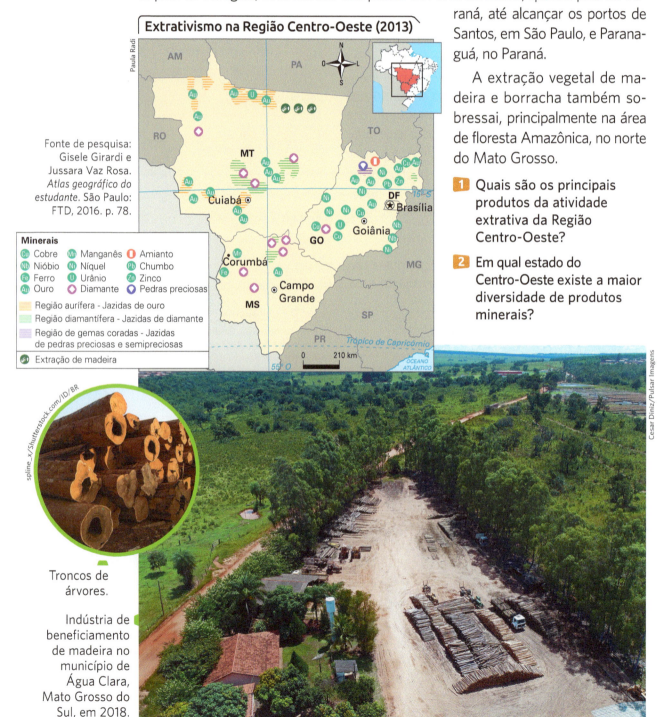

Troncos de árvores.

Indústria de beneficiamento de madeira no município de Água Clara, Mato Grosso do Sul, em 2018.

262

Atividades

Organizando o conhecimento

1. Reescreva as frases a seguir no caderno, completando-as com as expressões do quadro abaixo.

> avançadas técnicas • fronteira econômica • maquinários

a) A expansão da ■ é um dos fatores que proporcionaram o desenvolvimento da produção agropecuária na Região Centro-Oeste.

b) O relevo relativamente plano permite a utilização de ■, o que contribui para o desenvolvimento da agricultura do Centro-Oeste.

c) As ■ de manejo do solo e tratamento de animais garantem elevada produtividade agropecuária para a Região Centro-Oeste.

2. Escreva no caderno as principais características da pecuária desenvolvida na Região Centro-Oeste.

Conectando ideias

3. **Observe** o mapa e **responda** às questões.

a) De acordo com o mapa, **aponte** os principais setores agroindustriais do Centro-Oeste.

b) **Indique** outras atividades industriais, desenvolvidas no Centro-Oeste, que estão ligadas à atividade agropecuária.

c) De acordo com o que você estudou, **indique** outros setores industriais de destaque no Centro-Oeste.

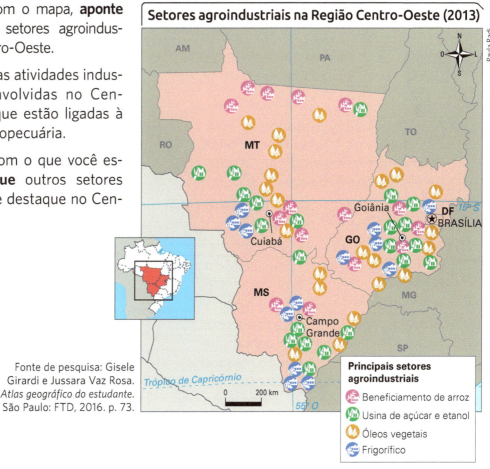

Fonte de pesquisa: Gisele Girardi e Jussara Vaz Rosa. *Atlas geográfico do estudante.* São Paulo: FTD, 2016. p. 73.

263

4. Localizado no estado de Mato Grosso do Sul, o Maciço Urucum possui uma das maiores reservas de ferro do Brasil. A foto a seguir mostra uma área de extração mineral de ouro, em Poconé, Mato Grosso, em 2017.

Área de extração mineral de ouro no município de Poconé, Mato Grosso, em 2017.

- **Escreva** um texto apresentando as características da atividade extrativa na Região Centro-Oeste do país.

- A Região Centro-Oeste é formada por três estados e o Distrito Federal, onde predominam a vegetação de Cerrado e o clima tropical típico.
- Possui relevo de planalto e alguns dos rios mais importantes do país.
- A planície inundável do Pantanal abrange parte dos estados de Mato Grosso e Mato Grosso do Sul, estendendo-se pela Bolívia e pelo Paraguai.
- A ocupação da Região Centro-Oeste ganhou impulso com a descoberta de riquezas minerais a partir de meados do século XVII, mas tornou-se mais efetiva apenas com a implantação dos projetos governamentais de colonização, iniciados na década de 1940.
- A construção de Brasília incentivou o avanço da fronteira econômica em direção ao interior do território brasileiro.
- O Parque Indígena do Xingu foi criado em 1961 com base em um projeto defendido pelos irmãos Villas Bôas.
- A maior parte do transporte brasileiro é realizado por meio das rodovias, no entanto algumas delas apresentam mau estado de conservação.
- A economia do Centro-Oeste é marcada pela participação da atividade agropecuária, sobretudo das monoculturas, e da indústria, principalmente das agroindústrias, e pela atividade extrativa.

264

Região Norte

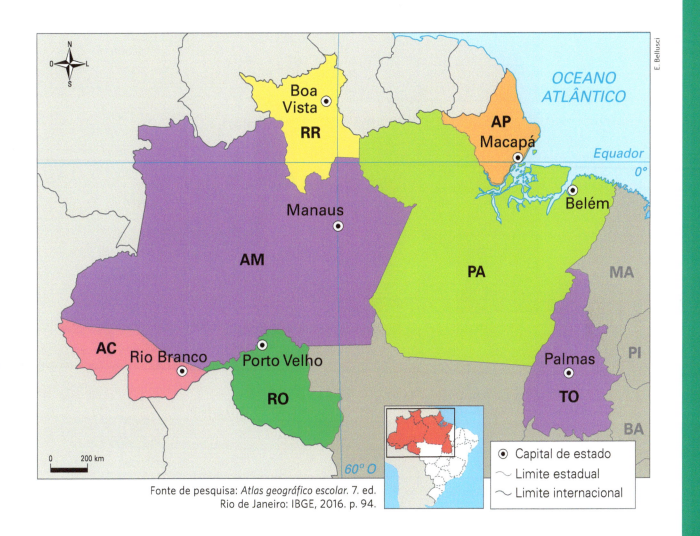

Fonte de pesquisa: *Atlas geográfico escolar.* 7. ed. Rio de Janeiro: IBGE, 2016. p. 94.

Região Nordeste

Fonte de pesquisa: *Atlas geográfico escolar*. 7. ed. Rio de Janeiro: IBGE, 2016. p. 94.

Região Sudeste

Fonte de pesquisa: Atlas geográfico escolar. 7. ed. Rio de Janeiro: IBGE, 2016. p. 94.

Região Sul

Fonte de pesquisa: *Atlas geográfico escolar.* 7. ed. Rio de Janeiro: IBGE, 2016. p. 94.

Região Centro-Oeste

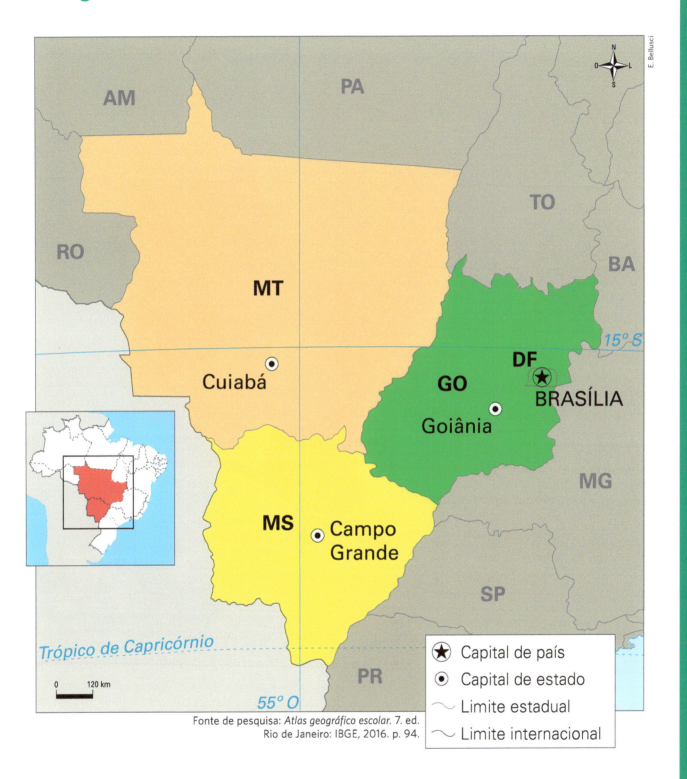

Fonte de pesquisa: *Atlas geográfico escolar*. 7. ed. Rio de Janeiro: IBGE, 2016. p. 94.

269

Brasil – político

Fonte de pesquisa: *Atlas geográfico escolar.* 7. ed. Rio de Janeiro: IBGE, 2016. p. 90.

Mundo – Político

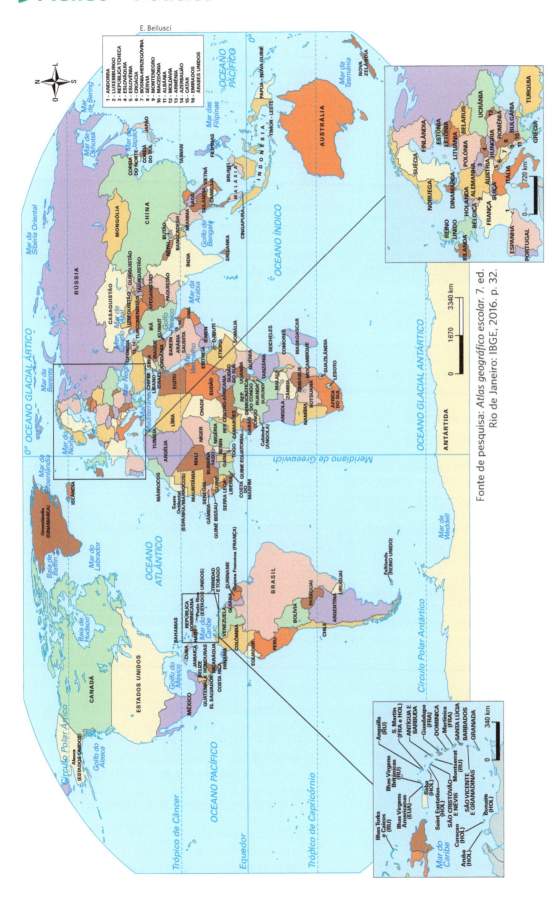

Fonte de pesquisa: *Atlas geográfico escolar*. 7. ed. Rio de Janeiro: IBGE, 2016. p. 32.

Referências bibliográficas

ALMEIDA, Rosângela Doin de; PASSINI, Elza Y. *O espaço geográfico*: ensino e representação. São Paulo: Contexto, 2010.

Atlas geográfico escolar. 7. ed. Rio de Janeiro: IBGE, 2016.

ALMEIDA, Rosângela Doin de; PASSINI, Elza Y. *O espaço geográfico*: ensino e representação. 4. ed. São Paulo: Contexto, 2000. (Repensando o ensino).

AYOADE, J. O. *Introdução à climatologia para os trópicos*. Rio de Janeiro: Bertrand Brasil, 2007.

BRANCO, S. M. *Ecologia da cidade*. 3 ed. São Paulo: Moderna, 2013.

CARLOS, Ana Fani Alessandri (Org.). A *Geografia em sala de aula*. São Paulo: Contexto, 2018.

_____. *O lugar no/do mundo*. São Paulo: Hucitec, 1996.

CASTRO, Iná Elias de et al. *Geografia*: conceitos e temas. Rio de Janeiro: Bertrand Brasil, 2007.

CASTROGIOVANNI, Antonio Carlos et al. (Org.). *Geografia em sala de aula*: práticas e reflexões. 5. ed. Porto Alegre: AGB, 2010.

CAVALCANTI, Lana de Souza. *Temas da geografia na escola básica*. Campinas: Papirus, 2013.

CHRISTOPHERSON, Robert W. *Geossistemas*: uma introdução à Geografia física. 9. ed. Porto Alegre: Bookman, 2017.

COLL, C. et al. *O construtivismo na sala de aula*. 5. ed. São Paulo: Ática, 2006 (Fundamentos).

CONSTITUIÇÃO da República Federativa do Brasil de 5 de outubro de 1998. 45. ed. São Paulo: Atlas, 2018.

CORRÊA, Roberto Lobato. *Região e organização espacial*. São Paulo: Ática, 2007.

DUARTE, Paulo Araújo. *Fundamentos da Cartografia*. Florianópolis: Universidade Federal de Santa Catarina, 2006.

FONTANA, Roseli A. C. *Mediação pedagógica na sala de aula*. 4. ed. Campinas: Autores Associados, 2005.

GIANSANTI, R. *O desafio do desenvolvimento sustentável*. São Paulo: Atual, 1998.

HAYDT, Regina C. *Avaliação do processo ensino-aprendizagem*. São Paulo: Ática, 2002.

HOFFMANN, Jussara M. L. *Avaliação mediadora*: uma prática em construção da pré-escola à universidade. 34. ed. Porto Alegre: Mediação, 2014.

IBGE. *Censo agropecuário 2006*. Rio de Janeiro: IBGE, 2009.

_____. *Censo demográfico 2010*. Rio de Janeiro: IBGE, 2011.

JOLY, F. *A cartografia*. Campinas: Papirus, 2017.

KAERCHER, Nestor A. *Desafios e utopias no ensino de Geografia*. Santa Cruz do Sul: Edunisc, 2010.

LENCIONI, Sandra. *Região e Geografia*. São Paulo: Edusp, 2003.

MARTINELLI, Marcelo. *Gráficos e mapas*: construa-os você mesmo. São Paulo: Moderna, 1998.

MORAES, Antonio Carlos R. de. *Território e história no Brasil*. São Paulo: AnnaBlume, 2002. (linha de frente).

MORETTO, Vasco Pedro. *Planejamento*: planejando a educação para o desenvolvimento de competências. 10. ed. Rio de Janeiro: Vozes, 2014.

OLIVEIRA, Cêurio. de. *Curso de Cartografia moderna*. Rio de Janeiro: IBGE, 1993.

PASSINI, Elza Y. *Alfabetização cartográfica e a aprendizagem de Geografia*. São Paulo: Cortez, 2012.

PETERSEN, J. F; SACK, D; GLABER, R. E. *Fundamentos de Geografia física*. São Paulo: Cengage Learning, 2014.

RIBEIRO, Darcy. *O povo brasileiro*: evolução e o sentido do Brasil. 2. ed. São Paulo: Companhia das Letras, 2006.

ROSENDAHL, Z. (Org.). *Paisagem, tempo e cultura*. Rio de Janeiro: EdUerj, 2004.

ROSS, Jurandyr L. Sanches. *Geografia do Brasil*. São Paulo: Edusp, 2008.

SANTOS, Milton. *A urbanização brasileira*. 5. ed. São Paulo: Edusp, 2013.

_____. e SILVEIRA, María Laura. *O Brasil*: território e sociedade no ínicio do século XXI. 19. ed. São Paulo: Hucitec, 2001.

_____. *Metamorfoses do espaço habitado*. 6. ed. São Paulo: Edusp, 2014.

SCHÄFFER, Neiva Otero et al. *Um globo em suas mãos*: práticas para a sala de aula. Porto Alegre: UFRGS, 2011.

SELBACH, Simone. *Geografia e didática*. 2. ed. Rio de Janeiro: Vozes, 2014.

TEIXEIRA, Wilson et al. *Decifrando a Terra*. 2. ed. São Paulo: Nacional, 2009.

TUAN, Yi-Fu. *Topofilia*: um estudo da percepção, atitude valores do meio ambiente. Londrina: Eduel, 2012.

Sites

- www.brasil.gov.br
  Site do governo federal com *links* para todos os ministérios e secretarias, empresas estatais, bancos oficiais e demais órgãos da União; nele é possível encontrar qualquer dado oficial sobre economia, população, etc.
- www.ibama.gov.br
  Instituto Brasileiro do Meio Ambiente e dos Recursos Naturais Renováveis.
- www.inmet.gov.br
  Instituto Nacional de Meteorologia.
- www.ibge.gov.br
  Mapas diversos, estatísticas econômicas, demográficas, etc., com atualização permanente.
- www.inpe.br
  Imagens de satélites, mapas meteorológicos, etc.
- www.dieese.org.br
  Departamento Intersindical de Estatística e Estudos Socioeconômicos.
- https://nacoesunidas.org/
  Organização das Nações Unidas.
  Todos os *sites* foram acessados em: 13 ago. 2018.